漯河印记·文史资料集萃

校园漫忆

政协漯河市委员会 编

吕岩 主编

中国文史出版社

《漯河印记·文史资料集萃》
编委会名单

序

漯河市政协主席　吕岩

沙河、颍河如两条闪亮的丝带，从漯河大地上穿境而过，亘古不息。她们忠实地记录了这块土地上演绎的故事。

远古时期，这里是先民们刀耕火种、开拓缔造的摇篮。一万年前，黎明时分，大岗之上响起“哼育！哼育！”的号子声，穿着兽皮、草裙的男女以打制石器、烧制陶器、狩猎采撷为生；八千年前，贾湖部落在悠扬的骨笛声中，走出地穴，走下干栏，把美酒洒向天空，祈愿稻粱早日成熟；越千年，郝家台上筑起了一座城，以黑陶的名义宣示着薪火相传、生生不息的文明；三代连绵交替，留下了动人的传说、英勇的故事、壮阔的城郭；两汉以降，汝水、颍水成为行政区划重要地标，流域之内渐趋繁盛，文化遗存星罗棋布；直至平汉铁路通车，河上街始现市镇雏形。

近现代以来，国家命运多舛，洪波涌起、激浊扬清，推翻“三座大山”成为主旋律。铁路工人在“二七”怒潮中率先觉醒，中国共产党的组织在三县生根发芽。北伐战争如火如荼，将士热血沃四岸；救亡图存浪潮席卷，民先春笋立百竿。抗日战争时期，先后走出了沈东平、赵伊坪、李曾志等著名英烈，也涌现出效信趁、蔡永令、支天雷等地方武装和孤胆英雄。三年横扫残章，中国人民解放军二野四兵团诞生在此，“打过长江去，解放全中国”唱出了浩荡绝响。

新中国成立七十年，社会主义在探索中前进，汝颍大地同样发生着翻天覆地的变化。特别是改革开放的东风唤醒了城市和乡村，创造出一个个历史性的奇迹。1986 年区划调整，漯河向区域性中心城市迈开新生的步伐；1992 年创办内陆特区展示了敢为人先的胆识与气魄；南街村一枝独秀率先实现了亿元梦想；双汇集团日益增长成为全球领先。

七届漯河市政协恰逢三十而立，一批地方文史学者提出整理建市以来前三十年《漯河文史资料》的设想，这无疑是顺应文化复兴潮流，彰显地方文化特色之良策。文史资料工作是人民政协重要的基础工作，具有不可替代的“存史资政，团结育人”作用，支持这个动议理所当然。整理工作专班历时三年多的时间，从浩繁的文史稿中精选出 689 篇，逐篇审读，删繁补简，纠正讹误，做必要的注解和附录，达到了“去伪存真，去粗取精”的目标，并几经研讨，提出了按目分类的出版方案。

抚摸案头的十二册书卷，不能不感佩历届政协委员和社会各界人士的辛勤耕耘，赞叹三十年来政协文史工作者的孜孜追求。其成果必将成为漯河记忆里弥足珍贵的见证。

今天，漯河已经进入新时代，正阔步走在建设社会主义现代化，实现中华民族伟大复兴的新征程上。许多时点熠熠闪光，许多人事灿若星辉，也期待更多的人秉笔记录，让后来者因我们而更加自豪，也因我们而更加发愤。

本丛书定稿恰逢中国共产党百年华诞，谨以初版献礼志庆。

2021 年 6 月 19 日于许慎故里

卷首语

校园是最容易勾起青春记忆的地方，青少年时期也正是人生的关键阶段。在一定意义上说，校园生活是为一辈子奠基的。正因如此，凡是有过求学经历的人，无不怀念自己的学生时代。

本卷所录即为一批漯河学子追忆校园生活的文字。阅读这些文字，能感受人间冷暖，也能洞悉时代变迁。记述资料的时限，上至清末，下至当代。有的记述了过往教育事业的艰难坎坷，穷途末路；有的反映了今天教育事业的发展进步，前程似锦。

学校是社会教育的主阵地。清末民初，漯河各地大兴扒庙办学之风，学校经费大多来自寺庙庵观之产业，同时也有一些开明人士集资办学，漯河陆续办起了一批学校。然而，善始者众、克终者寡，或毁于战乱、灾祸，或因经费不济而夭折。试想当时有多少致力于教育事业的有志之士只能空怀抱负，有多少学子求学无门。尤其是抗战时期，尽管有些学校得以生存，也是艰难度日、朝不保夕。如当时的省立郾城中学，其前身是省立周口联中，1942 年因日军进犯豫东，学校西迁于淅川县境。1945 年日军进犯南阳，学校又流亡到西安。抗战胜利后，学校由西安返还，途经漯河时，接受郾（城）漯（河）各界人士的挽留，由省立周口联中更名为省立郾城中学，从此结束了颠沛流离、居无定所的日子。到漯河前夕，完整保留下来的学校已经是寥寥无几。新中国成立后，漯河的教育事业得以快速发展。仅从漯河高中这一例证，就可以看出学校面貌变化之巨大，教学成就之辉煌，出人意料，令人赞叹！

本卷收录的教育方面资料较为集中，从中可以较为系统地了解漯河近代、当代教育方面情况，有较为丰富的史料价值，具有一定的可读性、知识性。此次整理，重点对文中的用词进行了规范，对错别字予以纠正，同时对作者简介进行了完善，也有必要的补、注。

由于时间紧促，史料求证工作仍有欠缺。不足不妥之处，恳请读者指正，也期盼后续的研究者勘误补充。

编　者

2021 年 12 月

目 录
Contents

校园往事

中原临中

省立郾中

漯河高中

难忘师恩

校园往事

漯河教育拾轶

（1906—1949 年）

马洪奇[①]

1906 年 3 月，郾城县在漯河镇西街三晋祠创建漯河高等预备科小学堂。这是漯河最早的小学。校长李作霖，总务兼副教员高文锦。

是年，澳籍牧师饶裕太在寨内福音堂创办福音堂小学属内地会。开始办初级班（1—4 年级），两年后又办高级班（5—6 年级）。

1908 年，漯湾河两等小学堂升为高等小学堂。

1914 年，瑞典籍牧师魏德培在沙河沿原美国医院对面创办明德中学。

1919 年五四运动爆发后，郾漯青年学生积极响应，罢课两个月。查收漯河南大街奸商李全兴杂货铺日货，在漯河北门外河滩上当众销毁。县长汪杉出面压制学生，包庇奸商，激起学生义愤，结队游行，砸毁郾城县衙大堂和二堂，并快电告省学联和省长赵倜。在学生的压力下，不久汪杉被罢职。

1920 年，漯河商会拨款，筹备创办东旭小学。1921 年正式招生上课。校址在东门外桑树园，学生六班，约 240 人。由社会教育演讲员顿秉壬兼校长。

1923 年 8 月，杨靖宇筹资创办漯河镇私立东大庙学校。杨靖宇为董事长，党胜武任校长，教师四名，招收初小三班，学生 50 多人。

是年，“二七”京汉铁路大罢工后，漯河工人在中国共产党领导下，

---

① 马洪奇，沈丘县人，1933 年出生。1949 年毕业于中原临时中学初中部，同年 8 月参军，曾任军校军事教员、参谋等职，转业后任中学教师、教研宣教研员、记者、教育志编辑、主编等。

开始创办工人夜校，学习文化。

1924 年，党胜武在今源汇区政府院内创办中山小学。校长党胜武。

是年，田文媛在寨内自筹资金创办培德小学。

1925 年 6 月，郾漯城镇工人、学生、工商界和市民数千人，在铁路党组织和由外地派漯学生谢梅村、张光灼等的领导下，在车站广场召开群众大会，声讨日本帝国主义的滔天罪行，并在各主要街道游行示威。大会决定成立“郾漯各界沪案后援会”，常设机构在漯河东旭小学，主要活动是组织工人、学生成立纠察队，查禁英日仇货，声援上海、省港罢工罢市斗争，并将所查扣的英、日货物运到漯河北门外沙河坡焚烧。

是年 9 月，学生发现漯河镇全聚德百货行购进一批日货。正要查封，该店经理李某，秘密勾结教育局长陈仲行，向学生发出指令，妄图制止查封。学生联合会暗中将此事告于铁路工会。工会秘书共产党员周天元率铁路工人和群众到郾城，把陈拉到大街上讲理质问，大灭陈的威风，使其阴谋遭到破产。

是年，存善局小学开始创办。

1926 年，在郾漯党组织的直接领导下，漯河青少年开始有了少先队组织。

1927 年，秋冬时节，共产党员徐瑞生、孙昆、王晶辉创办“二七”小学。

是年，回教阿訇白勉斋的三儿子（姓名不清）在南寺创办回民小学。

1930 年，漯河东旭学校，因校舍破坏，迁往山西会馆，更名为郾城县第二小学。校长由顿秉壬兼任。经费为漯河商捐 1000 元及庙产房地租 1000 元。

1932 年，经郾城火车站（今漯河火车站）议决，在漯河车站后街（现万顺街）创办郾城站员工子弟学校。教职员 7 人，学生 160 余人。

是年，化建坛（社会福利组织）捐款，在今受降路创办红十字小学。

是年，郾城站员工子弟学校改为扶轮小学。学生 8 个班 516 人，教师 14 人。

1934 年 8 月，高吕庭自筹资金，在寨内北大街路东高家盐场创办私立漯河中学。招收初中一年级男女生各一班，教职员 6 人。校长高吕庭，其子高靖侯负责学校工作。

是年，明德中学改为三育研究社，教会内称三育中学。

1935 年 8 月，张晋卿捐老盐场，私立漯河中学迁来，改名河南私立励行中学。北大历史系主任马叙伦为该校题写校名。高靖侯任校长，高吕庭为董事长。

12 月，在日本帝国主义加紧对我国侵略，民族危亡空前严重的关头，北平地下党领导了"一二·九"学生运动，掀起抗日救亡斗争浪潮。消息传来，漯河励行中学师生群情激奋，准备罢课游行声援。遭制止后，在地下党员教师张光远建议下，以励行中学全体学生名义发了两封快邮代电，一封由学生谭西海执笔致北平学联，声援其爱国斗争；一封由张光远执笔致国民党南京政府，要求一致对外，共同抗日。

1936 年春，张光远离开励行中学后，地下党员王颂咸、刘莫京夫妇，民先队员闵毓华、马志廉、和培元老师来励行中学教书（和 1937 年到延安任毛主席办公室秘书）。他们共同努力，在学校成立了"学生自治会""读书会"，并在漯河地方报纸《警钟日报》开辟《心曲》文艺副刊，在女生部成立了歌咏队，引导学生阅读进步书刊，开展抗日救亡活动。

是年暑假，王颂咸、刘莫京、和培元辞职离校。开学后，地下党员袁效之到励行中学任教。这学期，国民党当局加紧迫害励行中学进步活动，"心曲"文艺副刊被迫停办，歌咏队被迫解散。

8 月，励行中学招收高中一年级一班。许昌中心县委书记贺仲莲到校任教。1937 年 7 月，高中班被当局勒令停办，学生自谋出路。

11 月，闵毓华介绍励行中学读书会积极分子谭西海、陆秀芳、张国钧、陆广志、杨文哲、白书章、李持英、吕鹤亭等加入中华民族解放先锋队，编为民先总队十九分队。

是年冬，励行中学袁效之、贺仲莲、闵毓华、马志廉四位教师被迫离校，高靖侯校长被迫辞职，郾城县士绅黄自芳任校长。

1937 年春，国民党新五师政训处对励行中学学生进行监视。政训处处长刘凤鸣传讯谭西海、杨文哲等四人。当晚，谭西海写了题为“爱国有罪，卖国有功”的日记落入了敌手。5 月 7 日，谭被押送开封入狱。学校提前放假。白书章等离校前写了揭露校方和当局的标语，夜间贴在校园里，一时城乡轰动，“励中闹共党了！”

是年秋，张国钧、陆广志、白书章等到开封上学，经闵毓华去信介绍，与开封民先队组织负责人孙家骏取得联系，营救谭西海出狱，后同去山西参加了八路军。谭西海因在狱中受尽折磨，身体虚弱，适应不了紧张的军训生活而返回家乡。

1938 年 10 月，励行中学校长黄自芳，将学校部分人员、校具迁往西安与在清水的国立十中合并。当时迁去的学生不到 100 人。

是年，漯河励行中学由胡铭荃接办。1940 年李子午接办。1941 年春邀请郭子长任校长，直至 1944 年 5 月漯河沦陷前停办。

1939 年 10 月，郾城达德高中迁漯河寨内与励行中学合并。校长胡铭荃。

是年，中共郾城中等学校区委（代号：五角区委）设在达德中学。

1940 年 10 月，郾城县教育局勒令达德中学停办。

是年，漯河寨内 17—19 保联合筹办龙王庙小学，校长赵待聘，校址在南大街回民桥北（原三角坑西边），学生 4 班 120 人左右，教师 5—6 人。14—16 保联合筹办大王庙小学，负责人吕炎章，校址在沙河南沿，学生 2—3 班。20 保筹办牛行街国民学校，校址在现牛行街小学。3—8 保联合筹办邻渠斜街国民联立学校，负责人宗宝德，校址在兴隆街。

1941 年秋，郾城县教育科委派芦敬轩在寨内创办源汇女中，招收女生一班，校址借用东大庙小学部分房舍。一年后，因没筹到新校址而停办。这是漯河有史以来唯一的一所女中。

是年，1—4 保联合筹办万祥街国民学校，学生四班，160 人左右，负责人叶宝善。

高锐在铁路东创办培英中学，高初中各二班。于 1942 年或 1943 年迁郾城仍为培英中学。

1942年，3—4保联办万顺街国民学校。

1944年10月至1945年8月，日伪维持会在漯河设立教育科，科长崔玉田，办过一期教师训练班。

是年底，在迁往宝鸡的杨靖宇要求下，郭子长在宝鸡办了励行中学。

1945年10月，原省立周口联中校长程百让①，带领部分教师由陕西扶风县绛帐返回周口，途经漯河时，由漯河士绅挽留并报请省教育厅批准，在漯河山西会馆（即励行中学旧址），创办河南省立郾城中学。校长程百让，教务主任刘壁芝，训育主任王善道。招生高中六班，初中十二班，在校学生700余人，教职工70余人。

是年，郑约翰在漯河大新街创办三育小学。

是年，郾城县教育科拨款，9—13保各筹粮100斤，创办五保联立国民学校，次年9月开学。校长卢建礼，校址在受降路。

1946年，王既卿在铁路东铁路员工子弟学校内创办鹤青中学，又名文松中学。由铁路拨款，主要招收铁路职工子弟，学生三个年级五个班。

10月，淮阳私立豫东中学由淮阳迁漯。校长邱洪钧，校务主任董泰。

豫北小学也在这年创办。

1947年，滑县籍公安局长贺书林，发动滑县在漯商人捐款筹办书林中小学。学生初中一班60余人，小学八班300余人。校址在和丰陆陈商行花园（杨家花园）。

是年，成达中学由淮阳迁来，校址在二中原小工厂处。

是年，大华艺师由五沟营迁漯河寨内南大街天兴隆粮行（原南大街粮店）。校长刘城甫。

---

① 程百让，河南滑县人，北京大学历史系毕业，参加过五四运动。曾任省立郾城中学校长，三青团区分部书记，政治上同情进步思想。解放后曾任中国民主同盟洛阳市支部主委，洛阳市副市长。

12 月 19 日，漯河第一次解放，省立郾中掀起参军热潮。校长程百让带领进步师生 40 余人参军，其余部分师生由教务主任刘壁芝带领，迁往开封。

1948 年 1 月，由共产党员、省立郾中图书管理员牛运仓执笔的《河南省立郾城中学教职学员自治会告河南知识青年书》发表，轰动郾漯各界。

是年春，私立培英中学由郾城迁漯河省立郾中校址。

是年，漯河中学由项城迁漯河顺河街。高中二班初中三班，学生 170 余人，教师 10 人左右。校长王碧青。

8 月，漯河市教育科成立，科长李恒位。

10 月 18 日，召开中学教师和训育主任会议，删去童子军课和公民课。后又召开学生会议，进行时事政策教育。

当时漯河私立中学有培英、成达、谷河、豫东、书林、源南、励行、三育、大华艺师九所，教师 55 人，学生 625 人，其中高中学生三班 160 人。小学有中心一校、二校、培德、育英、东旭、老君观、龙王庙、大王庙牛行街、三育豫北、扶轮、红十字会福音堂、书林存善局等 16 所，学生 1470 人，教师 70 人。年底人民政府将原有公立小学接收，调整为 6 个完全小学，一个中学。经过举办教师训练班，吸收中学教师 37 人，小学教师 58 人。

11 月上旬，第一期知识分子训练班开学，学员主要是社会青年和艺人。

是年，郾城溵北中学迁漯河火车站附近，改名溵南中学。校长倪厚德。教师 3 人，学生 2 班。

11 月中旬，中原人民政府指令省立郾中留汴，教师 30 余人，由原训育主任王善道带领返漯，经文教科长李恒位安排，参加豫西行署在鲁山举办的中学教师讲习会。学习时间一个月。

11 月下旬，第二期知识分子训练班在南大街天兴隆粮行举办，学员主要是中、小学教师。

12 月，为纪念“一二·九”学生运动，市召开 2000 多名学生参加的大会，会后举行了游行。我市学生第一次在街头响亮地喊出“打到南京去，活捉蒋介石”的口号。

12 月 28 日，豫西地委通知各中学分别成立学生会各县成立联合会，并选出代表，准备参加全区学联代表会。

是年，中原人民政府牛佩宗副主席来漯，视察了大华艺师，并批给部分经费，解决该校当时的困难。

1949 年 1 月 10 日，豫西二地委决定：郾城县委与漯河市委合并。市县教育局成立，教育局长李恒位，副局长董一堂。

2 月，经二专署批准，成立漯河市教育局，局长李恒位。10 月，李恒位调许昌，漯河市教育局改为教育科，科长张茂丁。

是年春，由教育局长李恒位主持，以省立郾中及在漯私立培英、召陵、南中学教师为基础，建立了漯河市立中学。校长由市长梁仰云兼任，副校长冻孔林，教导主任王善道，总务主任高瑞甫。招收高、初中 16 个班和会计、师资 2 个专业班，共 18 个班，在校学生 751 人。秋后，市立中学高中部与郾城中学合并，大华艺师初中班合并到市立中学。

5 月，中国新民主主义青年团在漯河市教育系统筹备创建。中学由刘大灿、田荷生、吴书馨三位老师负责，12 月份成立团总支。上述三人都是先筹备后入团的。小学教师方仪、胡云等经林凡、姜健浩介绍加入新青团后负责建团。全市小学第一任团支部书记方仪，支部设在第三完小（现东大街小学）。

7 月，全市中学教师及小学领导到许昌地区集中学习，小学教师在漯河市内集中学习。

8 月，教育局组织接管小组，接管三育中学，徐维秋任组长，成员有方仪、薄言。

选自 2005 年 7 月《漯河文史资料》第十三辑

忆解放前郾城舞阳教育

钟去兵[①]

舞阳女子教育

清末舞阳管理教育的负责人官称曰教谕，有教谕荣某，住崇圣宫西邻教谕院，掌管全县学堂与私塾。

那时，按照旧的礼教，女子无才便是德。不准出三门四户。可是光绪帝为变法维新，谕旨各地妇女亦要读书识字。除了在家从父，出闺从夫，夫死从子讲求“女儿经”的妇德、妇言、妇容等妇功外，还要学点舶来品：致知格物的新知识、新文化和新理论。荣教谕尊谕在自己所住之院内，收容已出闺和未嫁人之青年妇女分为两班，名之曰“两等女学堂”。聘有70多岁的徐兰卿主其事，培养出一些妇女人才。后来，学生孙晓芳倡办幼稚园（现名幼儿园），与其妹孙季芳分任辅导员，开舞阳创办幼儿教育之先河。

旧时代教育经费难

清末民初，各地寺庙庵观之产业，收归作教育经费后，采取每年投标，中标者出钱的办法，筹资预交县教育经费款产处，由款产处按月发放给各学校，开支教职员工资。

唯各县之土豪劣绅，多霸占投标权，将土地所产粮食据为私有，不交课租，款产处不敢催收，致积欠累累。各学校总务领不到经费，教职

① 钟去兵，舞阳人，1900年出生，曾任教师，《宛南》《华中》等报编辑。

员岂能枵腹从公？所以当教职员者不得不另想办法以糊口，如舞阳、郾城一带，能说会道的教职员，多与官府勾结，管官司、揽讼词，从中渔利。舞阳款产处亦异想天开，认为教职员养家糊口，少不了裁衣料，卖杂货，乃委托教育局某人内弟所开之永兴杂货店，和甲种农校学生李玉昆之父所开之泰丰恒百货商店，为部分教职员分立“折子”（取货凭证，不给现金），平时凭折取货，学期终了结账，向县教育经费款产处取钱。然凭折取货之货价，比他店以现金购物之价高出百分之五至百分之十不等。因此，商店以请客送礼方式与县款产处相勾结。县款产处则以同样手段与中标者勾结减低标额收取课租。当时，学校总务进城领取经费，必得先请县款产处吃喝、抽大烟，即使如此，吃了抽罢，也往往只分得少数现钱发给教职员工。学校多是远离县城，立折托人代取货物，极为不便。至于教职员分得之微薄工资，以其养家糊口更是勉为其难了。

扒庙办学风之兴起

自光绪末年，洋务兴起，各地纷纷扒神庙办学，势如风起云涌。

舞阳澧河北岸琉璃庙有一个叫何清沦号漪亭的，首先扒倒琉璃庙内神像，兴办蚕桑学校。河坡种桑，学生课外养蚕。城内书院，即县教谕院（后改名劝学所，继更名教育局），分设高等学堂与两等女校，周公祠与万公祠则设初等学堂。

五四运动后，城内只有小学、女小与中学，私塾则寥若晨星，唯张朝阳所办驰名。

国民革命军广东北伐到河南，舞阳筹设县党部，便将以观音老母为主神的福善局（现为舞阳幼儿园地址）各屋神像全部扒除，作国民党县党部地址。继则扒城隍庙神像为农民协会会址，并设农民训练班和招待所。妇女协会则扒除李公祠神像为会址（即今幼儿园东邻）。

邻县郾城，所有城厢小学、城厢女校，不分初高级之四年制县立中学的校址，亦均为过去的庙宇改造而成。

选自 1987 年 11 月《漯河文史资料》第一辑

解放前省立郾城中学在漯河办校始末

葛文华[①] 吴奉先[②] 宋金坤[③] 胡 伟[④] 赵松泉[⑤]
赵欣泉[⑥] 陈玉川[⑦] 庞连生[⑧] 张时聪供稿[⑨] 谭星白改写[⑩]

一

河南省立郾城中学的前身是河南省立周口联立中学，简称周口联中。周口联中创办于1939年。1942年，滑县人程百让任该校校长。不久，日寇进犯豫东，学校西迁淅川县马蹄乡桐柏庙村。1945年春，日军进攻南阳，淅川告急，学校又辗转流亡到西安，临时住在扶风县绛帐镇。抗日战争胜利后，1945年冬，该校师生在程校长率领下从绛帐镇出发，由西安乘火车东下，将返回本乡周口镇。途经漯河，因故停止待命。郾、漯各界（特别是教育界）人士一致希望该校易名，设在郾城（漯河）。他们一面通过私人关系跟程百让热诚商谈，征求程的同意；一面派代表赴省政府、教育厅请求。几经周折，始获成功。省政府批准省立周口联立中学易名为省立郾城中学，并任命程百让为校长。校址设在漯河“山西会馆”（漯河沦陷前，系漯河镇第一中心国民学校所在地）。1945年底筹备，1946年春节过后，开学，招生。

①②④⑤⑥⑦⑧⑨（缺）。
③ 宋金坤，曾任漯河市志总编室主编。
⑩ 谭星白，郾城县人。1915年出生。曾任漯河第四中学教师。

二

学校开办后，首先要解决校舍问题。

山西会馆原为旧关帝庙，内有大殿、前殿和后殿以及厢房，早已作小学校舍。郾中进驻后，将大殿、前后殿分别作图书馆、书库、阅览室；东侧陪殿作教务处（民国时期不称“教导处”）；东厢房有三个房间也分别作训育处、教员休息室和总务处。西厢房作教室。学生多，房舍少，必须建筑新教室，而教育厅拨发的开办费和建修费又远不敷用，校方便在地方当局的支持下，利用被没收的敌伪物资——拆毁由汉奸田雨生经管的旧新华蛋厂的废厂房上的钢筋，变卖作价——建筑教学大楼。大楼分两层，5 座，每座 12 间，中间一座作教学办公楼，其余作高中部教室。1946 年动工。

与筹建教学大楼同时，学校当局又设法筹款，购置设备。程百让对办学内行，他认为要办好学校，必须给师生以足够的精神食粮——图书。但当时百事待举，筹措资金困难，后来通过地方人士，向救济总署漯河分署交涉，把省立郾中作为救济对象，将该署储存的鱼肝油桶、罐头盒、包装箱等废弃物品都交给学校变卖，用这笔款购买了包括《万有文库》在内的一批图书。同时还买了一部汽车头磨电，可供全校 500 支灯泡照明。后来购置了发电机，早晚自习，保证供电。几个月后，河南教育厅厅长来校视察，对这个新办的学校能发展如此之速，十分惊讶。

三

省立郾中是一个含有高中、初中二部的完全中学。修业年限，高、初中各为三年，每个年级各有春季始业班和秋季始业班。此外，高中、初中还另招自费生一班。1946 年春，第一次收高、初中一年级新生各 2 班，每班 40 名。至 1947 年秋，先后招收新生 4 次。至此，全校共有 20 个教学班，在校学生 800 名（一说 1400 名，不确）。学生大多来自豫中、豫北。

教职员 ×× 名。按教育厅规定，教职员由校长自聘，地方当局不得介绍。校长程百让系北京大学毕业，文化和业务水平高，办学认真，重视教学人选。因此，该校高中教员多数是北京大学本科毕业，如英语教员蔡岫生、刘文林，国文（旧时中学称国文，不称语文）教员吴房扉，物理教员张弘甫，数学教员曹俊宁，教务主任刘碧芝等。当时人称之为“北大派”，他们是学校的支柱，是程家班子的核心。初中教员大多是河南大学毕业，如历史教员裴浣青，英语教员魏焕亭、余纫泉、张健一等。这些人有真才实学，教学又得法，深受学生们的欢迎。除教学人员外，按编制，省立中学有军训教官（高中）和童子军教官（初中），他们是省里派来的，常跟学生闹对立，有的被轰走。

四

郾中的纪律很严，学生犯了校规，即被叫到训育处训斥或体罚。高中学生一律受军事训练（抗战时期高中学生接受军训，这是当时教育部的明文规定）。男女学生均着深灰色军装、戴军帽，上衣领口缀圆形领章，佩戴三角形胸章（白底，上镌“省立郾中”四金字）。男生光头，女生不修饰。学习生活尽管紧张，但也有活跃时。课外，学生自由地阅读书报，各班都出有文有画的壁报，“指点江山，激扬文字”。还开展各项体育活动，如组织篮球队和外校竞赛。

这个学校的政治情况比较复杂，矛盾也相当尖锐。校内除有国民党组织外，还有三青团组织——郾中分团部，程百让任分团部书记。程有正义感，为人耿直廉洁，反对反动党、团干涉校内事务，主张“教育救国”，提倡“自由的学风”。他虽然被迫勉强担任三青团职务，却从不曾向学生宣布，讲话时也不提三青团的事情，因此，深受师生们的爱戴。1947 年夏，他到南京，目睹当地反饥饿、反内战的学生运动风起云涌，同时，刘、邓大军跃进大别山，陈赓部队挺进豫西，这一切促使他逐渐认清形势，转变思想。当他察觉到图书管理员牛运仓的政治身份时，便主动找牛谈心，思想靠近。牛是共产党员，因和组织上失去联系，便由别人介绍，到郾中做图书管理工作。他利用这个阵地传播革命思想，并在一部分教师中做思想政治工作，争取他们倾向于共产党领导的革命力量。这一部分教师如魏焕亭、蔡岫生、张弘甫、朱景镐、裴瀚青、张健一、吴芳扉等都有不同程度的进步倾向——同情共产党，痛恶国民党。

另一方面，反动势力也积极进行活动。他们向省政府告密，说郾中有共产党活动。省政府责令程百让“迅速查实上报”。程摸清内情以后，即回电否认，并在全校师生集会上公开驳斥所谓有共产党活动的秘密诬告，要求教师安心教书，学生安心学习。

1947 年秋，这个学校曾自发地进行过反饥饿、反横暴的斗争。当时国民党军在各战场上节节败退，政府财源枯竭，就把教育经费挪作军费。中国银行驻漯办事处停止拨款，全校师生面临断炊之虞，这就使本来对国民党政权不满的广大师生火上浇油，于是全体师生通过决议，举行罢课，向当局表示强烈抗议。尔后不久，驻漯河的国民党军士兵在光天化日之下，公然侮辱郾中女生，又强占学生宿舍；在集市上购物不付钱，并殴打农民。这一连串的横暴行径，使学生们义愤填膺，于是他们纷纷走向街头，跟士兵们展开搏斗。驻军出动大队人马，企图驱散学生，不料适得其反，学生越聚越多，于是便演成了一场大规模的武斗。事后，驻军当局因有所顾忌，不敢轻举妄动，只好向学校道歉，以和了事。

五

1947 年 12 月中旬，人民解放军逼近漯河。18 日午夜向漯河发起猛攻，次日凌晨即全部控制市区。牛运仓立即和组织上取得联系，归了队，并根据部队首长的指示，公开了自己的政治身份，动员知识分子参军。

英文教员魏焕亭并携其二子（该校学生），首先要求参加人民解放军。接着，校长程百让也表示带着他的妹妹程西筠、儿子程震珧（均为该校学生）要求参军。同时要求参军的还有教员张弘甫、张健一、余纫泉（全家），学生宋俊奇、宁自强（女）、殷宗楹、杜长庚、马惠兰（女）……校内成立了由程百让领衔的“河南省立郾城中学教职员自治会”，并由牛运仓执笔，以该会名义发表了告全省知识分子书（见附录），到处张贴、散发，在全校形成了参军热潮。这是解放军1947年渡过黄河后，大批师生踊跃参军的第一个学校，轰动了全省，影响很大。后来散布在全省各地的郾中毕业的学生闻讯，都纷纷参军参干。据统计，自1947年12月20日开始至1948年元月，郾中教职员和学生先后参加人民解放军达364人。他们在解放战争和后来的社会主义建设中都作出了贡献，其中有许多人在不同的岗位上担任了国家的重要职务。

郾城中学虽仅仅有两年（1945.12—1947.12）的历史，但它是漯河的第一个含有高中的省立中学，规模也比较大，而且它在大时代的浪涛中还曾溅起过浪花，在漯河教育史上应占有显著的一页。

选自1990年11月《漯河文史资料》第四辑

附录:《河南省立郾城中学校教职学员自治会告河南知识青年书》

首先，我们以河南省立郾城中学校教职学员自治会的资格，向我们河南的知识青年致敬；向争取学术自由、政治自由，而起来游行示威、罢课的河南知识青年致敬。

今日我们的中国，正处于第三次革命高潮的新时期，许多有热血、有志气，爱好真理、爱好自由的教育界先进人士，都自愿的投入到光荣的中国人民解放军的队伍里。我们看，法西斯蒋介石统治下的河南，统治下的中国，到处没有阳光，没有自由，没有生气，叫化子、流氓、特务、小偷、妓女，到处皆是。知识分子，眼光最为锐敏，都说：“蒋介石快要倒台了！”就是十岁左右的小学生，在他的日记本上，也叹息的说：“中国太黑暗了。”（指蒋介石统治下的中国）

是的，蒋介石统治下的中国，谁都知道，那是很不合理的。但是，我们怎样起来改造这个中国呢？我们怎样起来打倒这个讨厌的旧中国呢？我们想，只有拥护共产党，对外打倒帝国主义，对内铲除封建势力，实现新民主主义，中国才能和平，强大，独立！

我们是河南省立郾城中学校的教师和学生，我们没有任何党派与背景，我们对于中国共产党的政策、主张，觉得是非常的适合今日中国国情。去年，中国人民解放军解放漯河的时候，全市广大人民欢欣鼓舞。尤其是我们河南省立郾城中学的学生，好像是一群久被囚禁在铁笼里的飞鸟，漯河解放了，时机成熟了，我们的同学，都热情的、兴奋的展开了他们的翅膀，飞奔在中国共产党那温暖的怀抱里，自去年十二月二十日到现在，我们省立郾中有三百六十四名教职学员，自愿的参加进中国人民解放军里工作和学习，这真是我们河南省立郾城中学校的光荣，这证明我们河南省立郾城中学的大多数学生，并没有完全受到蒋匪反动宣传的欺骗、蒙蔽。也证明了我们河南省立郾城中学大部分教职学员，是爱好真理、爱好正义、爱国的优秀青年呢。但也有个别为蒋介石的金钱所利用而丧失良心的特务分子，在伸着舌头，无耻的给蒋介石个人舐着屁股沟子，他们现在还能进行着一点好像疯狗样的叫嚣，他们现在还能进行着一点点指鹿为马、颠倒是非黑白、抹杀真理的把戏。但是，事实胜于雄辩，这些反革命、反人民的特务分子，当蒋介石快要上断头台或快要亡命到国外去的时候，你们还叫嚣什么呢？你们应当很冷静的分析一下当前国内外的局势，应当早些当机立断，回头是岸，不然，当将来在人民法庭上审判你们罪状的时候，那就很悲哀很忧郁的！

中国革命是世界革命的一部分，第二次世界大战后，欧洲已有许多国家的共产党人取得国家的领导权，亚洲、南美洲的共产党力量都很强大。今天，中国各个角落里到处如火如荼的，汹涌澎湃的掀起了倒蒋的怒潮，由于中国共产党的力量一天天的强大，许多中外朝野人士都对共产党作了很高的评论与赞扬。我们估计中国局势，解放军很快的就可以在全国取得胜利，新民主主义新中国的旗帜，快要飘扬到南京的城头上了！红色的自由的花朵，快开放在整个中国的原野里了！这是一件多么兴奋愉快的事啊！

现在，我们省立郾中有三百六十四名教职学员及家属，都在解放区里愉快的生活着，工作着，学习着，在这里一切都有保障，一切都很自由，他们都有慷壮的光明远大的前程；现在解放区里，大、中、小学普遍的设立，成千成万的知识分子，在受着科学的、先进的、革命的教育，解放区的学校，在教学方针上和国民党的学校有着根本的不同。解放区的学校，主张学术自由，主张集体学习，主张理论与实践作有机的联系，个人的天才，能作很好的发挥，一切用费都由公家供给，解放区里没有失业失学的，和蒋介石复古的、倒退的党化教育，始成反比。

同学们，中国革命很快的就要成功了，蒋介石法西斯快要倒台了，中国人民解放的号角，已自全国各个角落里吹奏起来了。同学们啊，让我们手拉起手来，快些走向自由民主的新世界里去吧；蒋介石统治下的中国，一片肮脏，黑暗不合理，实在是再也没有什么可以留恋的地方了，生活在幸福的解放区里的人民、学生、知识分子，他们都在热烈的欢迎着我们呢。我们应当快些冲破一切囚人的枷锁，走向自由的高空。

最后，我们高呼：

拥护中国共产党！

拥护毛主席！

拥护中国人民解放军，向黑暗的蒋管区大进军！

中国人民解放军万岁！

新中国万岁！

河南省立郾城中学校教职学员自治会

教职员　程百让（熙庭）、牛运仓（德普）、张建一（女）、张弘甫（毅荃）、魏焕亭、马麟伯

高中部　石秉钧、陈匡、陈铨、宋俊奇、高鸿儒、杜长庚

代表：

初中部　朱九如、韩百泉、刘尚乐、牛喜仓、魏天佑、陈连魁

女生部　宁自强、程西筠、杨翩、李恩海、马惠兰、王桂馨

临颍县师的抗日剧团

晁凌音[①]

临颍县立简易乡村师范学校简称临颍师范学校或临颍县师。抗日战争时期，该校曾经组织了一个剧团进行抗日宣传活动。我当时任县师教师，现对当时情况进行回忆，以纪念抗日战争胜利50周年。

1937年，新任校长张定恩，请体育、音乐教师詹伯明到校任教，卢沟桥事变后学校成立了歌咏队，演唱许多抗日歌曲，如《保卫河南》《大刀进行曲》《游击队进行曲》《我的家在东北松花江上》等。詹老师为了烘托气氛，在歌曲前面添了几句道白，如《大刀进行曲》前面添的道白是："中国的大刀最厉害，日本鬼子见到大刀都吓得跪下求饶。"然后再演唱，效果很好。随同张校长来的教导主任蔡鸣九，为了更好地进行宣传，借鉴北京的"牛车戏"，在临颍也搞起了流动舞台，他找一辆牛拉的四轮"太平车"，车上搭上木板，再用布搭上个棚子，就成了个流动小戏台，也有前后台，场面小人也少，适合演出小型剧。演出时，将车赶到选好地点，鼓点一响，就有观众。当时主要演唱的有《我的家在东北松花江上》等歌曲和街头剧《放下你的鞭子》等，很吸引观众，宣传效果也很好。

1938年秋，外地来了一个戏班子，唱的评剧，在临颍演了有月余，很受欢迎。县师的郝剑涛老师便想用这迷人的评剧来表演抗日剧。每晚他都带上张跃德、邢国森等有一定音乐戏曲基础的学生去听，然后研究唱腔等特点，用了半个多月就学会了。等到剧团离开临颍后，郝老师自编了一出评剧抗日戏《马寡妇开店》，演出后效果很好，受到群众好评。

---

① 晁凌音，1912年出生，河南临颍人。曾任临颍县高中教师、临颍地方志编辑、《临颍文史资料》编辑。

1939年春，张定恩校长离去。县师新任校长为周绍武，随他而来的教导主任叫穆景唐。此人有学问、有修养，写、作俱佳，对元曲《窦娥冤》和《桃花扇》很有研究，又有深厚的爱国热情。他对抗日宣传很热心，在县师执教数年中，编出不少抗日戏剧，在抗日宣传工作上作出了很大的贡献。

穆老师编有如下剧目：豫剧《鸡公山》《审韩复榘》，曲剧《碧云庵》，越剧《刺汪》，京剧《史可法》。剧本编好了，他还亲自导演，帮助大家努力提高演出艺术水平和演出效果。穆老师这种为抗日宣传不辞劳苦、孜孜不倦的工作精神，鼓舞和教育了广大师生，进而宣传教育了群众，受到了社会的欢迎。

当时该校有两班男师班、两班女师班，另有四个中学班，演唱人才比较全，生、旦、净、末、丑每个角色都能有人扮演。对校外有演出艺术和好腔好调的青年，学校还积极设法为他们提供演唱条件。如发现城南耿庄有个唱黑头（净）的耿明臣，声音洪亮且有韵味，难找难得，学校马上派人请他来校，安置一校工职位。当时学校正准备排演《审韩复榘》这出戏，耿明臣饰韩复榘，初中班学生吴东岭饰鹿钟麟。当时演员们都很提劲，起早贪黑排练。精诚所至，金石为开，不几天就登台演出，而且扮相不俗，唱腔洪亮，饰花脸韩复榘的耿明臣，开腔头一句就满座震惊，掌声经久不息。

还有一出豫剧《鸡公山》，演起来很引人入胜。这是一折大型豫剧，需演四个小时。红脸由中学班学生宋明勋饰演，花脸由中学班学生尤岑岭饰演，秦艳如是反串角，由中学班学生杜鸿全饰演。剧情的主要内容是通过舞台艺术的形式，歌颂进步青年学生不畏千辛万苦，经过很多曲折，最后来到鸡公山参加抗日游击队的革命精神。全剧取材新颖，情节生动感人，具有很好的教育意义，有些片段至今群众还印象很深。其中秦艳如唱的几句："从那边飞来一群雁，哽哽嘎，嘎嘎哽，哽哽嘎嘎叫得欢，好一似精神总动员……"虽时隔数十年，至今还记得很清。演武打的演员也很认真，一招一式从不马虎，唱、念、做、打俱佳。

《刺汪》是一出曲子戏。这出戏是编剧穆景唐老师利用历史故事编成的现代戏曲。原故事的大意是：西汉末年外戚王莽篡夺帝位，国号新。王莽称帝后，政治黑暗，民不聊生。刘秀起义，双方展开了大战。驸马马武要保王莽，马武的母亲深明大义，规劝儿子不保王莽，保汉王刘秀。结果孝子马武听了母亲的规劝，杀了妻子，投归汉王，跟随汉王南征北战，终于刘秀得胜，推翻了新朝，恢复了汉业。穆老师利用这一历史故事，写出了《刺汪》这一曲剧。剧中深明大义的老母亲由中学班学生郭应本饰演，其儿即汪精卫的女婿，由中学班学生谷俊僚饰演。演唱中，老母亲怒陈汪精卫卖国投敌十大罪状，说通了儿子的思想，结果其子杀死汪女，刺死了汪精卫。

《碧云庵》是一出大型曲剧。全剧 20 多场，主要演员 40 多名，是一折抗日剧。

还有一出京剧《史可法》，演的是史可法整个抗清斗争中的一小段——狱中成仁。这是一出爱国性很强的京剧簧戏，全由女师班学生演唱。史可法由薛秀菊、张兰欣饰演（双角），史可法妻由刘俊英、杨凤兰饰演（双角），邢清温饰演狱卒，演出效果很好。

当时临颍县师宣传队驰名全县。全队可分三大部，即牛车戏、歌咏队和戏剧团。其中戏剧团最是闻名遐迩，除在城内剧院经常演出外，还常到各乡镇进行抗日募捐巡回演出，如到张潘镇、马庄庙各处一演就是三天，全由周校长和穆景唐老师亲自带领。由于县师学校宣传工作做得扎实，对临颍群众抗日情绪的提高作出了贡献。直到 1942 年春天县师学生闹风潮，校长周绍武调至许昌五区联师任校长，穆景唐老师也去该校任训育主任，临颍县师中学班的学生也于这年暑期毕业，凡是剧员学生差不多全都考上联师了，连小黑头耿明臣也到联师去了，演剧风气也从临颍县师传到了许昌五区联师，临颍县师抗日宣传活动到此告一段落。

选自 1995 年《漯河文史资料》第六辑

抗战前夕漯河励行中学的抗日救亡活动

陈庭苔[①] 肖文鼎[②]

爱国人士高靖侯创办的漯河私立励行中学，在抗日战争爆发前夕，有几位中国共产党地下党员和中华民族抗日先锋队队员先后在校任教，他们领导了学校的抗日救亡运动，运动中建立了党领导的青年团体——中华民族解放先锋队漯河励行中学分队，引导一批青年学生走上了革命的道路。

1935年12月，在日本帝国主义加紧对我国侵略、民族危亡的空前关头，北平地下党领导了"一二·九"学生运动，掀起了抗日救亡的斗争浪潮。消息传来，漯河励行中学的师生群情激奋，准备罢课游行，声援北平学生，但遭到制止。教师中有一位地下党员张光远，在他的建议下，以励行中学全体学生的名义发出了两封快邮代电：一封由学生谭西海执笔致北平学联，声援其爱国斗争；一封由张光远执笔致国民党南京政府，要求一致对外共同抗日。从此，励中抗日救亡运动的序幕拉开了。

1936年春，张光远离校，又来了几位年轻的进步教师，使励中的抗日救亡运动更加蓬勃地开展起来。新来的教员王颂咸、刘莫京是一对夫妻，均是地下党员；闵毓华、马志廉是北京未毕业的回族大学生，"一二·九"运动的参加者，民先队员；还有一位和培元，1937年到延安任毛主席办公室秘书。他们到校后，首先建议成立了"学生自治会"，又以自治会的名义成立了读书会，在漯河地方报纸《警钟日报》上开辟

① 陈庭苔，漯河市郾城区人，1933年生，1951年参加工作。曾任许昌专员办公室政策研究员，漯河市党史办副主任。

② 肖文鼎（缺）。

名为《心曲》的文艺副刊，在女生部成立歌咏队，以这些灵活多样的形式开展抗日救亡活动。读书会由稳重耐心的闵毓华领导，培养学生读课外书的兴趣，引导他们读进步书刊，定期组织讨论，交流心得体会。闵老师还利用读书会，每天下午课余时间教世界语、新文学，用世界语宣传我党《八一宣言》，讲抗日民族统一战线，听讲的常有几十人。和培元善讲文学，才华令人敬佩，办《心曲》文艺副刊由他负责，组织进步学生写呼吁团结抗日的文章，谭西海、陆秀芳、杨文哲等都积极为《心曲》写稿，每周一期的《心曲》受到读者的欢迎。性格开朗奔放的马志廉和女生部主任刘莫京领导的女生歌咏队很活跃，由女生班长陆秀芳带领，走出校门下乡向农民宣传，讲东三省人民在日本人统治下的苦难，唱抗日歌曲，“工农兵学商，一起来救亡……”的歌声在人们心中燃起了抗日的火焰。

1936年暑假，王颂咸、刘莫京、和培元辞职离校，到了党更需要他们的地方，但开学后，学校又来了一位地下党员教师袁效之。他善讲马列主义哲学，常在课堂和课外从政治思想上启发学生的认识，揭露国民党反动派的本质。这学期，《心曲》文艺副刊被迫停办，歌咏队也被解散了，但读书会在发展壮大，新招收的高中班，在陆秀芳的弟弟陆广志带动下，张国钧、白书章等也参加了读书会。至1936年11月，闵毓华介绍读书会的积极分子谭西海、陆秀芳、张国钧、陆广志、杨文哲、白书章、李持英、吕鹤亭8人加入了中华民族解放先锋队。闵老师分别同他们谈话，讲民先的性质、宗旨，使他们懂得了民先队是北平“一二·九”运动中的先进青年，是在地下党的领导下组织的抗日青年团体，是党的秘密外围组织，参加后应起到党的助手和联系群众的纽带作用。他们虽有的家境贫寒，但大多是富家子弟，可他们为什么要冒险参加民先组织呢？因为他们是追求真理、向往光明的有志青年。如性情直爽的张国钧，家庭富裕、生活优越并倍受家人宠爱，可他不走他两个哥哥参加国民党的路，却背着家庭参加了共产党的组织。民先队成立不久，震惊中外的西安事变发生了，袁效之老师当晚把这个消息告诉了学生，学生们欢欣鼓舞，有的甚至情不自禁地高呼万岁！师生们都很关心事态的发展，课余议论不休，都主张杀了卖国贼蒋介石。国民党郾城县党部强迫各中学组织请愿队伍去西安请愿，要求释放蒋介石。在民先队员的鼓动下，励行中学师生一致拒绝参加。县党部还煽动学生写讨伐张学良、杨虎城的文章，励中也没人理睬。励中师生对西安事变的态度以及许昌中心县委书记贺仲莲到校任教这两件事，引起了县党部的注意，指使警察局要逮捕袁效之、贺仲莲、闵毓华、马志廉四位教员，经校务主任郑维城出面作保达成协议，袁等四人课程结束后离校，下学期不准再来，否则不保证其人身安全。不久，反动当局又迫使校长高靖侯辞职离校，由反动绅士黄自芳接管学校任校长。

1937 年春开学后，学校来了几位落后和反动的新教员，驻在学校附近的国民党新五师政训处也开始对学生进行监视。环境的恶化，给民先队的活动带来很大困难，组织没能够发展壮大。政训处查出了闵毓华给谭西海的联系信，传讯他和杨文哲等四人。政训处刘凤鸣审问他们是否参加了 CP、CY（即共产党、共青团），他们否认参加过任何组织。性格刚强的谭西海抑制不住心中的愤怒，当晚写了篇题为《爱国有罪，卖国有功》的日记，第二天日记即落入敌手。5 月 7 日，学校正在举行考试，荷枪实弹的警察闯入学校，逮捕了谭西海，将其押送开封入狱。由于敌人的镇压，学校处于白色恐怖之中，人心惶惶，上不成课了，不得不提前放暑假。离校前，白书章等写了些反对校方和当局的标语，夜里偷贴在校园里，轰动了全校和漯河及附近乡村，到处议论励中闹共产党了。

暑假后，陆秀芳到了北京，张国钧、陆广志、白书章等到开封上学，经闵毓华去信介绍使他们与开封的民先组织负责人孙家骏取得了联系，在营救谭西海同学出狱后，他们去山西参加了八路军，实现了抗日救国的愿望。

励行中学投身革命的学生，不只是参加了民先组织的几个人。陆广志在延安见到十几名励中的学生，还有两位年轻的教员，说明励中抗日救国运动激发了一大批学生的爱国热情和阶级觉悟。是闵毓华等几位进步教师，在漫漫长夜为他们点燃了灯光，使他们看到了抗战的黎明、祖国的希望，为了祖国的独立富强，他们不惜献出自己宝贵的青春。

选自 1995 年《漯河文史资料》第六辑

记冯玉祥将军在郾城召陵中学的一次演讲

史国珍[①] 口述　范子文[②] 整理

1938 年，我在郾城召陵中学（今县二中大坑西北）上学，7 月的一天上午，天气晴朗，我们正在上课，忽听一阵紧急的集合铃声。同学们莫名其妙，面面相觑，以为是学校出了什么大事。各班同学 300 多人，皆到大礼堂（今龙塔古篆北边，约百米处一座大殿），坐在那里静静地等候着。

一会儿，靳鼎箴校长同三位军人（一名长官，两名护兵模样，未见带有枪支）从大礼堂前面走过来，大家坐在那里隔窗相望，但谁也不敢站起来。长官身穿破旧的灰色军装，体格雄伟、健壮，两眼炯炯有神，手拄一根弯弯曲曲的木棍。靳校长同长官进入礼堂，两名护兵在外面等候。长官坐下后，靳校长向同学们介绍："今天把大家集合起来，是为了欢迎我们的冯副委员长到校来给大家讲话。"同学们听到冯玉祥副委员长到校来，心情无比兴奋，后排的同学有的站了起来。靳校长安定了一下秩序，然后又说："冯副委员长这次到河南省来视察，长途跋涉，不辞劳苦，对大家有重要指示，望同学们聆听遵照。"

冯玉祥将军这时站在主席台中间，面目慈祥，和蔼可亲，给同学们一个平易近人的感觉，礼堂里鸦雀无声，都在听冯将军讲话："这次我到河南来，察看驻军防务、阵地工事，看到河南父老兄弟抗日的情绪很高。今天我们国难当头，日本帝国主义自'九一八'事变以后，就想灭亡我们，但没有灭掉。'七七'事变以后，小日本自吹三个月可以灭

① 史国珍（缺）。

② 范子文，郾城区商桥镇人，1921 年出生，大学文化。1949 年 2 月参加工作，曾任郾城一中（今漯河四高）、郾城二中（今郾城实验中学）、孟庙、商桥等乡镇初、高中教师。1985 年离休。

亡中国。它占领了我们大片领土，杀害我们千千万万的同胞，抢夺了我们无数的财物。我们要想生存，必须把日本鬼子打倒。我们的力量大得很，我们的物资雄厚，地大物博，全国上下士气高昂，日本没有什么了不起。今年春天，台儿庄血战，消灭它两万多人，这不是很明显的例子吗？我们的抗战是全民抗战，有钱出钱，有力出力，‘国家兴亡，匹夫有责’。人人都奋起抗战，日本鬼子就会被淹死在人民的海洋里。前方将士打仗是抗战，后方民众支援也是抗战。青年学生是国家的栋梁，在后方要努力学习，广为宣传，这是你们义不容辞的责任，但‘投笔从戎’，挺身而出，奔赴前线，为国立功，名垂后世，永著史册，这更是光荣伟大……”

冯玉祥将军的讲话给我留下了深刻印象，当他讲到“日寇罪行”“全民抗战”等时，语言铿锵有力，感人肺腑。讲到青年学生的任务时，面目慈祥和蔼，给人以亲切可爱的感觉。讲完以后，全体同学掌声经久不息。冯将军在靳校长的陪同下步下主席台，到校务处去休息。当走到礼堂门口时，见一个不像学生模样的人，神色慌张地站在门后，头发蓬松，风纪扣也没有扣。冯将军问靳校长：“这个人是干什么的？”靳校长说：“郾城县长张靖。”“县长就那个样子。”张靖一听，全身觳觫，恐惧得发抖，站在那里，低头下垂，屏气无声，昔日威风，扫地一尽。冯将军一出礼堂，张靖连忙抓住一个学生戴的破帽子，不管大小，戴在头上，跟在靳校长后面，到校务处去了。后来才听说，冯将军到郾城，并没有事先通知县长，直接到召陵中学来了。因靳廷箴过去曾跟冯玉祥当过书记官，所以这次到郾城，先找靳廷箴，借以作抗日宣传工作。

冯将军接受了靳校长的邀请，还为学校题了校名“郾城县召陵中学校”。冯虽是军人，但字写得苍劲有力，见者无不称赞。

午后稍憩，冯将军离校，县长、校长送行。出了校门到西街，见到沿街两旁尽是人群，问：“为什么这样多人？”靳校长说：“郾城父老听说副委员长来了，都说等着看冯玉祥哩！”冯将军笑着说：“那容易。”随即慢步东行，沿途向群众频频招手致意，掌声从西向东沿三里长街连接不断。出了东门，冯将军乘车，离开了郾城。

事后，郾城召陵中学学生由于冯将军的宣传鼓舞，有 30 多人奔赴了抗日前线。

选自 1995 年 11 月《漯河文史资料》第六辑

省立信阳师范《校风集》中的几首歌词

周祖训[①]

《河南文史资料》第30辑载我写的《我任河南省立信阳师范学校校长十年》一文中，曾提到，我根据“移风易俗，莫善于乐”的道理，曾于1940年1月主持编成一个歌集《校风集》，印刷成册，发给学生歌唱。内有歌曲八首，第一首为《校歌》；其次是以校训所规定的尚诚朴、耐劳苦、勤学问、习服务、重团体、养正气六项品德要求为题的六首歌，简称校训六歌；最后一首是《我们是人生路上的伴侣》。八歌都是由我作词，李永刚作曲。《校歌》歌词我还记得，《勤学问》歌词，承当年信师的女生汤传铭同学，根据她的记忆抄寄给我，上两首歌词均已收在《我任河南省立信阳师范学校校长十年》一文中。最近信师毕业同学季百奎同学告诉我，他还能唱校训六歌，并把他唱的录音磁带寄给我。现根据季百奎同学的记忆，又经过我的核对，把《尚诚朴》等五首歌的歌词抄在后面：

尚诚朴

我慕华盛顿，更慕司马光。诚者物终始，朴乃德之纲。
世俗竞诈虞，奢靡风日张。人心互携贰，国本于以丧。
滥觞为江河，敌渐肆猖狂。愿速归诚朴，一念系存亡。

耐劳苦

我们曾跋山涉水，不怕筋痛骨酸。我们曾长征千里，忍饥耐寒。

① 周祖训，河南内黄县人。1906年出生。1933年毕业于南京国立中央大学教育系。漯河市政协一、二、三届副主席。

体锻愈健，志磨愈坚。不怨命蹇，但求向前、向前、向前！

我们要忍受现在的困苦，打破未来的艰难。待抗战胜利，新中国成立，共享康乐亿万年。

习服务

人生目的在服务。公而忘私，国而忘家，社会乃进步。

孔席不暇暖，墨突不得黔。伟哉我总理，革命不反顾。

先哲懿行，炳若日星。可不勉旃，我辈后生。

重团体

世上哪有鲁滨孙，衣食住行赖人群。覆巢之下无完卵，国亡那还有个人？不怕暴寇侵，不怕国难殷。团体为重，个人轻，小我牺牲，大我成。献身国家，竭尽忠诚。民族复兴，人人光荣。

养正气

贫贱不移，威武不屈，大丈夫的精神要学习。

杀身成仁，舍生取义，圣贤的教训求践履。

山河色变，不忍看铜驼荆棘。神明胄裔，那能甘奴颜婢膝！

沙场祈战死，为国歼暴敌。成仁即成功，吾辈速奋起！

《校风集》中的八首歌曲，现只余《我们是人生路上的伴侣》一歌的词、谱未全得到，季百奎同志记得头两句："我们是人生路上的伴侣，来建设我们的国家、学校、自己。"这两句词我回忆是不错的。希望当年在信师的师生加以回忆补齐，并审校以上几首歌的歌词有无错误之处。

另外，季百奎同学还能唱出当年信师的《送毕业同学歌》，这首歌也是由我作词，李永钢作曲。现在青海省的信师毕业同学马崇绪同志（现名青野，已离休），还能写出该歌歌谱。只是歌词后半部与季百奎同志所记不同。经我回忆，歌词应如后：

送毕业同学歌

数年欢聚，分散今朝。别离人生常有，说什么黯然魂销！况诸君前途正遥遥：大众待教育，社会待改造，复兴民族的重担，全靠诸君肩挑。

大家说声别了，怎能作儿女态惹人笑！况诸君前途正遥遥：大众待教育，社会待改造，复兴民族的重担，全靠诸君肩挑，肩挑！

选自 1990 年 12 月《漯河文史资料》第四辑

郾城二高“招教”记

戴满经[1]

先从我当二高校长说起。20世纪90年代初，在郾城县委彭德胜书记的倡导下，创建郾城县第二高级中学。1991年下半年开始选择校址、筹措资金、遴选干部。后来得知为选拔校长县委曾多次开会讨论，还找郾城教育战线的老同志征求意见，让大家推荐。我是被推荐人之一。

我时任郾城县教师进修学校校长，对县委领导很不熟悉，只是在开会时知道哪个是彭德胜，而彭德胜并不认识我。师训工作我已经熟悉，也很热爱。教师进修学校是正科级单位，在我任职期间曾被评为省先进单位，并获奖金数万元，我很知足。对于当二高校长，我没有这个奢望，因为当时正提倡干部年轻化，我已经57岁，学历浅，功底薄，没正规文凭。

1992年2月19日（农历正月十六日），县委通知召开春节后第一个县直机关负责人会，我一如既往来到县委办公室，组织部长张秀宇挨个喊我们到部长室个别谈话。轮到我时，刚坐下，张部长第一句话是：“老戴，县委经过多次研究，决定你去二高当校长，今天就去上班。”我稍有迟疑，张部长说：“校长咋当，你比我清楚。胡心正（县教育局长）在外边等着你研究工作哩。”谈话结束，我随胡来到教育局，在教育局二楼给我找了间屋子，搬来两把椅子、一张三斗桌，门口贴了一张红纸条，写上“郾城二高办事组”。接着有人领我去城东野地“踏青”察看校址：孟庙乡的白庙村以南103亩地，东西300多米，南北200多米，其中南部是大田，麦苗青青；北部是菜园，畦埂纵横。还有20多根电线

① 戴满经，男，1933年出生，大学文化，高级讲师。任初高中校长37年。原郾城二高退休。

杆，40 多座坟墓，东北角一座破窑，还囊括十多户民房，都暗示着建校的麻烦。但无论怎样，我牢牢记下四个直角的标志，标志以内就是“郾城二高”。我的“二高校长”工作就此开始了。

2 月 24 日，接县委办公室电话通知说彭书记在他办公室见我。这是我第一次和彭书记面对面接触。彭书记开口就说：“你是老戴？”我点头说是。彭书记接着加重语气说：“我听说你老戴脸难看、话难听。”我笑了。彭书记接着说：“好，你就当二高校长！”接着，彭书记扼要地谈了二高的设想：二高是二十四班规模的重点高中，要求“四个一流”，即一流的教师，一流的设备，一流的管理水平，一流的教学质量。一句话：只要第一，不要第二。最后他强调：“你老戴党政一肩挑，班子自己组合，经济一支笔。”我表示：只能前进，不能后退！

1992 年 4 月份，二高工地 8 个工程队先后进驻，全面展开，日夜奋战。“四个一流”的口号已传播全县乃至全市。但办学的主要硬件教师问题是压在我心头的沉重包袱！郾城县数千名教师多年来经过大浪淘沙、优中选优，高学历高水平的教师早已有了归宿，我能够组织起来一个一流的教师队伍吗？我在彭书记面前坦诚地暴露了我的思想。彭书记适时地、胸有成竹地给我提出了“全国招教”的大胆设计。接着他主持召开了有关领导和部门参加的二高招教策划会。会议决定：1. 在《人民日报》和《河南日报》登载招教广告；2. 对录用教师实行“三不要”，即不要档案，不要粮户关系，不要介绍信；3. 招教条件是 30 岁左右，持本科毕业证和一级教师的职称证，试讲合格，择优录用，男女兼收；4. 招教待遇：①凡被录用教师，郾城县按学历、职称定级定薪，重新建立档案，编入城镇户口，纳入国家教师队伍，享用国家财政粮；②录用教师可携配偶和子女同时来郾报到，配偶原有工作的郾城对口安排，无工作的纳入全民合同制分配工作。子女安排就业，学龄子女安排入学；③无偿居住招教家属楼一套（90 平方米、水电齐全）。

我认为招教的举措是得力的，我很兴奋，但心里又总是沉甸甸的。据我得知，应招教师对于来郾城是慎之又慎的，简直是诚惶诚恐，如履薄冰。因为凡公职人员对粮户“红本”都视为宝中之宝，组织部门的履历表、档案袋历来都是紧箍咒，况历经极“左”路线早已成为惊弓之鸟的教师敢于冲破警戒线是很不容易的。《河南日报》把我们的招教信息公布以后，20 多天时间来报到者达 500 多人（《人民日报》不能再登了），工地上每天都有应招教师来明察暗访，有人甚至住在学校附近观察我们的“走势”。我发现招教者和应招者是互审的。我们看他们的文凭、职称、年龄、应对能力和试讲效果等，而应招者看我们的则更多更细。看二高的环境氛围，看二高的建设布局，看二高的工程进度。有的还想见见校长和我们的建校班子，直接拜访，对话咨询，观察你的水平，质问你的待遇，特别是招教楼的优惠条件怎样落实，等等。

当然，面对应招者的审视，我们不卑不亢、实事求是地去宣传去解释。因为郾城县委的支持和决心是我们强有力的后盾。我们讲郾漯是交通枢纽、内陆特区，古来盛出文臣武将、巨商大贾，是许慎的故里，现在是新兴城市；讲郾城八十万人民，有经济潜力，有重视教育的传统；讲郾城县委对教育重视，对教师关心；讲二高八个工程一齐上马，全面开花，一年竣工，两年见效……应招教师来到工地，我们热情接待，并用我们的破吉普带上他们浏览漯河市容。有人动情地说：“你们太客气了，不来二高将终生遗憾！”遂平高中、西平杨庄高中、省重点淮阳高中、汝南高中等来应招的结伙成群，上蔡高中的副校长领了八个教师来应招。江河机械厂中学的副校长领了五个教师，结果他自己被我们录用，搬家来校时，他的书记厂长把住校门、挡住汽车，未能来郾城。兰考一高的刘传禹，夫妇都是北京大学毕业，刘在学校是一把手、正校长，愿到郾城二高来教书。后来我们把刘安排为二高副校长。

1992 年入冬，教学楼、学生楼、招教楼都已结顶，二高形象初露，招教工作紧张有序地进行。就在此时，资金发生困难。为了争得社会的关注，彭书记趁“两会”之机组织代表、委员们来二高视察。我也曾请老干部、老教育工作者来校参观、座谈、论证。大家认为：人才重要，筑巢引凤，重中之重，招教楼要提前竣工。

彭书记心急如焚，请来了省教委主任徐玉坤、市教委主任赵怀键。徐主任肯定郾城创建二高是百年大计，是全省的榜样。但是，他说省教委经济也很困难，只能是杯水车薪。为筹集教育基金，崔松科县长召开各乡镇长会议，让他们定时间定任务签字保证按时完成。我也曾托关系去省财政厅、省教委，结果是人微言轻，失败而终。春节到了，工人的工资拿不到手，几个工头坐在我家不走，弄得我吃不成饭，睡不了觉，老伴含着泪说："这个日子没法过！"但是，钱是硬东西，我奈它何！刚过春节，县委召开乡镇长会议，会场设在二高工地，书记、县长及各乡镇负责同志参加。彭书记让我讲话，我站在雪堆上，讲了二高的设想、工程的进度、资金的紧缺、工人的干劲、我的困难……彭书记站起来，让乡镇长一个一个站出来，问："啥时间把钱送来？"大家回答："十天以内。"彭书记诙谐地说："不送钱把'帽子'送来也可以！"

招教试讲中，我们聘一高和商桥高中的教师组成听课评论班子。1993 年春节后，我们从试讲的 290 人中初定 90 人。同时我们聘郾城教育上的老同志组织了五个小组，分五路外出考察。经过筛选，包括夫妇双方合格者实为 57 人。录用中经领导同意，我们掌握了四个原则：1. 年龄要求不绝对。为了增强学校的教学实力，吸收几个年龄较大的（40 岁左右）高级教师。如平顶山的英语高级教师远中信，兰考一高的校长刘传禹，西平杨庄高中的马保家等。2. 职称要求不绝对，有几个年轻教师，不是一级教师，但课教得好，有前途，我们录用了。3. 凡被录用的教师，一二三年级都得能教。4. 主要学科带头人由校长亲自考察。

1993 年 4 月 8 日，二高的简易校门内外车轮滚滚、人流如潮，这是录用教师搬家来校的日子。

教师来校的当晚，信阳地区息县高中和教育局的领导来到我家。他们说化学教师丁庆鹏是他们息县的台柱子，请我把丁庆鹏放回息县，他们代表息县教育界和息县人民感谢我。当时我非常尴尬。我说应招是自愿的。接着，我把丁庆鹏叫过来。丁笑着就是不说回去的话，本来是矛盾的双方来了个和谐的僵持。最后，对方无奈，丁庆鹏留下了。

1993 年秋，二高的首届新生和招收的复习班已经开始上课，原西平杨庄高中的英语教师周海燕提出要回杨庄，后来知道是杨庄高中校长宁家福请周海燕回去当教导主任。11 月 21 日，我赶到杨庄高中，见了宁校长，听他讲学校的困难，最后我说:“周海燕可以回来，请宽我三天。”君子协定，握手言好而别。谁知老宁怕我不放人，第二天早上一辆大卡车把周海燕拉跑了。一时我校教师议论纷纷、人心浮动。于是我立即带上陈明辉（原上蔡高中应招教师）赶到上蔡。上蔡高中冯运山和周海燕同是广东中山大学英语系毕业生，原来我们已经录用，因上蔡不放，未能来郾。我住在冯运山他姨父开的崇阳宾馆里。他姨父是上蔡县电业局长，支持运山来郾城。运山三个舅五个姨都在上蔡县城工作，表兄弟一大群。陈明辉颇有才干，半天时间把运山的表兄弟都窜动起来了。下午3点，一辆小车坐上运山70多岁的母亲和孩子、爱人，两辆大车装的装，抬的抬，七手八脚连蜂窝煤块都装到车上出发了。县教育局的人赶到，车已出了城北门。下午6时，为冯运山搬家的车子浩浩荡荡进了二高。晚上我们设酒接风，平息了那场风波。

录用教师来校后，郾城县党政领导班子在彭书记带领下来校看望大家，并深入家庭，问寒问暖。随后又召开“二高家属安排协调会”。彭书记坐镇，有关副县长参加，到会的都是有关部门的一把手。我公布家属名单后，彭书记问:“原来是干啥的？”我答:“法院干部。”彭书记安排法院院长办理手续。我公布一个，彭书记安排一个。一个小时安排了31名家属。教师家属子女172口列表送到副县长张强国办公桌上，张县长批示:“全部落入郾城城市户口。”

郾城二高建成了，郾城二高发展了。2005年漯河市区划调整，把郾城二高定名为漯河市第五高级中学。

漯河五高现有南北两个校区，占地260亩。教研楼、教学楼、实验楼、图书楼、学生公寓楼、大型餐厅等教学及生活设施齐全。校园绿树成荫，鲜花四季开放，环境优美宜人。

学校现有教职工365人，专职教师278人，其中特级教师2人，省级教育专家1人，高级教师78人，中级教师197人。有62人分别被省、市授予优秀教师、模范班主任、学科带头人等荣誉称号。现有教学班80个，在校生达6000多人。

漯河五高凭借一流的教学设施、雄厚的师资力量、科学的管理模式、先进的办学理念和浓厚的校园文化，教育教学质量逐年提高。1996年首届毕业生进入本科线人数212人，2007年进入本科线人数达1756人。从2004年起，连续四年本科上线人数位居市直高中第一。先后有宋广辉、孙兰涛、赵燕燕等同学成为漯河市文、理科高考状元，有姚冠辉、王媛媛、李永宁等100多名同学分别先后考入清华、北大、香港中文大学等名牌院校。

漯河五高现为"省级示范性高中"，先后荣获"全国贯彻《学校体育工作条例》优秀学校""全国心理辅导特色学校""河南省德育工作先进集体""河南省园林先进单位""河南省卫生先进单位""漯河市学生家长最满意的学校"等50多个荣誉称号。

我们相信：原郾城二高今漯河五高的明天定会比今天更好！

选自2008年《漯河文史资料》第十六辑

腾飞中的郾城一高

郾城一高提供

省立郾中创立于1949年7月。他的前身为国民党教育部特设中原临时中学。中原临中1948年7月始建于鸡公山，后初中部迁湖北咸宁县柏墩镇，高中、师范部迁湖北蒲圻县羊楼洞。1949年5月，湖北解放，奉中原临时人民政府副主席吴芝圃电令，由中原临中校长周祖训带领全体师生，迁回解放区河南省郾城县，6月底省教育厅决定在郾城成立河南省立郾城中学。许昌专区专员李庆伟兼任校长，周祖训任副校长，主持学校工作。

1953年，省立郾城的高中部迁往漯河，与其他学校迁来的高中部合并，成立了漯河高中；初中部留在郾城，更名为郾城二中（现在的第一实验中学为郾城一中）。现任中共中央委员、中央军委委员、解放军总装备部部长的曹刚川上将，其高中一、二年级就是在省立郾中就读的，1953年，随高中部的迁移，他到漯河高中读三年级，毕业后投笔从戎，在军旅中成长为一名将军。

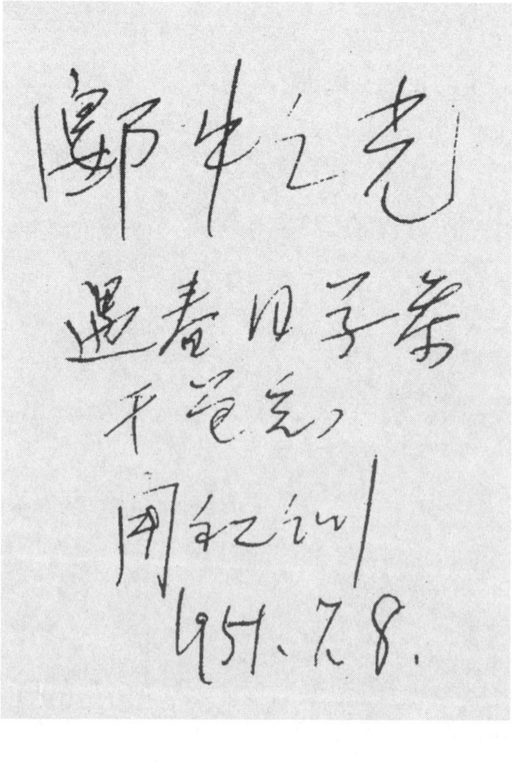

1956年，随着国民经济

迅猛发展，教育战线也有了大发展。当年秋，郾城二中又开始招收高中生，校名变更为“郾城县完全中学”，简称“郾城完中”。1958 年的“大跃进”，促成了 1959 年下半年郾城县与漯河市的合并，郾城完中更名为漯河三中。1961 年秋贯彻党中央的“调整、巩固、充实、提高”的八字方针，郾漯又分了家，原郾城完中更名为郾城一中，而原来的一中更名为郾城二中。“文革”期间，郾城一中屡遭劫难。1970 年冬，县革委决定分散、停办郾城一中，各公社相继办起了高中。1973 年春所谓的教育回潮期间，一中又办起了高中部，二中（现第一实验中学）办起了初中部，二者合并归一，统称为“郾城完中”。1974 年冬，高中部与初中部分家，一中、二中都又恢复了原来的名称。这时的一中也招收初中生，实为一所完中，直到 1981 年才停止招收初中生，1983 年秋，初中生全部毕业，一中成了一所高级中学，被许昌地区审定为重点高中。

1993 年，郾城在县城东北又新建立一处高中，取名为“郾城二高”，郾城一中顺理成章地成为郾城一高。1994 年秋，这所历史名校正式使用“郾城县第一高级中学”的名称，并被漯河市审定为市属重点高中。

更名后的历史名校愈加焕发了青春，具有团结拼搏、锐意进取、无私奉献精神的全体教职员工，在校长兼党总支书记王敏甲的带领下，求真务实、勇于探索，开拓出了教育教学工作的崭新局面。如今的郾城一高已经发展成为“机制一流、管理一流、师资一流、环境一流”的现代化高级中学，成为中原教坛上一颗璀璨的明珠。现有 39 个教学班，在校生 3800 余人，教职工 170 余人，其中特级教师 4 人，高级教师 41 人，中级教师 52 人，师资力量雄厚，教学经验丰富。微机室、多媒体电教室、闭路电视双向监控系统、电子阅览室、学术报告厅等现代化教育设施一应俱全。高考成绩十年迈出了十大步，2001 年高招又取得了历史性的新突破。上大专线人数高达 1165 人，上本科线人数突破 700 名大关，上重点线人数高达 328 人。向全国三大名牌“清华”“北大”“科大”共输送 8 名优秀学生，名牌大学录取人数连续六年位居漯河市第一。河南《教育时报》以《学习的乐园、人才的摇篮》为题对学校进行了全面的报道，漯河电视台、《漯河内陆特区报》、河南卫视、《河南青年报》、《河南科技报》等多家新闻媒体对郾城一高的教育教学管理经验及丰硕业绩进行了专题报道。

辉煌的业绩也赢得了诸多的荣誉，学校先后被命名为“全国学校体育、卫生工作先进单位”、河南省“为人师表、育人楷模”先进单位、“河南省职业道德建设先进单位”“省级卫生先进单位”“省招生先进单位”、漯河市“德育工作十佳单位”“特色名牌学校”“五星级全面管理达标先进单位”“民主管理先进单位”“绿化先进单位”；郾城县委、县政府曾先后六次对一高通令嘉奖。

“雄关漫道真如铁，而今迈步从头越”。新千年、新世纪，郾城一高将以更加昂扬的斗志、坚实的步伐跻身省级名牌学校的行列。

选自2002年《漯河文史资料》第十辑

漯河高中——人才的摇篮

漯河高中提供

漯河高中前身为国民党教育部特设的中原临时中学。中原临中 1948 年 7 月始建于河南信阳鸡公山，8 月后初中部迁湖北咸宁柏墩镇，高中、师范部迁湖北蒲圻县羊楼洞。1949 年 5 月湖北解放后，奉中原临时人民政府副主席吴芝圃电令由中原临中校长周祖训带领全体师生，搬迁到解放区河南郾城县，建立了河南省立郾城中学。许昌专区专员李庆伟兼任校长，周祖训任副校长，主持学校工作。草创伊始，弦歌又续。

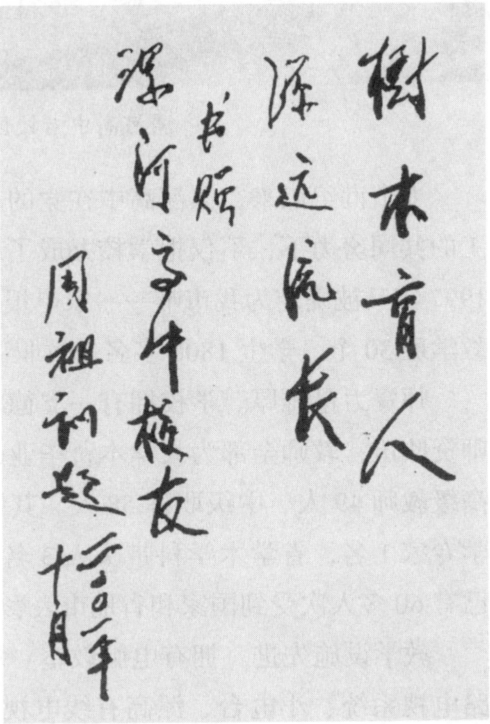

1953 年初，许昌专区决定在漯河市构筑新校舍，建立新学校。周祖训副校长于是选派人员协同漯河市，在漯河市南郊乱坟岗地和菜园地上建起了新校舍。

1953 年暑期后，郾城中学高中部全部师生搬迁来漯，其中二年级 5 个班，三年级 2 个班（含合并商水、青年村青年中学的一个班）。郾中的有关卷宗、档案、图书和仪器，亦大部随迁来漯。同年暑期招收新生六个班，1953—1954 年暑假有 14 个班。暑假后，又合并淮阳中学高中二年级一个班，

1954年暑假毕业2个班，又招收6个班。至此，完成了漯河高中18个教学班级的建制。在校学生700余人，教职员工约70人，成为许昌专区开办最早的高级中学之一，也是漯河市唯一的高级中学。五六十年代，经费全由省地拨款，曾列为河南省重点学校之一，为新中国成立初期阶段培养了一批建设人才，为高一级学校输送了一批优秀学生。这时期，在很多教育教学活动中（如高考、会考等）与许昌高中比翼双飞，声誉远播。

漯河高中老校区（文化路）

半个世纪以来，漯河高中在党的教育方针指导下，在一代代教职员工的共同努力下，不仅把学校办成了历史悠久的河南省重点高中，而且1997年又被确定为我市唯一一家申报“全国示范性高中”的学校，现有教学班30个，学生1800多名，教职工186人。

师资力量雄厚。学校拥有一支德才兼备、实力雄厚、特别能战斗的师资队伍，教师全部为大学本科毕业，达标率100%。有特级教师3人、高级教师49人、中级职称58人。其中国家级骨干教师2名，省教育教学专家1名，省学术学科带头人3名，省骨干教师3名。1993年以来，已有60多人次受到国家和省地市表彰。

教学设施先进。拥有电脑教室、多媒体教室、电教室、语音室、闭路电视系统、小电台、漯高有线电视台、电视演播室、区域电脑网络，拥有藏书10多万册的图书馆，容纳400多人的教师阅览室和容纳600

多人的学生阅览室，为师生的学习和自修提供了良好的条件。

教育教学成绩突出。近几年，高考总分和单科获全省前十名达16人次，前30名32人次，数、理、化竞赛获省一等奖13人次。从1994年到2000年共为高一级院校输送新生3500人，占全部考生人数的91%，其中重点大学1200多人，大学本科1700多人，仅考入北大、清华、中国科技大学、中国人民大学、复旦大学的就达72人，高考总分800分以上的学生达67人，共夺得全市高考总分前三名37人次、单科全市第一名41次。

全面推进素质教育。学校注重培养学生的各种思维能力，实践能力、生存能力、社交能力等，经常开展丰富多彩的活动，如艺术节、体育节、社会实践、德育实践等活动课，除为高校输送了一大批发展全面的毕业生外，还为国家培养了一批特殊人才，如近几年先后有30多名学生被北京电影学院、北京广播学院、广州美院、四川美院、天津音乐学院、解放军艺术学院、北京航空航天大学、武汉体院、上海体院等院校录取。

2001年9月26日在京工作的信师、郾中校友与老校长周祖训欢聚在首都

后排左起:（1）崔先鹤、（2）王学林、（4）马庆安、（5）殷遇春、（6）李豫旻、（7）胡宛如、（8）吴文晋、（9）赵金堂（惊涛）、（10）黄德一、（11）李伟、（12）芦槐根。

前排左起：近易（靳舜卿）、张流柱、周祖训、孙曜昉、马炳光

1994 年 4 月 27 日曹刚川（时任解放军中将副总参谋长）回访母校，
与同学赵绍钦（左）、韩儒斌（右）摄于老教室外

毕业生将军辈出。在漯河高中辉煌的历史上曾培养出了如中共中央委员、中央军委委员、总装备部部长曹刚川上将，南京军区副司令员、中将张连魁等为代表的一大批优秀毕业生。可谓是桃李芬芳，将军辈出。

漯高首届毕业班全体师生欢送 13 名参军同学在漯河车站广场留影
第一排从左至右（戴胸花者）：于永昌、春银典、陈书义、牛健勇、谢德明、郭振乾、万里、张俊盈、韩儒斌、刘鸣琴、曹刚川、黄振家、张天生

作为漯河市唯一一所申办全国示范性高中的学校，漯河市高中在市委、市政府和市教委的关心、支持下，全力投入全国示范性高中的建设之中。目前，第一期工程已投资1000多万元，气魄雄伟的科技楼、图书楼、实验楼已拔地而起，并已陆续投入使用；总投资800多万元包括二幢学生宿舍楼、一幢教学楼、标准的400米跑道在内的二期工程已全面动工兴建，以多功能学生餐厅、体育馆为主体的第三期工程正在紧张筹备中。

选自2002年《漯河文史资料》第十辑

漯河高中六十年校庆掠影

蒋向军[①]

金秋送爽，丹桂飘香。2008年10月18日上午，漯河高中体育馆内鼓乐喧天、掌声阵阵，历届校友齐聚一堂，共同庆祝母校60华诞。市领导靳克文、张社魁、雷建民、王俊才、孙运锋参加了庆典仪式。

庆典仪式上，宣读了漯河高中校友、中共中央原政治局委员、军委副主席、国务委员兼国防部长曹刚川给母校的贺信。漯河高中党委书记、校长赵建钊代表学校全体师生、员工向出席庆典的海外嘉宾以及来自五湖四海的校友们致以最热烈的欢迎和最诚挚的感谢。并扼要地讲述了60年来漯河高中的发展变化和目前状况。

最后，市委书记靳克文为曹刚川捐赠给漯河高中的“神舟七号”模型揭幕。

下边是曹刚川给母校的贺信和赵建钊的讲话：

贺　信

漯河高中的各位老师、同学们：

金秋时节，漯河高中迎来了60华诞，我的心情无比激动、无比高兴。54年前，我在漯河高中度过了难忘的学习生活，并从这里加入了中国人民解放军。几十年来，不论我走到哪里都不曾忘怀给予我知识和力量的母校。我对母校的深厚感情是难以用语言表达的。在这喜庆的日子里，我谨向漯河高中的全体老师和同学们，向所有曾为母校的发展作出贡献的教职员工以及新老学友们，表示诚挚的问候和崇高的敬意。

① 蒋向军，临颍县人，生于1982年2月，漯河市政协机关干部。

漯河高中有着不平凡的历史。60年来，在以我们的老校长、著名教育家周祖训先生为杰出代表的几代教育工作者的辛勤耕耘和不懈奋斗下，学校成就辉煌、硕果累累。现在，漯河高中已成为全省重点高中，从漯河高中走出的一批又一批学子，在社会主义建设的各条战线上建功立业，作出了应有的贡献，也为母校赢得了崇高的荣誉。

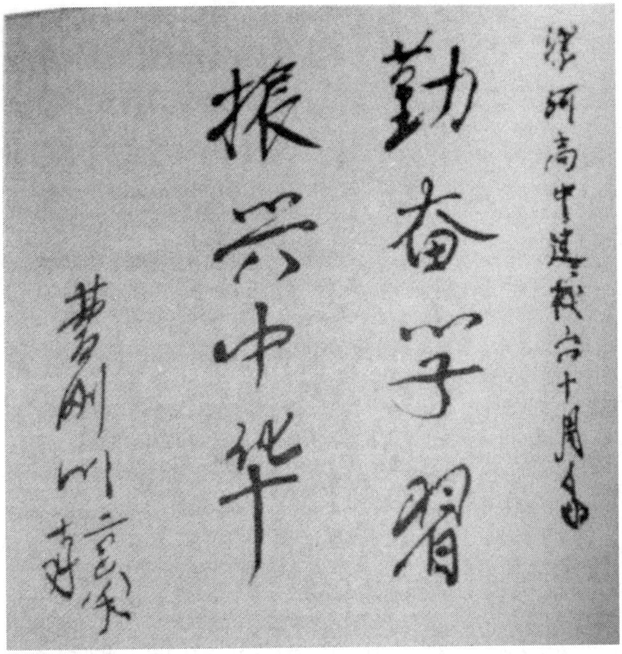

回顾过去，我为母校感到骄傲；展望未来，我对母校的发展充满信心。希望漯河高中继续坚持党的教育方针，深入贯彻落实科学发展观，秉承“公、诚、爱、严”的校训，以创新求实的精神，努力创建一流名校，为祖国的社会主义建设事业培养出更多德、智、心、体全面发展的优秀人才。

祝母校60华诞庆祝活动圆满成功，祝母校老师工作顺利、同学们学业有成。

曹刚川

2008年10月8日

亲爱的老师、校友们和同学们：

大家好！在这金色的十月，我们怀着无比激动和喜悦的心情，欢聚一堂，共同庆祝漯河高中建校60周年。今天，漯河高中高朋满座、胜友如云。各位贵宾的到来使漯河高中蓬荜生辉。在此，我谨代表学校全体师生、员工，向出席今天盛典的各位领导、海内外嘉宾以及来自五湖四海的校友们致以最热烈的欢迎和最诚挚的感谢！

1948年，旧教育部特设的中原临时中学在信阳鸡公山建立，这是漯河高中的前身。其后，校址先迁湖北汉口，再迁湖北咸宁羊楼洞。1949年5月，奉中原临时人民政府电令，搬迁到河南郾城县，建立了河南省立郾城中学。1953年，省立郾城中学高中部搬迁到漯河，合并商水青年中学和淮阳中学高中部，成立了省重点高中——漯河市高级中学，简称漯河高中，许昌地区专员李庆伟兼任校长，面向豫南13县市招生。时光如梭，岁月如歌。从“中原临时中学”到“省立郾城高中”，再到“漯河高中”；从省重点高中到如今的河南省首批示范性高中。迄今，我们已走过了艰难曲折而光辉灿烂的60年。60年以来，在自强不息的伟大精神支撑下，在源远流长的中原文化滋养下，秉承“公、诚、爱、严”的校训，经过几代人的辛勤耕耘，漯河高中办学规模不断扩大、办学条件日益改善、办学质量持续提升，形成了“博学、笃行、合作、进取”的校风，养成了“尊师、善问、厚积、有恒”的学风。今天，我们的学校已成为享誉中原、全省知名的河南省首批示范性高中，成为漯河市实施素质教育的窗口学校。

面对学校的巨大变化，我们不禁感慨万千。学校之所以能够持续发展，离不开党和国家对教育的高度重视，离不开各级政府、领导同志的亲切关怀，离不开兄弟学校、友邻单位的大力支持和关爱。在学校校史展的展板上，一幅幅题词凝聚了中央、省、市各级领导的殷切关怀，一幅幅照片定格了教育部、教育厅、教育局等各级领导的亲切指点，一封封贺信饱含着兄弟学校、友邻单位的支持关爱。在此，我代表全体漯高人，向一直关怀学校建设发展的各级领导，向热切关心漯河高中的兄弟学校、友邻单位表示诚挚的感谢！

漯河高中既是一所历史悠久的中原名校，更是一方深含中原文化底蕴的育人沃土！60年来，一代又一代漯河人团结拼搏、与时俱进，在推动社会发展、科技进步、经济建设和教育振兴的过程中实现着自己的价值。60年来，学校已培养出千千万万的学生。在他们当中，涌现出了大批革命志士和社会主义建设人才。他们有的为革命事业英勇捐躯，有的成为党和国家领导人，有的成为将军、部长，有的成为院士、专家、学者；他们以其为国家、民族和人类文明所作出的卓越贡献而彪炳史册，而更多的是成为在各自的平凡岗位上辛勤工作的各行各业的普通建设者；他们爱国奉献、默默耕耘，为漯河乃至全国的经济发展、社会进步作出了自己应有的贡献，为母校赢得了崇高的荣誉。借此60周年庆典之机，请允许我代表学校向所有为祖国的繁荣、社会的进步、民族的振兴作出贡献的校友们致以崇高的敬意！此时此刻，我们深切缅怀为教育事业鞠躬尽瘁、奋斗终生的学校创始人周祖训先生！深切缅怀在风雨如晦的年代、在艰难困苦中为学校辛苦操劳、忠诚奉献、已逝的老校长、老前辈！同时，也请允许我代表学校，向为学校的发展作出突出贡献的历届老领导、向为学校辉煌付出艰辛和汗水的广大教职员工，表示衷心的感谢！

改革开放以来，学校认真贯彻党的教育方针，坚持社会主义办学方向，各项工作得到了长足的发展。特别是近十年来，学校积极推行整体改革，全面实施素质教育，形成了鲜明的办学特色，教育教学质量稳居全市前列，学科竞赛不断为国争光。进入新世纪，学校坚持“在传承中发展、在发展中创新”，坚持“以人为本，兼容并蓄”，坚持“科研兴校、全面育人”，坚持以课程建设为载体，进一步全方位深化教育教学改革，教师队伍得到进一步优化，教育教学质量进一步提高，办学品位进一步提升，办学内涵进一步丰富。学校先后获“全国教育系统先进集体”“全国师德建设先进集体”“全国‘五四’红旗团委”“全国教育科学规划教育部重点课题优秀科研基地”“全国信息化建设先进单位”等国家级荣誉称号5次，获省级荣誉称号11次，市级荣誉称号31次。回顾60年的办学历程，我们深切地感到，在这曲折前行而流光溢彩的60

年里，推动学校发展的是筚路蓝缕、自强不息的执着追求，是勇为人先、追求卓越的进取精神，是砺志笃学、荣校报国的理想志向，是团结凝聚、和谐奋进的人文力量。

当今世界已经进入知识经济时代，中华民族将再次面临机遇和挑战。面对新的征程，我们要继续秉承“团结协作、无私奉献、锐意进取、追求卓越”的漯高精神，坚定不移地走内涵发展之路，努力构建开放、平等、均衡、互动的和谐校园，为每一位教师和每一位学生的终生发展搭建坚实的平台，办人民满意的一流示范性学校！

60年校庆，昭示着往者的奠基与创业，也召唤着来者的传承与创新。让我们借60周年校庆之机，深情地缅怀前人业绩，全面地总结办学经验，聚精会神抓质量，脚踏实地谋发展，创中华名校，育民族英才，为中华民族的伟大复兴作出更大的贡献！

漯河高中的明天一定更加辉煌！

谢谢！

漯河高中党委书记、校长　赵建钊

2008年10月18日

选自2009年《漯河文史资料》第十七辑

古城学校的风雨岁月

胡民安[①]

古城学校坐落在郾城遗址今古城村北门里东侧，我的整个小学阶段就是在这里度过的。她是我真正意义上的母校。

古城学校原是国民政府郾城县指挥乡初等国民小学。1940年秋，我开始读小学一年级的时候，是在古城南门外南端西街路北一个空荡的民宅里，有南北屋两个教室，北屋二年级，南屋三、四年级，另有一间小东屋是老师办公的地方。学生50多个，老师两三位，都是本村人。第二年春天，不知为什么，三、四年级迁到了南北街路西原来的“陈家祠堂”（三间西屋、一个小院），一、二年级迁到了路东，仍是一所三间民宅。当时抗日战争已经开始，但还没有波及古城。所以，尽管校舍简陋，又时迁势移，我还是在这里顺利地读完了小学一年级。

1941—1943年，在日本侵略军向我步步逼近的危难时机，河南又遭遇“水、旱、蝗、汤”四大劫难。庄稼连年不收，农民吃穿无着，很多人被迫扶老携幼逃往他乡，很多人饿得皮包骨头失了人样，很多人因为无米下锅命丧黄泉。这时的人们顾命不及，谁还会想到学校！谁还会想到上学！本就居无定所的古城学校早已销声匿迹了！1944年，日本帝国主义进犯河南，加紧东线对我进攻，郾漯一带一时暂处偏安。就在这样一个短暂而艰难的“夹缝”中，古城有识之士想起了古城学校。他们敦促、协助当地政府，于北门里路西以人们传说的曾经办过私塾的“善人房”（四间北屋，两间西屋，一个小院）为基础，向南向东扩充，形成

① 胡民安，郾城县人，1934年9月出生，1956年漯河高中毕业考入河南师范学院（今河南大学）中文系，毕业后先后在唐河高中、郾城高中、漯河铁路中学任教。1984年受聘漯河职工大学任教。

了一个东西宽 40 余米、南北长 60 余米的长方形地带，筑起了围墙，建起了校门，并先后靠南端东西两侧盖起了五间教室，加上“善人房”原有的房子，这就是已具相当规模的古城学校了，并且，很快地就替代了原设在指挥寨村的指挥乡中心学校。规模扩大了，校址固定了，学校的秩序也一时井然。有了校徽，有了校歌，有了体育代表队，有了洋鼓洋号的军乐队，学生人数也逐渐增加到近 300 人。这时的古城学校成了郾城县农村唯一可以和城里县办的模范中心媲美的学校。

1947 年，解放战争开始的第二年冬天，我刘、邓大军向南挺进，盘踞在郾城城内的国民党军队负隅顽抗。这时，古城村和县城周围的其他村庄一样成了解放军攻打郾城的大后方。为了牵制和分散敌人的兵力，在攻城、围城三个多月后，又在包括古城在内的郾漯一带开展了半年之久的“拉锯”战争。这时的古城学校停办了，教师走散了。但是让人不解的是在学校干了几年的教导主任外乡人武少芳却没有离开此地。相反，1948 年春天，他竟在古城西南二里许的小吴庄一个保长家里赁屋设馆。消息传开，原在古城学校就读的周边学生又来这里上课了。不过只有三十多人，三间房子，一个教室，六个年级。武少芳是负责人，除自己教课外，还就地聘请了原在古城学校教书的顿嵩掌、张联贤二位老师。一个学期过后，时局稍有稳定，武少芳便从此不见了。直到新中国成立后，才听说他是共产党地下积极分子，已到中央“民委”工作了。这时，已读中学的我恍然大悟，原来古城学校几年来的轰轰烈烈与这个不知何许人也的武少芳有关系。实话实说，武少芳当时就是很受学生欢迎的老师。记得那是 1947 年暑假，传出武少芳要离开古城学校了，学生得知后，很多人便一哄而起，跑到城里的模范中心去了；后来听说武少芳不走了，便又一拥而返。这就是当时党的“地下积极分子”的威信！

还是 1948 年春天，在古城学校停办、教师走散、“拉锯”战争正在紧张进行的危急关头，原在这里教书的陈炳炎老师却返回学校，并联络五七同人胡秀坤、安学成、胡秀轩等，在没有工资、不收学费、仅靠一点微薄的“校产”维持生活的情况下，毅然恢复了古城学校。可想而知，这时的古城学校是何等的艰难！她在周围不时的枪炮声中，上不沾天，下不沾地，惨淡经营，风雨飘摇！然而，可喜的是这年6月共产党临时政权建立了，时局稳定了，陈炳炎被任命为新时期古城学校第一任校长。古城学校也从此走上了光明路。

1949年9月，我继续读六年级。当时，虽然校舍依旧，但给我的印象却一切都是新的。除上课学习新知识外，课余时间老师和学生一起扭秧歌，走高跷，演戏剧，学唱革命歌曲，参加反霸斗争，宣传土地改革，到处洋溢着一种欢乐的民主的积极向上的气氛。1950年，我们毕业时，送给学校一面红色的大幅锦旗，上面绣着“民主洋溢”四个大字。今天回想起来仍然倍觉温馨而亲切。学校的巨大变化使翻身后的农民看到了自己的希望，把孩子送进学校，支持政府办学，很快地古城学校又先后建起5间教室，学生也猛增到400多人，分别来自远近的十多个村庄。这种既轰轰烈烈又实实在在按照党的教育方针进行基础教育的状况一直持续到1957年。

1957年，在一股“极左”思潮的干扰下，一场扩大化的“反右派”斗争在全国迅猛展开，古城学校虽地处农村，也未能幸免。学校在“人民公社”“划拨”的几亩耕地上，让教师深翻土地，花样种植；在教室外边筑起羊圈兔房，让学生到处拔草，喂兔养羊。实行教师、学生吃、住、学、劳一律在校的“四集体化”。可惜天不作美，持续三年大旱，粮食连年歉收，原本“红薯半年粮的农民”，这时竟喝起了“明光照脸”的稀面汤。农民吃不饱、学生吃不饱，学校怎么办？无奈，不得不缩短学生在校时间，停止体育课和所有在校劳动，减少学生课业负担。就这样，在“反右”的冲击、“五风”的袭击后，又在“自然灾害”的无情打击下，艰难地维系着！所幸的是中央及时采取了“借地”于民，狠刹“五风”的紧急措施，很快地渡过难关，古城学校又慢慢地恢复了正常的教学秩序。

然而，好景不长，刚刚复原的古城学校又遭遇了“文化大革命”。

乌云终归遮不住太阳。1976年粉碎“四人帮”以后，党的十一届三中全会提出“解放思想、实事求是”等一系列“拨乱反正”的措施，大力纠正“文化大革命”的错误。古城学校在其所在地固有丰厚文化底蕴的基础上，很快地旧貌变新。在上级领导和古城村委的大力支持下，抛开原有的早已破烂不堪的旧址，在原来“花样种植”的土地上，用青砖红瓦建起了崭新的教室和办公室。2001 年随着“改革开放”的不断深入，人民生活水平不断提高，在古城村委的倡导下，古城与周边诸村民众和在外执业人员，慷慨解囊，捐资助学，拆除了砖瓦平房，筑起了一幢钢筋水泥结构双层 12 个教室的教学楼，完善了配套用房和基本设施。对此，古城村委特于学校院内树石勒铭，彰扬资者，激励后人。如今的古城学校，教室宽敞而明亮，校舍整齐而洁净，各项工作有条不紊，师生心悦，群众称善，基础教育之摇篮可谓形具空前。

回首古城学校的风雨岁月，艰难而曲折，坎坷而多棘。然而，我们从中却悟出了这样的道理：学校的命运与国家的命运紧密相连，息息相关。国家平安，则教育兴盛；国家混乱，则教育必然衰败。这是不争的事实。所以，今天，我们应当特别珍惜我们国家来之不易的平稳而安定的局面！这是我们的经验，更是我们的教训啊！

选自 2005 年 7 月《漯河文史资料》第十三辑

靳鼎箴与召陵中学

李守仁[1]

靳鼎箴于1934年秋创办了郾城私立召陵中学（简称召中），到1944年秋他遇害止，历时9年。9年中他历尽艰辛使召中不断发展，先后有近千名学生在召中毕业。这些学生多半参加了工作，成了国家干部或教师。靳鼎箴及其创办的召中对国家作出了贡献。

教育—军政—教育

靳鼎箴生于1893年，郾城北靳庄村人。幼年家里为他请塾师（清末秀才石金铭），在家读四书与经、史等。1914年进武昌私立中华大学，专修文史。“中大”校长陈时，是一位热心教育的教育家，曾为办学变卖家产。靳鼎箴对陈时的输资办学精神很敬佩，并深受影响。他“中大”毕业后，就到开封“中大”分校任教。以后回郾城任县中校长。1930年到冯玉祥部队任书记等。蒋冯战争中冯失利，他又到山东省即墨县政府任秘书长。这时，他看到日本的侵略势力由东北深入华北，国民党政府却又步步退让，在这民族危亡之时，他决心走陈时办学育人的道路，便毅然回老家郾城办学。

奔走呼吁　创办召陵中学

召陵中学的创办，经历了不少艰辛与困难。要办一所私立中学，无基金、无校舍、无设备、无教职员，更需要向省教育厅备案，谈何容

① 李守仁，郾城县人，1924年出生。曾在部队工作，转业后在商桥高中任教导主任。

易。但靳校长以从事教育事业、培育英才为己任，满腔热情，坚韧不拔，苦干实干，终于克服重重困难，逐步实现了办学育人的愿望。他首先劝说老乡友城南大陈村的陈寿元及族人，并请陈寿元作为名誉校长，将位于郾城城内忠义街北头，陈氏家族祖上自己修盖的岳飞庙20余间房子献出来作为校舍，庙地产（约20多亩）作为办学基金。这里远离街市，庙前的路两边各有一大坑，坑水清澈，坑边柳丝低垂，西边有一果园，园西是50多亩的郾城西北大操场，是一个理想的办学场所。靳校长又以各种关系到处奔走呼吁，进行募捐，积累了一部分资金。校具、设备是以他乡谊之情，或以个人信誉作保赊来的。靳鼎箴自任校长，聘请了教师，办起了召陵中学。教师多为靳校长的办学精神所感动，不计待遇多少，条件好坏，愿为培育人才与靳校长同甘共苦，共同奋斗。当时的教师有田麟阁、石金铭、倪厚德等。有了校舍、校具、教师，便于1934年秋招收一班学生后，开始上课。后又与县政府及城内的绅士商谈，将岳飞庙南约300米远曾办过蚕桑学校的仓院、彼岸寺与关帝庙（即现在的郾城实验中学校址）作为召中的二院与三院。校舍扩大后请冯玉祥将军做召中的董事长，靳鼎箴将原岳飞庙的庙产30多亩和自己的家业200多亩土地作为召中校产上报。经省教育厅视察，几经反复，认为召中具有办学条件，予以备案。

举办校庆　扩大影响

靳校长为了扩大召中的影响，1936年秋，在召中建校周年时，决定举行校庆。请董事长冯玉祥将军题词，冯玉祥将军送来镌刻“百年树人”的银盾一座作纪念。省、县要人以及各乡、镇知名人士也送来贺幛、贺联。

当时，省教育厅厅长鲁薛平还送了一副十分显眼的“静坐观古史，崛起定中原”的贺联。宽6丈、深5丈的彼岸寺大殿经整修后作为召中的礼堂，可谓琳琅满目、熠熠生辉。校庆那天，郾、漯的各界头面人物应邀参加，举行了隆重的庆祝仪式。并请郾城有名剧团连续唱了三天大戏。通过校庆，召中获得了赞助和赞誉，提高了召中的知名度。

选聘名师　严谨治校

靳鼎箴校长常常通过乡谊或师生关系，聘请知名度高和业务能力强的教师到召中任教。如在郾城县中执教多年的赵寿亭、武汉大学毕业的倪冠堂、北大毕业的赵大年、中华大学毕业生田麟阁、武大的倪厚德，还有薛慎之、娄澄甫以及清末秀才石金铭等。由于教师水平高，教学认真，毕业后不少学生都考入了高一级学校。如第一届毕业生黄兆吉、周维新等考入了省立高中，王丙印、靳世英等考入省立师范，有的考入其他学校。

召中对学生实行奖学金和学费减、免、缓制度。规定每期的考试成绩在班上前三名者，免交下期学费；对学生家中确有困难一次不能交全期学费的，可分多次交纳；确实不能交费的，可免交学费。一所私立学校能这样做实属不易。

靳校长对学校管理很严格。学校纪律，不仅要求严，而且亲自抓。上课、集会不准早退、迟到。上课时不准外出，住校生不准外宿。这些他都亲自督查。校门内放一石凳，不管早上或晚饭后，他都准时坐在那里，对违纪学生不讲情面就地进行批评教育。一次他的独生子靳铁舟、侄子靳铁汉没上早操，被靳校长发现后，立即叫到操场上，在全体师生面前实实在在地打了一顿。由于勤校长对学生管教严格，召中学生的品德、纪律在当时是无双的。

靳校长的文史知识好，而且书法也好。他要求学生每天写一张大楷（即用当时的桑皮纸，每张要写寸楷 16 个字），写好后由当天的值日生送给靳校长，他亲自圈改，天天如此，从不间断。作为中学校长，除领导管理学校外，每天还要挤出时间给学生圈改大字，借以了解学生的学习态度，真是难能可贵。

思想进步　支持革命

靳鼎箴校长性格耿直、刚正，对官场里的互相倾轧深恶痛绝。他不吸烟、不饮酒，生活俭朴，思想进步。经常教育学生要胸怀大志，堂堂正正做人，踏踏实实学习，将来报效国家。只要有机会，他就送学生到革命队伍里去。1938 年春，河南大学学生共产党员李国华、闫凤仪等组织抗日宣传队，靳校长就动员学生赵盘根、李丙华等参加，后辗转到了延安。同年春天还请张从儒（共产党员）到召中任国文教员。张老师讲课不用课本，多从《新华日报》上选一些宣传抗日的短文，要学生抄读，给学生讲解。学生因此更加关心国家局势，不断出墙报、画漫画，揭露日本的侵略罪行。1938 年秋天，学生王成禄毕业时，正是国共二次合作，他想去延安，靳校长就写信给他在延安的学生李国华（后改为李微），要他介绍王成禄进抗日军政大学学习。

1938 年秋，冯玉祥将军来河南视察防务工作，路过郾城，靳校长请冯将军到召中给学生讲话。那天正在上课，忽然响起一阵急促的集合铃声，通知各班学生到大礼堂集合。一会，靳校长陪着几位军人走进大礼堂，其中一位身材高大魁伟穿旧军服的军人走上主席台，靳校长向学生介绍说："冯副委员长是来河南视察防务的，他长途跋涉，不辞辛劳，到召中来，对大家有重要指示。"同学们听说是冯副委员长异常惊喜，热烈鼓掌欢迎。冯副委员长讲话时声音洪亮，铿锵有力。讲话的主要内容是：抗日救国、揭露日本侵略者的罪行，要求学生努力学习或宣传抗日或投笔从戎。冯副委员长的讲话，大大激励了同学们。张坤（张振宇）、李世昌、田修善、史国珍等 30 多位同学随冯副委员长奔赴抗日前线。

劳动建校　扩大规模

一所收费低微的私立中学，所收学费能维持教职工的月薪与办公费就不错了，要想修建新房很不容易。也巧，不知为什么，当时政府下令要拆除城墙。靳校长得到这一消息后，找县长刘焕东说让学生利用课外时间去扒城墙，把砖运往学校，扩大校舍。刘焕东县长赞同靳校长的意见，就把城西门以北、北门以西的这段城墙划归召中，由学校自拆自用。靳校长把这个消息告诉同学后，大家有的去扒砖，有的去运砖，有的在学校干活，轰轰烈烈，踏踏实实，断断续续，两年时间，居然用搬回的砖盖起了校门，垒了长达 800 多米的学校围墙，更惊人的是还盖起一幢两层八个教室的教学楼。

新教学楼盖起后，学校办起了高中班，开设了选科班，这在当时是郾城唯一有高中班的学校。所谓选科班是按照初级师范的课程教学，学生毕业后可到农村小学任教。春秋两季招生。

十年育英才　为国作贡献

当召中已初具规模，日益发展时，1944 年 5 月，日寇进犯中原，郾城沦陷，召中停办。郾城沦陷后，靳校长在城北大王村避难。由于他为人耿直，敢于抵制豪绅的横行霸道，所以那些人就与他结下冤仇，当汉奸的镇长靳 × ×，于 1944 年秋的一天，趁靳校长回靳庄料理家务时，在夜里暗杀了靳校长，时年 51 岁。召中的学生与当地群众得知校长遇害，无不万分悲愤，但在那鬼蜮成灾的日子里，只能敢怒而不敢言。

靳校长遇害后，郾城失去了一位既有远大抱负，又具实干精神治学严谨的教育家。

召中十年，毕业学生近千人。他们用在召中学到的知识，或继续学习深造，或毕业参加工作，为国家作出了贡献。解放后，有的成了解放军的师、团级干部，如王禄、赵盘根等；有的成了高级工程师，如许廷栋；有的成了教授；有的在政府任职；更多的是从事中、小学教育工作。

日本投降，郾城光复后，虽然由召中的毕业学生王丙印、张勤业、赵子英等，继续招生复校，但规模较小，时间也短（仅两年），1947 年郾城解放时停办了。后来在召中的旧址，党和政府开办了郾城二中（即现在郾城实验中学前身）。

选自 2004 年 7 月《漯河文史资料》第十二辑

临颍县立第一高等小学校

阎理之口述[①]　钟声执笔[②]

我在临颍县立第一高等小学校上了三年半学，获得了基础文化知识，可以说这里是我的第一母校。后来，我又在这个学校任教八年，也是我个人的主要经历。它是临颍开办最早的学校，有 42 年的历史，在临颍县教育史上占有很重要的位置。

民国 5 年《重修临颍县志》载："高等小学，光绪三十年（1904）冬，县令王桥开办，取学生四十名，伙食、奖励皆用公费。初在北门内，毕业一次，后移颍川书院，渐改为自费。始则班，学生四十名。后增至三班，每班六七十名，毕业五次。"

据在该校首届上学的老人讲："临颍县立高等小学校原在城内北大街路东北当铺旧址（今北街学校），校长刘启恒（潢川县人）。"

清光绪三十四年（1908）迁移城内东北隅书院（秀才考场）。1922 年春，我考入该校预科。当时还有科举遗风，考生是全县初小，私塾学生，约几百人。必须穿长衫，不准穿短装，由县长点名进场。监考教师穿着马褂长衫，衣冠楚楚。

校舍规模宏大，校门高耸，出厦明柱，两边八字影壁。门前路南还有一个高大的照壁，专贴新生榜示。内有四进院子。第一进院正中是一年级教室。院中翠柏数株绿映窗棂，给人以清静肃穆之感。两边各有一个圆门，圆门两边各有一个院落。教室东西山墙各有一个过道，贴山墙各有三间出厦北屋。东边的北屋是校长室，东屋三间是学生成绩室。西

① 阎理之，临颍县城关镇人，离休老师。

② 钟声，1967 年 10 月 26 日出生，1987 年毕业于中国石油大学。曾任临颍县政协学习文史委员会主任。

院房舍与东院相同。第二进院中间楼房高耸，据说是文昌阁，是二年级教室。阁前有一株梧桐树，约两搂粗，枝叶繁茂。阁两侧各有砖瓦房间，是学生寝室。第三进院更宽敞。北屋并排九间瓦房，出厦走廊。正中是三间大厅，棂子门。两边柱子有县令王桥写的木刻对联，颜字体，挺拔遒劲。前边是月台，西南角有丛生的丁香花，还有绒线花树，点缀得颇为幽雅。东西配房也是出厦明柱砖瓦房。东屋是教师住室，西屋是学生寝室。第四进院正中五间瓦房，两侧各三间北屋，为一年级学生寝室。以上房舍的东面是操场，北端是预科教室，里边有临颍的“小三绝碑”，东海沈正题字，临颍名画工韩维画。西院有清康熙年间临颍县令沈近思祠，又名沈端恪祠。

我在此上学时，正是五四运动以后，提倡新文化，提倡白话文。课程有修身、国语、算术、理科、英文、历史、地理、农业、体育、唱歌、图画、手工等。每天有算草、大楷、日记，每周作文一次。三年里，我学会了写白话文，学会了用标点符号，学会了注音字母。

我的一年级主任教员刘国祥，字瑞奄，城东北尼庄人，省立开封第一师范毕业。他仪表俊秀，不苟言笑，处处为学生楷模。学生写毛笔字，他也坐在堂上端端正正地写毛笔字。二年级主任教员赵寅宾，字旭初，许昌人，也是开封一师毕业。他讲课生动形象，在学生中威信很高。有一次，一个同学不守堂规，他拿起书本走了。同学们面面相觑，最后公推值日生到他屋赔情道歉，又把他请回教室。从此，同学们再也不敢在课堂上捣乱了。三年级主任教员龚世卿，字伟勋，城西南海子龚人，省立淮阳二师毕业，会弹琴唱歌，讲课娓娓动听。他教学生作文，出题贴近学生生活。如“我的家庭”“一个可怜的乞丐”“初冬的一夜……让学生有东西可写。每次作文都各有评语，还将最好的作文读给同学们听，并让作者誊清贴到堂上，让同学们观摩，因此，同学们作文进步很快。还有一位教数学的老师叫谷迁桥，给学生印象很好。他不仅讲课生动，而且思想进步，是中共地下党员，给学生介绍很多进步刊物，如《向导》《学生杂志》《小说月报》等，对学生思想影响很大。体音美教学也很活跃。体育教员路居仁教学生舞蹈，深受学生欢迎。体育器材应有尽有。如秋千、双杠、单杠、足球、篮球、乒乓球等。同学们最好踢足球。音乐图画教员于从霖，字云亭，本县西乡于庄人，开封东岳艺术学校毕业。善画工笔蛐子，书法亦佳，小楷更好，仿赵孟頫体。给我印象最深的是孟芳邻老师，字迁三，洛宁人，开封一师毕业，书画俱佳。给同学们画扇面、画写意花卉，一挥而就。尤其他写的字，楷书，既不是颜柳欧赵，也不像苏黄米蔡，而是别具一格，至今还留在我的记忆里。

当时正在推行美国教学法，隔不几天举行一次智力测验，印好试卷，让学生答。考试方式也是多种多样，有问答、选择、辨真伪、填空白等。

1925 年，“五卅”惨案发生后，我们人人臂上缠着黑纱，用白粉写着“声援上海工人”，上街游行示威，检查日货。这年暑假我们毕业，有些同学打着“声援上海工人”的旗子，坐火车去开封考学。

五四运动以后，学生思想解放，闹几次学潮。记得一天早饭后，我背着书包去上学，走到县衙（今谯楼后）东边，看见黑压压的高小学生排着队向县衙走来。前边是大个子学生，手里捧着牌子，从我身边经过。我到学校才知道是要去县衙告校长方殿铭的。方校长是前清秀才，省立开封一师毕业，态度严厉，平时学生都怕他。二年级有个小同学拿了别人一根米尺，学生要求将他除名，而方校长念其年幼初犯，挂牌记过一次。学生们不满意，一哄而起，要求撤换校长，后来真的将方校长撤职了。

1934 年，我毕业后，听说还闹一次学潮。教育局长魏修古，淮阳二师毕业，委任他的同学吴殿楹（字廷辅）接一小校长。原校长张玉成不服，引起一师、二师争夺校长的斗争。一师教师主使学生闹学潮，拒绝新校长进校，罢课三月之久。后经省教育厅派督学来解决，由县党部秘书谢建棠接任校长，学潮才平息。

1923 年该校改名为临颍县立第一小学校。1933 年省政府通令，省立、县立学校皆冠以地名，临颍县立第一小学校又改为临颍县立城厢小学校。校长谢荫桥是我在县师上学时的校长。1934 年他接任城厢小学校长，我正在省立开师上学。1935 年暑假回来，他约我到校办暑期补习班。1936 年毕业，遂聘我为教员。1937 年换校长张子琢，我仍被聘为教员，任五年级级任（班主任）。当时，高级四班，初级四班。课程除了图画改称美术，手工改为劳作，音乐名为唱游，增加童子军课外，其他科目仍旧。

1938 年换校长姚庆芳。姚原任教育局督学，我们是高小同班，我被聘为高年级级任兼训育主任。当时正是抗战时期，不断有日机空袭。正上课时忽闻警报，就领着学生跑到城外村庄上隐蔽。解除警报再回校上课，有时一跑半天，就上不成课了。

1941 年学校改名为颍川镇中心学校，南街女校称为分校。我曾以中心学校总务主任名义到女校任教。一期后，又改为县师附小，我又回本校任教。不久原女校改为颍川镇中心二校。

在颍川镇中心学校时期，河南第五区（许昌）行政督察专员胡伯翰，为奖励优秀学生，招考高小公费生。全县各中心学校高小五年级学生参加考试，结果取 10 名，颍川镇中心学校录取 9 名，乡间中心学校只取了 1 名。

1944 年 5 月 1 日，临颍县城沦陷，校址被日本警备队占用，学校停办。1945 年 8 月 14 日日本投降，8 月 18 日，临颍县城光复，颍川镇中心一校恢复，省立二师毕业的黄法颜（字仲渊）任校长。不久，又调县督学郭树棠任校长。1947 年 12 月 13 日，临颍县城解放，校址改为城关粮所，学校并入临颍县初级中学小学部。从此，临颍县立第一高等小学校的名字消失了。

40 多年来，该校为本县培养了数千名知识青年，有的升入县立、省立中等学校，毕业后有的又升入国立大专院校，成为高级知识分子。我们班同学方心芳（石桥乡方庄人）留学比利时，成为工业微生物专家，曾任科学院学部委员、工业微生物研究所所长。十年树木，百年树人。

历史上的临颍县立第一高等小学校，可以说在本县初等教育方面发挥了重要作用。

选自2008年9月《漯河文史资料》第十六辑

高靖侯创办的励行中学

谭星白

新中国成立前，漯河私立励行中学的校史有三个不同时期：第一个时期在 30 年代中期（1934 年秋至 1938 年春），第二个时期在 40 年代前期（1940 年秋至 1944 年 5 月），第三个时期在 40 年代后期（1945 年秋至 1947 年冬）。我所要记述的是励行中学由高靖侯创办的第一个时期，因为这个时期的学校在当时是比较进步的，在社会上是有影响的。

（一）

励行中学是一所私立中学，原名私立漯河中学，1935 年 8 月易名为励行中学。该校创办于 1934 年秋，1935 年暑假后由漯河寨内北大街迁至小西门内，即现在的漯河二中南院。这个校址面积较大，房舍多，室内宽敞明亮，有办公厅五大间，男教室四个，女教室三个，男女宿舍二十多间；新盖楼房一座，上层是图书室，底层是教室；之后，又在校西南角建一座图书楼，有理化仪器和其他教学设备。至此，已初具中等学校的规模。

高靖侯，爱国人士，河南项城人，家住北京，肄业于日本九州帝国大学。九一八事变后，他目睹东北河山沦陷，国难严重，便毅然辍学归国。但他回到北平后，却“无路请缨”。这时，日本帝国主义的侵略势力已深入华北，南京国民党政府步步退让，中华民族处于风雨飘摇之中，他非常苦闷。后来他接受朋友郑维诚的劝告，决计到河南办学，培养救国人才。当时他还年轻，声誉不著，必须利用他父亲的社会关系和影响（他父亲高玉廷在北洋政府时期曾任河南省财政厅长）。经征得其父同意，并答应担任名誉校长后，于 1934 年夏，偕同郑维诚带着他父亲的信件来到漯河。先拜访了当地士绅杨靖宇、李子芬、张晋卿等，并聘请他们为校董。接着就开始组织领导班底，修理校舍，购置校具，筹备招生。第一次招收初中一年级男女新生各一班，学生不足 80 人，1936 年秋又招收高中一年级新生一班，初中一年级男女新生各一班。学校班次最多时七班，学生 200 余人，教职员 20 余名。第一学年的主要成员有：教务主任郑维诚，东北人，北京大学毕业，是学校的实际负责人，后升任校务主任；黄自芳任校长时，又降为教务主任，1937 年被迫离校；训育主任郭秀廷，安阳人，朝阳大学毕业；袁效之，项城人，北京大学哲学系毕业，和高靖侯有亲戚关系，高办学得到袁的大力支持。

（二）

高靖侯创办的励行中学有与众不同的三个特色，这正是它的进步方面。

一、男女同校，分班上课。那时河南的女子中学屈指可数，男女同校也是寥寥无几。女孩子小学毕业就很难有受中等教育的机会。高校长有鉴于此，即毅然决然甘担风险，决定办男女合校的中学。该校第一次招生就是男女兼收，分班授课。设女生辅导员，有严格的管理制度。男女生除集会外，平时极少接触。但在教师指导下，讨论学术问题时，还是各抒己见，畅所欲言。为了开创新风气，提倡男女平等，高校长身作表率，把他的亲侄女从北平带来上学，并从北平请来一位德才兼备的女教师刘莫京做女生辅导员。她利用课堂教学，个别谈话，向学生进行革命人生观和爱国主义教育，使学生树立正确的学习目的和学习态度，逐渐提高学生的思想觉悟和学习质量，由于该校认真向男女学生进行道德教育，又有严格的管理制度，因而男女间没有出现过不正当的行为，也没有发生过纠纷。良好的校风，不胫而走，外地、外校许多学习优良、品行端正的女生踊跃投考或转学励中。这样一来，地方旧势力对男女同校的造谣诽谤也就不攻自破。

二、民主空气比较浓厚。当时，郾、漯私立中学实行封建家长制，不许学生批评校政，不许议论国事，违犯者轻则记过，重则开除。而励行中学没有这两“不许”；校长能倾听学生的意见，还设有意见箱。有个学生在报上不指名地批评教务主任郑维诚教育不得法，郑看了不但不生气、不打击报复，反而在课堂上表扬了这个学生的文章写得好。励行中学没有“免谈国事”的禁令，校长高靖侯在公开场合不多谈论政治问题，但在朋友之间却因某些政治问题也引起争论。有一次，因胡适在报上发表文章，劝日本侵略者要征服中国人心，不要征服中国领土，高、郑二人对此意见有分歧，郑是胡适的信徒，他为胡的谬论辩解，而高则认为“这是要中国人做彻底的亡国奴”，两个人争论得脸红脖子粗。其他的教务主任、训育主任在课堂上公开抨击国民党“先安内后攘外”的反动政策。至于学生就更无所顾忌，每遇到重大政治事件，如“一二·九”“西安事变”等，就展开激烈的辩论，两种观点对立，唇枪舌剑，学校从不加干涉。

这个学校还向学生灌输革命思想，进行爱国主义教育，激发学生的爱国热情。在风雨如晦、鸡鸣不已的1936年，教务主任和培元征得学校当局同意，成立读书会，由化学教师闵毓华负责指导，他动员学生订阅邹韬奋主编的《永生》《生活星期刊》和沈兹九主编的《妇女生活》等宣传团结一致、抗日救亡的进步刊物。参加读书会的学生进行读书活动时，闵毓华老师教学生学习世界语、新文字（即现在的拼音字母），利用世界语、新文字宣传中国共产党的《八一宣言》和《宣言》中提出的抗日民族统一战线的政策。和培元老师指导学生在校内出墙报、办校刊，在当地《警钟日报》上开辟文艺专刊《心曲》，每周一期，发表学生有关抗日救亡和学生活动的文章。1936年下半年袁效之先生继任教务主任兼国文教员后，他选了一篇题为《思维方法论》的论文，讲授辩证唯物论和历史唯物论，为青年学生树立共产主义世界观起了启蒙作用。

1935年12月底，一部分爱国主义觉悟较高的学生在教务主任、共产党员张育远的启发下，串联全校学生准备罢课，以声援“一二·九”北平学生的爱国斗争，但学校当局为避免事态发展过大予以制止。后由张老师建议（地下党员）以励行中学全体师生名义发了两封快邮代电，一封由张育远执笔致南京国民党政府，要求共同对外，一致抗日；一封由一个学生执笔致北平学联，声援北平学生的爱国正义斗争。西安事变时，学生在校内外利用各种合法形式，揭露国民党亲日派勾结日伪大打内战的阴谋。

三、学校中有一支进步的教师队伍。1937 年以前，励行中学的教师绝大部分是从北平来的，有的是高校长直接聘请，有的是别人介绍，且都是青年，最大的只有三十几岁。高校长倾向进步，在他任职期间，校内没有国民党员，更没有形形色色的反动分子。但他在共产党员中却有朋友。1935 年至 1936 年先后有四位共产党员以朋友关系来校当教师（即袁效之，教务主任张育远，训育主任王松咸，女生辅导员刘莫京。王、刘是夫妇关系）。另有贺仲连，许昌人，系袁在北京大学的同学，他原是许昌灞陵中学的教务主任，因反动派对他进行迫害，到励行中学避难，没有具体职务。校内没有地下党组织。和培元，燕京大学毕业，进步人士，闵毓华、马志廉均系北京大学学生，曾参加过“一二·九”运动，民先队员。

闵毓华在励行中学两学期，除积极向学生进行爱国主义教育外，还培养学生中的积极分子，在条件成熟时，征得北平“民先”（中华民族解放先锋队的简称）组织上同意（因为闵的组织关系在北平）于 1936 年 11 月正式吸收高中部学生陆广智、白书章、张国钧和初中部学生谭西海（编者注：即本文作者谭星白）、陆秀芳（女）、杨文哲、吕贺亭、李持英（女）等八名学生为“民先”队员。闵于抗战开始后，在甘肃杨静仁同志属下做统战工作。

高靖侯倾资办校，奖励优秀，照顾贫寒。他规定：学生学业优良，考试成绩列前三名者，学杂费全免；家境贫寒，学习努力，考试成绩在中、上等者免交一半。学校除收学杂费外，学期中间不向学生收任何费用。因为收费少，而那些挂名“校董”的富绅巨商又不肯解囊相助，所以学校经费开支主要靠高家的一处煤厂，后来煤厂的资金赔光用尽，又从北平家中寄钱资助。他的夫人袁黛茹埋怨他太傻，他笑着说：“‘得天下英才而教育之’也是一乐。”

（三）

高靖侯创办的励行中学，工作进展相当顺利，从 1935 年秋季起，一些有真才实学的进步教师先后到校任教，学生的学习成绩和思想觉悟有明显的提高，附近各县青年闻风争来上学。不料好景不长，当西安事变和平解决、国共合作抗日在望的时候，顽固的反动派倒行逆施，丧心病狂地迫害进步教师和爱国学生。以“莫须有”的罪名传讯进步教师袁效之、闵毓华、马志廉等，解除聘书，勒令立即离校。爱国学生谭西海、杨文哲、段威林等被传讯交代学校的党、团组织，但为学生断然拒绝，使其阴谋破产。谭西海为此写了一篇日记，抗议反动派无端传讯学生，内有“爱国有罪，卖国有功”二语，被特务头子所发现，就在“七七”全民抗战前的 5 月 7 日将谭逮捕入狱。学校受到严重摧残，高校长也被迫离职，一所惨淡经营、好端端的学校不幸遭到夭折。

励行中学在四个学年中共招四次新生，1937 年毕业第一届学生，它的校史虽然短促，但为革命、为我们的民族培养了不少人才。有些学生在抗战开始后，即参加了革命队伍，在战火纷飞中为人民立下了汗马功劳，解放后担任了党、政、军的领导职务，以及其他不同岗位的工作。

选自 1987 年 11 月《漯河文史资料》第一辑

漯河私立培德小学简史

田云青[①]

建校起因：民国初年，南阳镇守使田徵瑞的夫人杨静如，1915 年在漯河定居时，看到本地风气未开，女子教育尚未萌芽，寨里除几处私塾外，仅有福音堂教会办的小学一所，而且只招收男生。世俗偏见，仍以女子无才便是德，完全不顾女子教育，使有愿送女儿上学者，无学校可以就读。杨静如有鉴及此，爰创建培德女校于漯河寨内短工市街，即现木器厂厂址处。

学校初办时，筚路蓝缕，因陋就简，第一期招收学生 50 余人，分高初级两班，学生年龄均为十几岁，最大者达 20 岁左右，开始时学生多为士绅及富商女儿。次年一般市民也陆续送女儿入学，学校不收学费，对家庭困难的学生还免费供给书籍文具，但仍只收女生。直至 1927 年北伐军兴，革命浪潮冲击漯河，培德学校首先打破男女界限，开始招收男生，成为一所新型完全学校。

学校经费来源：培德是私立学校，官方无补贴，校舍、教具、教职工工资，少数贫困学生的补助，皆赖杨夫人的数栋房租收入支付。到 1930 至 1932 年，因受内战影响，房租收入减少，学校曾一度缩小规模，1933 年时局安定后，学校逐渐发展达到全盛时期。这时全校六个年级，每年级一个班，学生共 200 余人，教职员工十多人，1937 年抗日战争爆发，1938 年日本侵略军进犯河南省时，学校被迫停办。

教师队伍：杨静如夫人，祖籍保定，生于诗书之家，幼秉庭训，熟读经史，文学修养，基础颇深，毕业于保定府立女子师范学堂，以热心社会福利事业，故平时广结志同道合之士，以此聘请的女教师均有志于

① 田云青（缺）。

发展女子教育。他们虽跋涉千里，远离京津，来漯任教不以为苦。其中有天津女师毕业、曾参加辛亥革命、能骑善射的陆世留女士（江苏人，任校长），北京、保定女师毕业的陈树藩（四川人）、杨爱松（北京人）、康洁清、贾婉贞（保定人）及清末秀才康铭励（本市人）等人任教师。杨夫人大女儿田文媛任第二任校长，两个儿子田旭东、田维五留学欧美，次女田文祺毕业于复旦大学，均曾在校授课。教师们学识渊博，关心学生成长，故造就了一批有用人才。

教学内容及特点：建校开始，即强调智德体并重，学习京津办学方法，设修身课以提高学生道德观念，智育课方面有语文、数学、史地、自然、图音等课程，体育课除平日体操外，另开展舞蹈活动，排练“麻雀与小孩”“葡萄仙子”“三只蝴蝶”等，并组织剧团演出话剧。1935 年曾组织男女垒球队，报名参加在开封举行的华北运动会。因没对手，未能参加正式比赛，1934 年学校增设职业班，建立木机纺织厂，培养了一批自食其力的技术工人。

对社会的贡献：①培德女校的设立，首开漯河女子到学堂读书的先例，女孩走出家庭，步入学校，使女儿在社会上的地位起了重要的变化，对移风易俗起到推进作用。②当时许多市民无力上学，培德不收学费，并供给困难学生书籍文具，对个别做不起校服的学生还给发校服。这样一来，使不少贫穷子女得到读书机会。③为社会培养了一批人才，其中有教师、医生、会计等，其中如陈文郁现任大连海院副教授兼工程师，沈文彪于解放后曾任开封市林业局长，他们对四化建设都作出一定的贡献。

解放前，河南省教育厅曾对培德小学及其创办人杨静如女士予以表扬。

选自 1987 年 11 月《漯河文史资料》第一辑

漯河“三育”中学简介

马洪奇

漯河“三育”中学，属安息日会河南区会。安息日会是“基督复临安息日会”的简称。安息日会是基督教会（新教）中较为保守的一个教派，它的礼拜日为每星期六。教义完全以《圣经》为真理，相信上帝创造世界耶稣应时而生、耶稣复临是事实，遵守安息圣日（星期六）。安息日时间为安息六（星期五）太阳落至安息日（星期六）太阳落。故该教派名为“基督复临安息日会”。

安息日会的最高领导机构是全球总会，会址设在美国首都华盛顿。在我国传教最高机构是中华总会，设在上海，下辖华东、华西、华南、华北、东北、西北、华中七个联合会。华中联合会会址在武汉市黄陂路，下属河南、湖北、湖南、江西四个区会。漯河为基督复临安息日会河南区会所在地。1903 年美国米勒尔医生夫妇、席宝琳小姐、施列士医生等六人，由广东省广州市来到河南新蔡传教，不久又到上蔡（米勒尔夫人在此去世）。1910 年扩展到周口，后迁到漯河。1913 年在漯河组织河南区会。

漯河“三育”中学前身，名叫“圣道速成科”，由魏德培（瑞典人）于 1912 年 9 月 2 日主持创办。有学生 60 人左右（男女兼收），学期完毕，学生返乡传教。1915 年，李宝贵（美国人）任河南区会会长，劳道扬担任教育工作。后经孔宗道、魏列文（均系美国人）把“圣道速成科”改名为“明德中学”，学生约百人。1921 年，安息日会所办学校均改名为“三育中学”。“三育”为信道（积善救世）、劳动（不劳动者不得食）、学习文化科学。这一年魏烈文回美国，由另一美国人克拉克继任校长。1926 年前后，汪静波接任校长。1923 年国民党政府有人动议教育权收为国有，不准私人办学校。为避免学校停办，“三育”中学遂改名“三育研究社”。1946 年，赵冠三任校长。当时学校分为高中部、初中部、小学部，并改为十年制，学生最多时达 300 余人。解放初期，武跃先任校长两年。1951 年刘桂林任校长，之后，张立业继任校长。

此外，河南区会尚办有小学校（名“三育小学”，亦称“儿童生活团”）。计有：漯河河南区会院内一所，大新街支会一所。此外，上蔡南天水寨，西华逍遥镇、红苑集、西夏、安阳等支会各办一所。区会设有教育办事机构，名为教育部，有干事一人，负责区会范围内小学事宜。

“三育”中学办学宗旨是：“专以基督教义训练会内青年，俾其获得德智体之均衡发展，能胜任传福音信息、造就服务社会之有用人才为宗旨”。总之，其设端在使会内青年获得脑心手之训练，以期将来成为本会之优秀分子，国家之良好公民（见 1950 年 6 月 25 日漯河市教会学校调查表）。该校除无公民课，增设宗教课外，其他课程基本上同一般中学。在“调查表”团体活动栏中，对该校的团体及其活动有如下记载：“名称晨更集会，青年义勇布道团，社会自治会，课余竞进会；性质：培养社员发展灵育，训练社员学习布道，培养社员自治能力，推动社员课外活动；主要活动：背诵晨更课，研读圣经，开展灵修、教育、服务、交游以及卫生清洁、劳动生产、文化娱乐活动和演讲、音乐、表演科学研究。”

1945 年以前，学校适应抗日救护需要，将体育改为救护训练。中学部均受队列、抬担架、包扎等救护训练。

1950 年，学生 1—9 年级各一班，共有学生 78 人，其中男生 58 人，女生 20 人。

学生中学毕业后，多升入安息日会中华总会设在南京桥头镇的“三育”大学（亦称“三育”神学院），学习后参加该会工作（包括传道、教育、财政管理、医预科等）。

“三育”中学设有小型工厂、农场、石印、织布等，另外种植蔬菜、轻工劳动及勤杂工作，均由学生来干，付给一定报酬。因此，学校学习为半日制，上午上课，下午参加生产劳动。由于上述原因，该校学生在校学习时间较长，考核成绩实行学分制。

学校经费靠教会补助和学生交纳的学费。小学生（儿童生活团）每人每学期交小麦40斤，中学生（研究社）每人每学期交小麦70斤。学习成绩优异者免交。

1951年6月24日，“三育”中学由漯河市人民政府接管，教师和学生均并入漯河市立中学（现漯河二中）。校舍和有关设备，并入市人民医院。自此以后，漯河“三育”中学不复存在。

选自2004年7月《漯河文史资料》第十二辑

临颍农校始末

阎理之

1958 年，在临颍县城北 20 里固厢公社五里墩创办了一所农业学校，俗称五里墩农校。

我原在临颍一中（后改为一高）当教师，1961 年暑假后调到临颍农校教农机班语文。那时正是三年自然灾害困难时期，粮食不够吃，教师伙上以“瓜菜代”补贴。据说农校盛产瓜菜，有些老师说我调的学校好，吃的没问题。

开学时，我徒步走到，校舍全是新建筑，中间一排新房，是校长室、教师住室，东西两侧各有两排排房，东边是教室，西边是学生宿舍。都是风火山新砖墙，玻璃窗，虽是草顶，样式新颖。中间排房门前有一圆形花坛，立有升旗杆。校址南部是菜园，瓜棚下砌有砖券井，种各种蔬菜、瓜类，如茄子、辣椒、豆角、南瓜、冬瓜，郁郁葱葱，生机盎然。西部是耕地约 300 亩，直到官路沿，种玉米、大豆、高粱、谷子、红薯等。排房后面是大礼堂，面阔、进深比排房高大，是师生们自己动手盖的。再往后是排较低的草房，是总务处、卫生室、保管室、职工住室、大伙房。

校党支部书记寇乾坤，校长王正海（原二中校长），教导主任戴训正（原水利局干部），副教导主任张访洛（原王孟校长），教师是从县里学校、固厢附近各校农业局、水利局调进的。

课程设置有农业、园艺、农机、气象、语文、数学、物理、化学历史等。用中专课本、五年制用初中课本。

学生分农业班、园林班、农机班，系招考初中毕业生，也有各大队保送的，两班五年制，是小学毕业生。共有男女生 300 多名，来自全县各公社。学校免费供给学生食宿。

秋收种麦时停课，全校师生参加劳动，收罢秋，深翻土地。种完麦，照常上课。做过两种科学实验：马粪孵小鸡、人造肉。星期日，学校领导发动园林班学生到乡间找柰子苗作嫁接苹果砧木。

师生一个大伙房，吃同样的饭菜，粮食不足，课外老师率领学生剜野菜，星期日回家顺便在白菜地拾干菜，采取各种措施解决师生伙食问题。自己磨豆腐，豆腐渣掺野菜，蒸出来的窝窝名叫“跃进馍”。有时也改善生活，猪肉、豆腐菜、白面蒸馍。困难时期，1962 年春，上级指示大休一百天，停课，半日劳动，半日休息。领导叫我当保管，专管劳动工具铁锹、铁叉、镰几百把。学生每次劳动领工具，我记账，用罢交回销账。有些学生用罢到处扔不交回，他们再借时，要他们拾回销账才准再借。课外宣传大跃进、总路线、人民公社、大办农业，曾到附近各村，在墙上写大字标语。附近各县农校有到临颍农校参观的。

由于创办时调用了附近各村的农具，属于一平二调共产风，为了纠偏，上级指示赔退给各村，1962 年春，见农民拉车到学校把石磨、面柜、水车等陆续拉走了。1962 年暑假宣布学校停办。所有教师由教育局另行分配工作，我被调至城西杜曲中学任教。农校仅办了四年，如果坚持办下来，培养更多的农业技术人才，对我县发展农业会起到更大作用。

选自 1993 年 6 月《漯河文史资料》第五辑

保留在舞阳的年月

周声远①

1939年9月初，我从密县出发，去竹沟向省委汇报密县反动派大逮捕的情况，途经舞阳县，豫中特委联络员韩赓尧（西平县出山寨人，现在新疆财政厅）根据竹沟已被国民党包围的情况，与地委书记张维桢研究决定留我在舞阳。1940年，党组织从舞阳撤退时又决定让我保留在舞阳。我在舞阳埋头隐蔽，一直保留至日军入侵豫中后的1945年。1945年元月，豫中军分区抗日根据地建立之后，党组织通知我回到豫中军分区党委，结束了敌后隐蔽生活。

现将保留在舞阳这一段时间内的较大事情简要忆写于下：

城厢小学任教

豫中特委书记张维桢同志（后任省委书记），决定把我的组织关系接在舞阳，和苗宝泰同志发生单线联系，通过同学关系介绍我到城厢小学当教师。不久，舞阳形势更趋恶化。到1940年，组织上决定"区委以上同志撤离舞阳"。这时候，以"素未在此地工作，色彩不显著"原因，决定把我保留下来。为了保证能够长期安全保留，张维桢同志亲自向我指示，要我"形式上"加入国民党，以便长期隐蔽。

1939年冬，舞阳国民党反动派积极反共，所有抗日爱国活动被迫停止，到处一片沉闷。我在城厢小学任高年级班主任，在各校教师消极、

① 周声远，舞阳县人，1914年出生。曾任营连文化教官，文工团团长，县委、县政府秘书，县文教科、局科长、局长，县高中副校长，县各界代表、县人大常委、县政协副主席。

悲观的情况下，只能开展课外宣传活动。当时曾组织学生排演《夫妻上前线》之类的小剧目，趁元旦节到火神庙戏楼上公演。即使是这一类抗日救国小剧，也受到了校长的批评。

次年，共产党员先后撤离舞阳。国民党反动派实施“染色政策”，命令教师一律集体参加国民党，我被迫参加了国民党。那时候，日本飞机时常来舞阳城轰炸、扫射。当地国民党驻军竟然把大炮、炮弹丢下，离开舞阳到鄂西深山里休整去了！我趁学生洗澡的机会，动员学生宋德贤等，从西湖景坑里把炮弹摸出一部分，排列起来，进行无语的宣传。舞阳多次被炸后，到处血肉横飞，从东关到西关死人毁房无数，学校的教室也炸塌了。情景之惨，不忍目睹。而官僚和富绅们都迁逃下乡去了，却没有人进行抗日救亡宣传。

学校在动荡中勉强维持着上课秩序。这时日军的侵华气焰威逼着中州，流亡难民到处啼饥号寒。受良心责备，我组织部分学生，发起救济灾难同胞的募捐运动，并借以启发教育学生和群众。哪知这一活动竟遭到了国民党反对派的反对，指示中统特务分子陈丕华与校内两教师同谋，先是策动学生将所募钱币偷去，继又发动不明真相的部分学生以“借募捐骗钱”的罪名予以诬陷，策动了所谓“反骗钱”斗争风潮，把我逼进县政府，罚跪、关禁闭并罚了钱。后被老同学李啸洪保释，才恢复自由。

澧泉小学校改革记

1941 年 1 月 29 日，在日军对舞阳大肆轰炸扫射后，侵入舞阳城内，占领四天后自动退出，舞阳又暂时恢复了正常秩序。过罢春节，学校开学，我到姜店澧泉小学校任教，同郭权宇、胡涵五、朱粹州等老同学从事改革教学辅导工作，为时达一年半之久。

日军侵入城内时，由城里逃至姜店一些学生，由于这里离城 30 多里，比较安定，便留下来在澧泉小学就读。

当局不准涉及国家兴亡、民族荣辱和忠奸是非的问题。我在学校里不问政治，专心改进教学，以便执行党的“长期埋伏，保存实力”的规定。郭权宇任校长，我担任教导主任，所有职员都能协力合作，工作时时处处得心应手。按当时规定，本来是德、智、体、音、美、劳各科并重，外加童子军训练，使儿童得到全面发展。但是，由于学校偏重智育，忽视体育和第二、第三堂课的开辟，在学生行动方面管得偏严，总的教育效果不符合理想要求。根据这一实况，我们定出了改革教学辅导工作的实施规划：

首先，将学校后面的大片空地开辟为运动场，划出各种活动的范围，设下沙坑、单双杠、跑道以及抓子、战方等活动场，使全校所有学生都有课外活动的场地。规定下课后和课外活动时间，一律在教室以外活动。

此外，由朱粹州老师负责种植各种作物，作为示范，指导各班级学生各自种植草木花卉，养殖小动物，从中获得生物学常识；全校注意引导学生开展田间、水中、河滩里的活动，使学生广泛地接触大自然环境，多认识客观世界事物。

在教育指导思想上，一反既往，对学生取消强迫命令和消极限制的管理办法，尊重学生人格。以启发诱导为主要方式，巧妙地鼓励和适当表扬学生主动自觉地学习和做好事。把培养学生自信心，强调独立作业和提高自学能力放在首位。事在人为，大家在这一计划之下，群策群力，果然做出了成绩。以培养一个有知识、有志气的学生，就是为祖国的未来添一份实力为目标，大家干劲十足。前后三个学期，虽没有什么普考、通考，而学生各方面的成绩日新月异，学生的身体素质提高更加明显。1942 年春，舞阳县举行了全县各学校参加的青少年学生运动会。运动会上，小学校级各项运动的冠军，几乎被姜店澧泉小学校全包了。最后在争夺篮球冠军赛时，有人认出篮球队员中的葛朝选是上届毕业的复习生，便以“非正式学生，不能参赛”为由，向教育局长张子荷告发，张亲自出面，当场取消了澧泉小学的篮球决赛权。这一轰动全县的事，至今犹有人回忆叙谈。

私立古槐中学

1942年暑假期间，王立平约我去大王村共同创办私立中学，以王立平、王书才和我三个共产党员为主，聘请当地几位知识分子，以王氏祠堂祭田作基金，祠堂房舍为校址，招收当地初中肄业和小学毕业生40多人开学上课。

该地王氏系于明朝洪武二年由山西洪洞县大槐树迁来，因而建祠植槐，取名“古槐堂”以示纪念。学校以“古槐堂”之名命名，取名“私立古槐中学”。考虑到亡国无日之秋，难以备案，混乱之世必遭多方干扰，因聘请名人王北方先生为名誉校长，并请李鸣钟氏题写了学校名字。有了这些措施，学校得以开办。

名义上我是教导主任，实际上我担任了《总理遗教》和体育、童训、音乐、美术、劳作等杂赢功课。我教《总理遗教》以陕北延安出版的《三民主义读本》作依据，进行社会科学基本常识的教育，采取深入浅出的方法，让学生结合自己的认识进行讨论。例如通过对“假如完全脱离人类社会，我将怎样生活”的讨论，使学生认识个人与社会的密切关系；通过对“我自己（完全不依靠别人）究竟会做些什么”的讨论，提高对“社会的生产”基本道理的认识；通过对“缺少为贵、用处大为贵两个说法，哪一个正确”的辩论，归结到“付出的劳动与价格成正比”的认识，从而确立尊重劳动人民热爱劳动的思想意识，等等。至今我还认为这是一种很有效的方法。

上劳作课，我指导学生将土布染成草绿色，做童子军装；美术课在教绘画基础技术中画了和抗日救亡有关的宣传画；无体育设施及器材，则在上体育课时加强活动以锻炼身体；音乐课则教唱救亡歌曲。

当时我们曾戏称古槐中学为“私生子”。后来由于王立平被捕脱逃，我也被列为共产党嫌疑犯在国特的追查当中，学校只办了一个学期就寿终正寝了。

私立达德中学董寨分校

1943 年 8 月间，董茂亭找我，让我筹办私立中学。我按照董的意图，聘任教师，招收新生，将学校办了起来。为省去备案的麻烦，和达德中学取得联系，定名为私立达德中学董寨分校。

这个学校，虽有地方绅士人物参加的董事会，有达德中学教导主任李华甫任名誉校长，但大权完全操于董茂亭之手。那时候，当地群众有两句顺口溜："董茂亭，真是眷，外人送号汤恩爷。""活成活不成，问问董茂亭。"从顺口溜已可知其为人。他借着办学，扒尽了附近各村的庙宇和墓碑，扒去了用来防水救命的大宋寨门，盖起了砖楼，霸占了民田百多亩，在他面前谁敢龇牙！

我担任教导主任，只管内部事宜，对聘请教师、招收学生还可以尽些职责。教师之中，有褚焕章、邢润华两位共产党员，有 1927 年参加过共产党的董振宇老前辈，当地的教育界名人无不被聘来校。第一班学生招收 50 多名，除原古槐中学的大部分学生外，李俊英（共产党员）、屈杰珍、杨云仙等许多女同学也前来就学。不论当时的政治、军事形势如何，和这样的人一起教这样的学生，也是很有意思的。

遵照党的指示，我们共产党员之间没有组织关系，不过组织生活。我只和胡赞扬同志保持着单线联系，有其弟胡赞弼在校就学，来往传递信件更加方便。不过，由于中小学在一起（该村原有董寨小学，现合在一起），人多事杂，也只能按照原来政府规定的一切教育制度进行工作，寓思想政治教育于一般教学辅导工作之中。

1944 年 6 月，舞阳城沦陷，地方秩序大乱，学校停课解散。董茂亭投降日军当皇协军炮兵团长。当年 8 月，学校又开学招生。在侵华日军的胯下、卖国汉奸的窝里，我痛心地安慰、保护着百余名青少年男女学生，继续担任教导主任职务，直到 1945 年。

失踪之谜

在抗日战争后期，根据中共中央以大别山脉为中心地区，建立鄂豫皖抗日根据地的决定，1944 年末，鄂豫皖军区派栗在山、黄林、孙石、冷新华、欧阳景荣等同志，率兵深入嵖岈山地区，1945 年元月，到达西平的酒店、龙泉，建立起豫中军分区抗日根据地。

当时，豫中军分区政治部决定，原保留在豫中各地的共产党员，应通知其前来参加工作。我在胡赞扬同志家里会见了前来通知的马朝阳同志。

接到通知后，我向学校请假，说手里有几千元的老日钞票，怕很快贬值，现在去东乡买些大烟，一两天可以回校，便匆匆离去。学校等我几天不见回转，又去家里催问，全无结果。就派出几路人到处询问，井里河里多处打捞，都认为我是因买大烟遭到意外而失踪，一时引得各村人们谈论猜测不休。

后来殷满堂的父亲前往豫中军分区探望，回殷庄的时候我托他老人家给董寨学校的学生捎了一页信，写道："同学们！这里非常需要你们，请你们来吧！"随着这一页信的传递，董相林、董泮欣、董万正、殷金堂、殷德林、宋灼之等同学先后前来参加革命。这些学生的突然走掉，使董茂亭大为恼火，把董姓三同学的家长叫到团部，吊打绳拴，各罚耕地三亩才算了事。

我的失踪之谜，通过一批学生的相继失踪，终于找到了谜底。

选自 1988 年《漯河文史资料》第二辑

特殊时期的几个特殊人物

戴满经

如此特务大案

李俊卿，郾城县大刘乡前李村人，祖上世代农民，幼年博读儒学经典，有较厚的文学功底。青年时期就胸怀国家、崇尚先贤、思想开放、追求真理。其家乡地处郾舞交界处，这里抗日战争时期中共地下组织十分活跃，李深受其影响并被推荐去确山县竹沟学习，成为中共地下党员。后因环境恶劣，脱离组织生活。

解放后立即投奔革命，历任区委秘书、县教育科科员、县委机关党支部书记、县直机关理论教师。那时，年轻同志都非常敬重他，认为他是“老革命”，称他李老师。以后，他调许昌师专任中层领导多年。20世纪60年代初期又调回郾城，任郾城县重点中学三中校长，是郾城县党内少有的优秀知识分子和内行教育工作者。1965年，我们一起被县委抽调去禹县褚河区搞社教，他跟着县委书记搞重点，负责组织和领导大学毕业生的锻炼。他有理论有实践，工作有成绩，是组织上和同志们都认可的好同志，是我们青年干部的楷模。1966年秋天，社教结束，我们又一起回到郾城。然而晴天霹雳，我们又一起当上了“走资派”。由于我年纪较轻、历史清白，被打倒后很快又站起来工作了。而他头上却多了一顶“叛徒”的帽子，开着卡车全县游斗。当时我想，“走资派”成群结队，是共性问题。是不是叛徒自己最清楚。有一次，街头相遇，我们曾相对无语，用眼神互送慰藉。

1968年冬，郾城县大型清理阶级队伍学习班开始，教师、干部集中县城，军事化管理。我被抽调到教师营部任办公室主任。这时，李校长除继续戴着“走资派”和“叛徒”两顶帽子外，又加了一顶“特务”的桂冠，说他是三中蒋帮特务联络站站长，包括他老婆都是“埋得很深”的大特务。当时，我心有疑窦，不敢出唇。后来我以办公室“主任”的特殊身份，接触了他的案子。

一位主要负责同志给我搬出了他的卷宗，说这个案子“铁证如山”，并向我谈了这个案子的来龙去脉。

鄗城三中所在地公社医院有个医生柳某，是外地人，曾在国民党军队当过军医，在此地落户已有20余年。他医术精湛，在群众中颇有威望。社直机关清理阶级队伍开始，有人追查他的历史问题，经过“七斗八斗”，他交代了自己是国民党特务。追他的根底说是在1948年国民党军队溃逃时，他带着任务潜伏在这里，并有计划地在鄗（城）商（水）西（平）三县边区发展了一个庞大的特务网络，其数量惊人，且专门发展“走资派”，其中就有三中的校长李俊卿，并说他是专抓教育界的特务工作，还主持着三中的特务联络站。追其联络人员与联络方法，柳交代他们的联络人员是一个担挑子焊烟袋、焊茶壶的老头。这个老头在鄗商边缘一带转悠了几十年，群众都认识这个老头，现已抓捕到案了。据说这个老头也承认自己是特务，交代完后畏罪自杀。柳还交代某年某月特务头头曾开过一次会，地址在某村南坡的一个小桥边，围个圈席地而坐，就和我们讨论一样，柳某面朝南，李俊卿面朝东，他老婆紧挨李坐着。当晚他们曾用三眼铳打过红色信号弹给四周各村联络，交代后柳也自杀了。这位负责同志讲，他们曾将此案给县里某领导作了汇报，县里十分震惊，指示要组织力量，穷追猛打挖到底。据他们从学校挖出来的材料讲：“李俊卿埋得很深，平时不露声色。”但有人遇到过他家来的陌生人，肯定都是特务。这位负责人还提示我，特务的第一任务就是潜伏，第二才是破坏。还说李还有和台湾联系的发报机，为了迷惑群众，发报机不安在自己家，安在他老婆工作的图书馆里，有人亲耳听到过图书室内传出嘀嘀嘀的声音……

我才疏学浅，还有轻信的弱点，但是，对此脑海里却荡起一连串问号。其一，是我和李俊卿接触近20年，根据他的言行我怎么设想他也不像特务，这有可能是感情上的错位。其二，“特务专门发展‘走资派’”，使人难以信服，谁都知道“走资派”是“文革”的创造，而柳某来本地已经20多年，风马牛不相及。其三，特务接头“开会”，“围个圈席地而坐，就和我们小组讨论一样”，这样的镜头是“四不像”的。其四，三眼铳是清代的土炮，是不能打信号弹的。既然有信号弹为什么就没有信号枪呢？其五，图书室里安发报机，大白天嘀嘀嘀发报和特务潜伏第一、破坏第二的宗旨太不协调了。

当时的气候迫使我不论有什么疑点，都不能随便说出口，我只是暗暗地向有关领导透露了我的看法，连领导也没有表态，只是把这个案子不轻不重地放下了。大概下面的人也觉察到了领导的动向，学习班上没有人再提及此事。学习班后教师下放，此事也不了了之。粉碎“四人帮”后，这桩本是子虚乌有的特务案就烟消云散了。

国际特嫌一书生

1972年春，我在郾城县完中任职。一天上午，风和日丽，学校来了两位挎皮包的客人，一看就知道是搞外调的。他们来到办公室拿出县革委政工组的介绍信，并出示了陕西省公安厅的证件，接着又拿出了一摞足有一百张的同底板二寸黑白半身照片，示意让我辨认，并说：“校长认识这个人吗？”我接过来一看，是个光着脑袋、面目憔悴、50岁上下的男性。我首先认定他是个逃犯，仔细观察有些面熟，但认不得是谁。他们提醒我：“你认识靳贵言吗？”这时，我才恍然大悟。咳，是靳贵言，原是郾城二中的教师，1958年处理回家的。对方笑了说：“总算找到了。”接着来客叙述了靳贵言的故事：

“此人曾说出过几个名字，但从未暴露过他是靳贵言。他原是我们收拢的流窜人员，现在西安市监狱在押已有三年时间，我们主要的难题是弄不清他的真实身份。据我们观察他是个知识分子，会外语，南方口音，对南洋各国很熟悉，是我们审查的重点。”我插话：“你们估计他是干什么的？”来客说：“我们惑疑他是国际特嫌。开始他说他是贵州人，两年来我们三下贵州，奔波上万里，找不到他的家。后来他又说，在大陆已找不到他的家了。他原是贵州人，生在南洋，和父亲一起回大陆去延安老区找他曾经是我党地下工作者的大姐，半路上证件丢失，知道他大姐地址的父亲突然病死，他孤身一人到处流浪，落困于此。他曾说过几个他的家庭地址，唯独没有暴露过河南。”我笑着说：“你们把他放了不就行了。”来客说：“我们惑疑他有重要历史背景。他说他从南洋来是绕道印度的，时间正是中印边界紧张阶段，惑疑他带有特殊任务。”我问他们是怎样找到这里的，来客说：“在此人的破烂中曾发现‘商桥供销社’字样，我们这次还是去贵州，抱着试试看的想法在商桥下了车，找到商桥供销社，供销社的营业员一眼就认出了他，‘这不就是靳庄的靳贵言！’我们又到他的老家靳庄，村上人说他家没人了，叫我们到郾城二中（当时的郾城完中）了解情况，我们才找到了这里。”靳贵言的谜底破了，西安来客表示回去赶快放人，满意地走了。

靳贵言的基本情况是：解放前夕浙江大学毕业生，爱国青年。参与欢迎解放军进驻杭州，接着投笔从戎，随军南下，先在解放军华东干部学校学习，后随部队解放东南沿海诸岛，并直接参加了解放舟山群岛的战斗。历任营部文化教员，战地通讯主任、编辑。1954 年，因病转业回乡，分配到郾城二中任化学教师。1957 年，中学教师集中许昌地区“反右”，被内定为“中右”。1958 年上级指示，趁处理“右”派的机会，把有较重历史问题的人和“中右”一律赶回农村劳动管制。靳贵言就是以“中右”的理由被处理回家的。农村误认为他是“右”派。从此，本是小学教师的老婆和他离了婚，把儿子带走了，可谓妻离子散、孑然一身。

“文革”开始，靳受到严重冲击，数次达到死亡的边缘。为逃活命，挺而出走西北，沦落陕西流浪，决心不再回家（也没有家）。这就是靳贵言在西安监狱说出几个家庭住址就是不说河南老家的根本原因，也铸成了他天方夜谭式的“国际特嫌身份”。

十一届三中全会后，纠正“反右”扩大化的错误，经查靳贵言根本不是“右”派，不存在“摘帽”问题。后安排原学校教书，重新组织了家庭。晚年一心扑在教学上，兢兢业业到离休。

邂逅陈玉虎

1976年秋，郾城二中高中部缺数学教师，教育局让我在社会闲散知识分子中招聘。由于当时政治形势的影响，招聘几经徘徊，不能如愿。教育局李局长说，“大陈村有个陈玉虎是个大学生，因有历史问题在家闲着，听说有学生找他辅导数学，你打听一下他是什么问题。”我先到公安局查了他的档案，得知陈玉虎旧社会开封黄河水利专科学校毕业，曾是黄河水利委员会的技术员。解放后任天兰铁路局工程师，参加过宝天段铁路的设计，后调铁道部西南设计院任二级工程师（驻地昆明），在云南、四川参加过多条铁路和多座桥梁的勘察设计和施工，立过功，受过奖。最后调到福州，在设计闽江大桥的过程中因破坏桥梁设计，被开除公职，戴上反革命帽子遣送原籍。具体情节是：他设计闽江大桥时，被发现“有意弄错一个数字”，否则，会导致大桥短缺八米的严重错误。当时，我想：陈要是有意破坏，方法不是太拙劣了，简直是自投罗网。他的问题估计和他的出身有关。我看着问题不大，假装糊涂，用他一技之长，在校领导班子会上好心的同事忠告我要慎重，我内心也颇忐忑，因为我也清楚让我“自己找人”的含义。但燃眉之急，只有当过河卒子了。

我派青年教师陈江木暗暗到大陈村查访。陈玉虎正被管制着，一个人住在村头小土庵内给生产队看管红薯母，听说就是辅导的有学生。我第二次又派陈江木去大陈村，向陈玉虎说明意图，邀他进城和我见面。第二天，他就以进城看病为名来到二中。我询问了他的学历、简历等，发现他谈吐文雅，思路清晰，满面红光，身体健康，遂决定留用他。第三天下着小雪，他扛着行李卷没有和村干部告辞就来学校了。大概是一个星期之后，大队干部派人来到二中向我要人。我说明情况，讲清政策，热情招待，他们也不好勉强。

后来，我们接到了铁道部西南设计院为陈玉虎平反和恢复公职的通知。老陈接到通知时，那真是“漫卷诗书喜欲狂”。学校给他准备了路费，让他到昆明原单位办了复职手续。原单位给他安排工作，他婉言谢绝。结果他带着工程师的头衔和130元的月薪（当时是郾城县干部的最高薪）回到了郾城二中，当众表态，“死在二中也不走了！”后来他还被聘为河南省电视大学郾城辅导站数学教师和郾城县技术职称评定委员会委员。

为此，郾城县委通信组孟繁坤同志写了一篇报道在郾城县广播站播放三天。文中有“古有萧何月下追韩信，今有校长雪地盗名师”。把我的名字也大大宣扬了一番。

不幸的是陈玉虎“死在二中”的话被他自己言中了。改革开放以后，他焕发了青春，争分夺秒地钻研教学，呕心沥血地辅导学生，夜以继日地奋战在教学第一线。终因劳累过度突发脑出血倒下了，再也没有站起来。这位学高身正、品格优秀，曾为祖国建设和郾城教育事业作出过贡献的老知识分子终于含着微笑离开了我们！

“文物出土”小记

前文提到的孟繁坤同志，曾任郾城县委对台办主任。他除了笔力很强以外，还热心扶贫解困，同情弱者。一次，他从乡下回来找着我说：“商桥有个北京外语学院的学生，是1958年因‘右’处理回来的，你要不要。”我先说要，接着又说，“得先让我见见”。孟说：“你可不能光看样子，这可是个‘出土文物’。”这时，我校高中部正缺外语教师，应该说这是雪中送炭。第二天繁坤把他领来了。怪不得老孟说他是“出土文物”，他低于一般农民的穿着，浑身上下显现一个“土”字，只有一副近视镜还残存一丝知识分子的影子。他哆嗦着双手拿出了纸已发黄的证件，他的名字是王明照，北京外语学院1958年毕业生。他一脸木然地向我谈了他的简历：那时，他风华正茂，富有理想，学习努力，成绩优良，本想毕业以后能够从事祖国的外交事业，一展宏图。结果一场风暴改变了他的一生，被开除学籍，遣送农村交群众管制，变成了人民的敌人。从此，他众叛亲离，茕茕孑立。“大跃进”干活累个死，吃食堂断炊饿个够，十年动乱受冲击，辗转呻吟 20 年，能留一条活命也算是不幸之中大幸了。在繁坤同志的撮合下，经学校研究，王明照终于走进了二中课堂。

1979 年，北京外语学院通知给王明照平反。他进京办了手续后，又回到了郾城二中。

选自 2006 年 7 月《漯河文史资料》第十四辑

回忆鄄城中学师范班

王英樵[①]

鄄城县立中学，在1925年以前是一所四年制旧制中学。校长王右弼是满清末年最后一榜的秀才，他是我们本村人。据说他考中秀才后，民国初年又在北京上了优级师范学校，毕业以后就在鄄城中学任校长十多年。任课的教员也多属老一辈的先生，如甄义举、王勋亭、李幼敬、王佛艇等，都曾在学校任教。大革命以后，鄄城中学的教员多成新派了，是从外地回县或从外地聘请来的新毕业大学生。

我是1929年暑假考入鄄城中学附设的师范班。当时学校中学班有三个年级，师范班是首次招生，一个年级，第二年增设为两个年级。全校师生近300人。这时的校长是王佛艇（上海公学毕业），以后的校长是娄清江（号澄甫，四川成都大学毕业），接下来是常廉岑（河南大学毕业），以后是郭子长（原名庚午，北京师范大学毕业）。前后的教员据我能记起的国文教员有王佛艇、孙敬毅，数学和理化教员有张厚如、许碧亭、许越亭，英文教员有张时雨、李朗轩，史地教员有郭子长、娄清江、阎恭庵，音乐美术教员有崔雨田、于吉亭，体育教员张某等。学校庶务主任张光灼。当时学校设备简陋，音乐课只有足踏的风琴，理化实验设备很少，体育课只有足球和篮球。那时县城里还没有电灯，夜间上自习在教室点汽油灯，学生在宿舍自习时各人都备有带玻璃罩的小煤油灯。学生比较俭朴，特别是农村来的学生更俭朴，许多人都是家中每月送柴、送面在学校入伙。校风很好。

① 王英樵，鄄城县人。1938年参加革命，历任教导主任、校长、省教育厅督学、县长、省工业厅副厅长，哈尔滨市工业部长、建委主任等职。

当时学校政治空气比较好，有几位思想进步的教职员如庶务主任张光灼是大革命时候的共产党员，国文教员孙敬毅（女）也是大革命时候的共产党员，还有国文教员王某思想也较进步，是否共产党员不清楚。他们上国文课常讲一些课外的作品，介绍一些进步读物，如陈独秀著的《独秀文存》，高语罕著的《白话书信》，蒋光赤著的《碎了的心》《少年飘泊者》等，看了这些读物，一部分同学的思想受到了很大影响，它们起了革命启蒙作用。

师范班是男女同校，男同学郾城各区的都有，有的年龄较大，如温世德、蔡殿宝、杨化民、王静波、李永泽、胡位东、杨朝钦等都已20多岁，我算年龄最小的，毕业时只有18岁。年龄大的同学有的是念过初中又来念师范。女同学多是郾城城里的，也有临颍的两个同学，当时开学后张慧如、王玉琳都在师范班学习，念了一学期又到开封另考学校了。女同学中年龄大的也有结过婚的，如赵玉琴、刘玉梅等四人。

中学班学生中印象最深的有倪冠堂、李匡华、阎兆修、阎风仪、詹海舰、王兆林、李含辉、阎本性、陈毓宪、朱清涟、朱国栋等。因为几十年和家乡没有联系，同学们的情况如何都不知道了。

1931年九一八事变后，师范班已有两个年级，同学们不愿师范班附属在郾城中学，要求师范独立成立师范学校。为此，曾经罢课闹学潮近两个月，如不答复要求就不复课，同学们集资派代表去开封河南省教育厅请愿，并提出派代表去找二十五路军总指挥梁冠英要求去东北参加义勇军打日本。曾经印制了义勇军的臂章和袖标。结果，师范没有独立成为师范学校，将两个师范班划为师范部，移到黉学（文庙）上课住宿。中学班在西院，师范部在东院，因两院之间有条南北道，当时架设了天桥作为两院连接行走。1932年首届师范班毕业时校长是常廉岑，暑假后改任郭子长老师为校长。

孙敬毅老师因系共产党员，1931年离开郾城后据说到洛阳被捕了。1937年抗日战争后第二次国共合作，1938年被释放出狱，走到延安。因失掉党的关系开始在陕北公学总校高级班二队学习，巧遇我们在一个队里成为同学了。陕公毕业后经中央组织部分配介绍到边区政府教育厅，同时又把我们一起分配到干部子弟学校（保小）工作，又成同事了。全国解放后他到最高法院工作，听说于1962年病逝。

选自1990年12月《漯河文史资料》第四辑

我难忘的小学阶段

胡民安

我的小学阶段是在抗日战争、解放战争历时八年中断断续续度过的，直到 1950 年，我才小学毕业。回忆起来，在我整个的学龄段里，这一段给我教育最深、影响最大，因而也最有收获、最有意义。所以，我无论什么时候也没有忘记过我的小学阶段生活。

记得我 8 岁入学的时候，母亲给我换上新衣，说要去“拜师”上学，便领着我来到老师家里。原来我的老师就是我的一位本族爷爷。母亲让我跪下，给老师磕头。爷爷老师赶忙拉住我说：“现在不兴磕头了，鞠个躬就可以了。”于是我就给老师恭恭敬敬地行了三个鞠躬礼。这就是我的第一个入学仪式。

开学了，我背着母亲早已给我做好的土黄色书包，跟着已经读四年级的我的本家小叔上学去了。学校就在我的家乡古城村南头一个空着的农家小院里。三间南屋是三、四年级教室，三间北屋是一、二年级教室，一间东屋是两位老师办公的地方。院子的西墙根处还有几棵不大不小的树。现在想起来，那环境还是挺不错的。这就是当时的古城村国民小学。长大以后，每逢经过这里的时候，尽管学校早已搬迁，可我还是自觉不自觉地而且颇有所思地扭过头去，向着那个小院，想多看上几眼。心里也总是说：我的学龄阶段就是从这里开始的！

上课了，第一节是国语，现在叫语文。老师让学生打开课本，第一页上印着一面色彩鲜艳的“青天白日旗”。老师说：“这是我们的国旗。”国旗下面有一行字：“人，我是中国人。”接着老师领我们齐读，而且一遍又一遍地领我们齐读。然后，老师让我们看着黑板，他把这几个字一个一个地一笔一画地写在黑板上，而且边写边讲：撇—捺—横……20 分钟以后，老师又给坐在后几排的二年级学生讲课。现在想来，当时虽然都是八九岁的孩子，但是教室里并没有活跃的气氛。因为老师也总是绷着脸。

第二天，讲第二课。第二课占上下两页的位置，上页一边印着当时的中国地图（包括 1946 年独立的蒙古国），一边印着日本地图。下面有两行字：一行是“中国土地大”，一行是“日本土地小”。下页印的是两排人物画：一排是长长的队伍，一排只有两个人。下边也有两行字：一行是“中国人口多”，一行是“日本人口少”。老师讲解说：“中国的地形像一片‘桑叶’，日本的地形像一条‘桑蚕’，现在‘桑蚕’要把‘桑叶’吃掉……”这些简单的课本内容和简单的话语，给我留下的印象至今记忆犹新。也正是这些简单的内容和简单的话语，加上接踵而至的河南省特有的“水、旱、蝗、汤”四大灾难，让我后来清楚地知道，为什么我刚刚开始的小学阶段不到一年就很快地中断了；也让我后来清楚地认识到，为什么我的小学六年竟拖至八年的真正原因了。这是我的不幸，也是国家的不幸，只是因为那时年幼，便糊里糊涂地过去了。

直到 1943 年秋天，在抗日战争偏安一时的漯河地区，古城学校在古城北门里西侧又重新办起来了，并且更名为郾城县指挥乡中心学校（简称指挥中心）。上级派来了校长，调来了老师；学校盖起了新教室，添置了新桌凳。学校的规模扩大了，学生的人数增多了，学校的秩序也一时井然有序。学生每天早晚都要起早摸黑到学校上早晚自习，学校每天早晚都要分别举行升降国旗仪式。每周一第一节和每天课前 10 分钟都要全校集中或以班为单位举行孙中山先生纪念仪式，要唱国歌，要向孙中山先生行三鞠躬礼，要对孙中山先生默念三分钟，要由主持人领读孙中山先生遗嘱，最后还要集体诵读所谓对国民教育的“十二之本”：“一忠勇为爱国之本，二孝顺为齐家之本……十二有恒为成功之本。”除此之外，每天上午学生到校都要写一仿（张）20 个左右的大字，下午都要写一页 160 个左右的小字。从三年级开始，每天还要写一则日记。这是常规作业，朝朝如是，日日皆然，不用谁布置，不用谁督促，学生都会自觉地积极地完成任务。而且，这些作业每天都由值日学生收齐整理好交给级任（班主任）老师圈阅批改，第二天再由值日学生领回来发给大家。每天的这个时候，教室里最热烈、最活跃。同学们总是争先恐后地抢拿自己的作业，然后，相互参阅，相互比对，看谁的大字得“圈”多，看谁的小字得“甲”等，看谁的日记批语好。这个时候，可以说是同学们互相学习、互相督促、自我教育、共同进步的最佳时候。每天下午，两节正课以后，一节是课外活动。这时的操场上，这一簇，那一群，有的拍皮球，有的踢毽子，有的滚铁环，有的玩跳绳，有的打弹子，有的摔地牛……也有三三两两面对面、肩并肩，时而欢笑，时而跳跃，时而分散，时而聚合。这时的教室里，五七个值日学生有的洒水、有的扫地、有的擦黑板、有的抹桌凳。当然，这时候，也有学校组织的篮球队、田径队、军乐队，在老师的指导下，在各自的场地上进行着各自的活动。可以看出，这个时候是学生一天中最轻松、最快乐的时候，也是同学们在嬉戏中互相启发、取长补短、增长知识、增长才干、拓展思路、锻炼身体的好时候。后一节是自习课。学生坐在刚刚清扫过的空气清新的教室里，只是一个劲地大声地读书。这时整个校园仿佛一下子沉浸在书声琅琅的海洋里。此刻，你如果身临其境、漫步校园，一定也会乐在其中的。放晚学了，降旗仪式结束，老师训过话后，全体同学要高声齐唱《放学歌》，而且边走边唱，连唱两遍。歌词是：夕阳西下今天又过去了，把我们的功课从头来检讨。自思自量长进有多少，一天过一天年纪已不小……

在以上室内室外活动的同时，学校对学生的礼仪教育、纪律教育也是相当严格而又细致入微。教室外面的墙壁上，斗大的字写着：“忠、孝、仁、爱、信、义、和、平”；迎着校门的照壁上写着：“国之四维，礼义廉耻”。学校要求学生每天上学来、回家去，必须向家长禀报。每天放学，家住一村或一片的学生，必须由低到高排成纵队，由队长领着走出学校。在需要下队时，必须横跨一步，转过身去，向全队敬礼，并说声“再见！”上学来的路上，如果两人一起，必须并肩前进，遇见老师必须同时立正向老师行举手礼；如果三人一起，必须纵向前进，遇见老师必须由走在前边的同学发出“敬礼”口令，然后三人一并向老师行举手礼。在校园，在教室，也都有明确的具体要求。如不许随地吐痰，不许乱丢纸屑，不许高声喧哗，不许污言秽语等。在需要集合或放学排队时，必须做到静、齐、快……而且这些要求绝不是说在口头上，贴在墙壁上，而是每天都要有值日老师、级任老师或值日学生巡查监督的。谁要违反或没有认真做到，也绝不是现在意义上的批评而已，而是要实实在在地打板子。那板子足有一尺多长，二寸多宽，半寸多厚，上面写着“真金不打难成器”。学生挨板子是常有的事。老师发作业，总是带着板子；教室门口，总是放着板子。谁有差错，轻则一板子，重则三五板子不止。我就挨过两次，一次是板子，一次是棍子。不过，都不是因为作业。一天下午，放学的时候，我正在队伍里站着，聚精会神地听着值日老师的训话。突然“嘭”的一声，我紧忙摸着头向后一看：训育主任站在那里，用他那经常掂着的“文明棍”点着地说：“怎么随地吐痰？”这时，我恍然明白，原来我犯了校规。不过，这是小事，一咬牙也就过去了。

下一次真的是让我吃不完兜着走的。三年级的下学期，春暖花开。在离学校北边不足一华里的高庄村有大戏一台，连唱三天。学校为了让学生看戏，也放假三天。这是多好的机会呀！同学们欢欣雀跃、高兴非常。可是，三天过后的一天早晨，正在上早自习，突然集合的铃声响了。同学们惊讶：不到放学时候啊……队伍站好后，教导主任李 ×× 走过来说：“看三天大戏，也有学生违反校规。第一个是五年级的张 ××，爬到戏台角上……”接着厉声说：“站出来！”“趴下！”然后叫出两三个身强力壮的同学，分别按住张 ×× 的头部和两脚。这时候，早已掂着板子等在一旁的训育主任走上前去，弯下身子，二话不说，便狠狠地一下一下地打起来。打得张 ×× 哇哇直叫，动弹不得。接着是第二个、第三个、第四个……“胡 ××，会场上参与赌博……”我愣住了——不能辩说，只好趴下，挨打……不知挨了多少板子，当我爬起来的时候，就几乎走不成路了……最后教导主任宣布：“今天挨打的同学一律开除学籍……”

回到家里，母亲看见我的样子，连声问：“怎么啦？怎么啦？”我只好哭着把情况告诉她。母亲又半信半疑地问："你赌博没有？"我说："我只是在戏台一边看了一会儿'转桌子'。"什么是"转桌子"？现在还有这玩意。一张圆桌上，周围刻有标记，中间有转轴转动横杆，转到哪里停下来，哪里就是赢家。实际上是有人操纵，用来骗钱的。说实在的，我这一辈子也没有玩过那玩意。母亲听了，只是不住地埋怨我，也想不出什么好办法。直到吃过午饭，我的级任甄配辰老师来到我家，对我母亲说，孩子说的是实话，没有那么严重。他已经给校长说过了，不应该开除，给个警告就可以了。说罢，便拉住我的手去了学校，事情就这样过去了。一年、两年……直到60年后的今天，我除了责备过自己之外，从来没有怨恨过任何人，包括亲手打过我的那位训育主任。相反，我却一直认为学校那样做是对的，它的动机和效果都是无可厚非的。你想，就连放假三天看戏的机会，都没有放松对学生的监督教育，这难道不是学校尽职尽责对学生关心爱护的表现吗？不过那方法值得研究——在那个时代，有谁对老师拿板子打学生提出过异议呢？

"夏楚（体罚学生的板子）振精神"。从那以后，尽管有人说我挨打挨得不值，但我却引以为鉴，一直记在心里，不但严格遵守学校纪律，而且学习更加努力。期终考试，原本学习中等程度的我，却考了全班第三名，并且获得了由县教育局发给的6本作业本和一打（12支）铅笔。一年后，四年级初小毕业升入高小五年级考试，学校招收两个班80名学生，在参加考试的近200名学生中，张榜公布，我竟是第一名，国语、算术、常识三科成绩297分。爷爷知道后，说我考中"秀才"了。而我心里却说：那顿打我没有白挨！

1946年秋，我读四年级上学期。这时，正值抗日战争胜利一周年，全国人民欢庆胜利的气氛仍十分浓重。学校也是一样，校园里贴满了红绿标语，教室里挂着万国旗帜。这时，指挥乡政府为鼓动这一形势的持续发展，就在乡政府所在地三里桥村南头一个多家麦场相连的空地上，举行了一次"庆祝抗战胜利一周年暨小学生综合运动会"。所谓"综合运动会"是指除了体育项目之外，还有演讲比赛、论文比赛、速算比赛、歌咏比赛、队列比赛等。学校经过选拔，五年级的刘××、宋

××分别参加了前两个项目比赛，四年级的我参加了速算比赛。速算比赛是在三里桥村国民小学一个教室里进行的。20多名学生，30多道算术题，不到半个小时就有人交卷了。我好羡慕，便匆匆做完也交了卷，结果我竟出乎意料地得了第一名，和参加演讲比赛的刘××一起各获得了一面锦旗。加上体育项目，指挥中心总成绩全乡第一，获得了一座由县教育局颁发的“银盾”和其他个人项目的三面锦旗。

运动会结束后，我把锦旗挂在我家的客房。桃红色正幅的周围是金光灿灿的镶边，两边的小字记不得了，中间是“精诚团结”四个大字。家人见了高兴，客人来了夸奖，我一时也感到很是自豪。第二年春天，学校要求个人获得的锦旗交给学校，挂在教导处迎门的后墙上。这时的教导处，墙壁上并排挂着五面锦旗，条几上摆着那座银光闪闪的像武士们防护用的“盾牌”一样的东西——“银盾”，只是比真正的盾牌小了许多，跟现在人们用来烫衣服的熨斗相仿，上面是椭圆形，下面有木质底座。据说，这是当时体育比赛的最高奖。这时的指挥中心，不但在全乡出了名，就在全县也是数一数二的好学校。

可是，好景不长。1947年冬天，解放郾城的战斗打响了，指挥中心也被迫停办了，那些鲜艳的锦旗和那座耀眼的“银盾”也都不翼而飞。

1948年春天，指挥中心停办后，当时的教导主任武少芳老师（一位很受学生欢迎的老师。后来知道，他是党的积极分子，地下工作者。解放后，在中央民委工作）在古城西南三里处的小吴庄村，聘请了两位原在古城学校教书的张联贤老师和顿嵩掌老师，办起了一所临时的小学校。我们得知后，便相约去那里读书。不过一学期要交50斤小麦。那里有三间房子，一个教室，三位老师，六个年级。一至四年级，都是用一个小圆桌作为共同的课桌。六年级四个人，用的是一个方桌。五年级五个人，用的是一张旧式条几。学生总共30多人。武少芳既是老师，也是当然的负责人。就在这样一个十分简陋的、临时凑合的、没有正规教材的学校，一学期结束，除学了算术、地理、历史、自然等五年级下学期应学的课程外，我还读了40多篇半文半白的文章，而且篇篇会背。还读了几篇古文，如王勃的《滕王阁序》，王羲之的《兰亭集序》，陶渊明的《归去来辞》《五柳先生传》等。这些文章都是由武老师亲自找来，让我们互相传抄，然后又亲自给我们讲解。他要求我们要工整抄写，要篇篇会背。我知道，我所背的每篇文章都是由武老师亲自“验收”的。他还要求我们每天写一张大字，每周写一篇作文。这些作业也都由他亲自圈阅，亲自批改。当时买不来红墨水，他就到野外抓些青草，回来捣碎挤汁，用来圈阅学生的作业。一天下午，他把我叫出去，谈话间，他问我：“胡”字怎么写？说着便蹲下身去，用手里拿着的粉笔在地上写了两个“胡”字：一个“古”字靠上，和“月”字一般高；一个“古”字靠下，和“月”一般低。然后问我：两个“胡”字，哪个好看？我怎么评说得了。不过，我心里明白：武老师是在教我如何把字写好呢！还有一件事，也是武老师给我留下印象最深的一件事。当时，我有一部家里存放的由上海世界书局出版而且是没了书皮的《中华字典》。武老师得知后，让我拿给他看。他说，“这部字典很好，只是全一册，太厚，用起来不方便。”问我可不可以改装一下。我当然同意了。第三天，他就找到我说：“你看怎么样？”我很惊讶：四本一套，本本都加了书皮、写了书名的崭新的《中华字典》摆在我面前。而且每分册的第一页左上角处还分别写了一、二、三、四。这样一来，检阅起来非常方便。从此，我把这部字典当作“宝贝”，一直带在身边，算是对武老师永远的纪念！

1966年“文化大革命”破“四旧”，在大叫“焚书”的号令下，我把所有的书籍都送出去了，唯独这部字典我实在不忍心让它就此“毙命”。于是，趁夜深人静，用我的小饭勺，在我的床底下，揭开地砖，一点一点地挖，提心吊胆地挖……不知挖了多长时间，一个不大不小的土坑挖好了。然后用废报纸一层一层地裹了这部字典，小心翼翼地把它放进土坑里，封上土，压上砖……风头过后，已是第四个月了，我才把它扒出来。从此，武老师亲手粘上的书皮，便慢慢地脱落了，而我也没有及时给它补上。直到1970年，我再一次受到“文革”冲击时，又想起了我的这部字典。于是，在“劳改”之余，在学校木工的帮助下，我亲手给它做了一个木套，并亲手刻上“中华字典”四个阴文。然后托人送到乡下，交给我的弟弟暂时保管。1978 年改革开放后，我才把它取回来，粘上新皮。2003 年新皮变旧，我又去掉旧的，换上新的，并由我自己在每分册的新皮上亲手写上书名，这就是现在它的样子。

现在这部字典，四册一套，完好地放在书套里，立在书架上。只是武老师亲手题写的书名，连一个字也没有了。只有分册上的一、二、三、四，还淡淡地可以看出武老师的墨迹。睹物思人，常常会勾起我对武老师深深的浓浓的长时间的思念和敬意！

1948 年春天，当时的解放战争正在进行，攻打郾城的战斗由阵地战转为拉锯战、游击战。在这种形势下，我们一天两次往学校跑，家里人很不放心，有时也真的很危险。记得五月的一天，中午放学，我们刚刚走出村子，突然一阵密集的枪声不知从哪个方向传来，打得小麦地里嗖嗖直响。我们几个匆忙趴下，不敢抬头，更不敢直起身子走路。于是，我们就钻进麦棵里，朝着回家的方向爬行。一个小时过后，我们才回到家里。实际上，这种看不见人的战斗，在当时是经常发生的，我们只是有惊无险！ 1948 年秋，由于时局不稳，刚刚恢复的古城学校也时办时停、时有时无。直到 1949 年新中国成立前夕，上级才派来了新校长，调来了新老师，新的古城完全小学就此开始了。每天除了上课时间外，师生们一起扭秧歌、演戏剧、学唱革命歌曲、宣传剿匪反霸、宣传土地改革。学校内外到处洋溢着一派全新的新中国的新气象。就是在这种形势下，我读完了六年级。1950 年 8 月，我顺利地考入漯河市立中学（今漯河第二中学）。到此，我的小学阶段彻底结束了。

往事不堪回首！国运我运。六年小学，八年读完，而且那路途曲折多舛，那滋味苦辣酸甜。我在《古城学校的风雨岁月》(见《漯河文史资料》第十四辑）一文中，有过这样的句子，现在还想重复一遍："学校的命运和国家的命运紧密相连、息息相关。"唉！一个人的命运又何尝不然？何况，这只是我的小学阶段！

选自 2009 年 9 月《漯河文史资料》第十七辑

记忆中的漯河市立中学

胡民安

漯河市立中学是解放后漯河市第一所也是唯一的一所公办初级中等学校，简称漯河市中，即今天的漯河第二中学前身。

1950年，我小学毕业考入漯河市中时已是第三届学生了。这一届通过招生、考试、张榜录取150名新生。当时的郾漯一带只有两所中学，一所是漯河市立中学，一所是省立郾城中学。因为两所学校不是统一招生，所以一个学生可以先后报考两个学校，也可以被两个学校先后录取。这样一来，榜示录取的150名学生，经过报名注册，人数就不足了。因此，开学两周后，学校又续招了十多名，分到原来分好的甲、乙、丙三班去。到二年级上学期，三个班又合并为两个班。加上当时停办的私立漯河“三育”中学转来的学生，每班才50多人。和前两届一起，全校共300多名学生。别看学生不多，却也来自四面八方。以我所在班级为例，除漯河市内的以外，有临颍的、郾城的、商水的、上蔡的等。十几岁的孩子跑十几里几十里甚至上百里的路程来读中学，并不稀罕，因为当时的学校特别是中学实在太少。

漯河市中分南北两院，一年级在南院，二、三年级在北院。南院在市中学路北端，坐西向东，距北院100多米。解放前，这里曾是私立励行中学的一部分，是个标准的“四合院”。东西南北屋都是五间，除去三个教室外，西屋北头两间是老师办公室，东屋北头一间是大门，其余全是学生宿舍。院子不大，仅供学生课余休息，早操和课外活动，全在西北大操场。

西北大操场在北院西边，濒临澧河，北边和东边有院墙和北院相隔。1951年，院墙拆了，在通往澧河的操场南边筑起一道土墙，从此，操场和北院连成一体。就是这样一个100多平方米的普普通通的操场，却有着一段光荣的不平凡的历史。1945年9月20日，中国人民经过八年的抗日战争，侵华日军北支那派遣军2971部队司令官鹰森孝（中将）带领所属全体日军，在其司令部所在地漯河，也就是在市中的这个操场上，正式向中国人民缴械投降。1949年2月14日，淮海战役结束后，中原野战军按照中央军委的命令，由中原野战军第四纵队、第九纵队、豫西地方部队的一部分和淮海战役中起义的廖运周师共同组建的中国人民解放军第二野战军第四兵团，在漯河，也是在市中的这个操场上宣布成立。接着，还是在这个操场上，中国人民解放军第二野战军第四兵团在司令员兼政治委员陈赓作战前动员后进行了庄严隆重的南下渡江誓师大会。这是中国人民的骄傲，是漯河人民的骄傲，也是漯河市立中学的骄傲。

这种值得骄傲的光荣的历史，很快在一年级新生中传开，并给他们以极大的鼓舞和力量，促使他们热爱劳动，艰苦学习，全面成长。

市中的南院和北院相距虽然只有100多米，但却全是土路。学生聚会去北院，老师上课来南院，遇上雨天行走很是不便。于是在丙班班主任张子纯老师的倡导下，三个班的学生一拥而起，利用课余时间，捡砖拾瓦，借来工具，分段包干，很快地修成了一条宽两米有余的砖铺鱼脊道路。从此，南北两院来来往往的师生们，再也不用拖泥带水了。

一年级下学期，我们搬到了北院。这是我们入校以来一直向往的地方。北院的大门是一座三间两层完全古式建筑的楼房。它重檐叠起，四角飞扬，青红相间的琉璃瓦屋脊上立着形态各异的飞禽走兽。下面两个耳房中间是青石铺成的大门走道。据载，这是原三晋乡祠（山西会馆）的戏楼，是山西在漯商人休闲娱乐的地方。如今，这里已是漯河市中全体女生的宿舍。

北院又分前院和后院。前院从大门进来，两米多宽的甬道两旁，各有一块长方形的园地，里边种着名目众多的花草，周围全是间距相当、大小相仿的柏树。甬道两旁的两树之间都放着用条石支起的石凳。顺着甬道往前走，登上台阶，便是面阔三间进深五间的三晋乡祠的大殿。望去古朴典雅，巍峨壮观，可容纳300多人，是当年山西商人聚会议事的场所，现在是市中的礼堂，学校开大会、演节目，都在这里进行。后来，学生多了，改作图书馆和阅览室。大殿前面有两棵枝叶茂盛的梧桐树，两侧各有坐北朝南的两间耳房和一排一连五间的东西厢房，学校领导和教务、总务两处等都在这里办公。房舍之间地面开阔，可供学生小型聚会和教师室外散步之用。整个前院房屋错落有致，环境清新宜人。每当春夏，林荫遮天，花香扑鼻。现在回忆起来，仍觉留恋不已！

后院，一块长100多米宽50多米的开阔地上，自西向东一字立着四座两层各四个教室的砖瓦木板楼房。除一座为老师办公外，其余三座都是教室和学生宿舍。1951年招收新生5班，1952年招收新生8班。学生人数猛增，教室显得不足，于是，又在四座楼的东边盖起一座同样大小的楼房。我就是在这里读完了初中三年级的课程。

欢送同学参干照片

我在市中读书的三年，有三分之二是中国人民抗美援朝运动轰轰烈烈开展的时间。我们不断走向大街游行示威、高呼口号、反对美帝国主义侵略朝鲜；我们和市民一起同仇敌忾、联合签名、反对美帝国主义武装日本；我们夹道欢迎并热情慰问杀敌立功前线归来的志愿军伤员；我们满怀激情热烈欢送踊跃报名被批准参加志愿军的同学走上前方；我们积极学习志愿军在朝鲜奋勇杀敌、可歌可泣的英雄事迹；我们利用课余时间、采取多种形式分片包干，定期向市民群众宣传抗美援朝的伟大意义；我们及时响应党的号召，节衣缩食，为抗美援朝捐献飞机大炮；我们几乎每天必唱《中国人民志愿军战歌》《全世界人民团结紧》《我们签名拥护和平》等抗美援朝三首歌曲；我们以抗美援朝的精神武装自己、努力学习、奋发向上，时刻准备着奔向祖国最需要的地方去。年中，我们在这样的形势下、气氛中，学到了许多课本上学不到的东西。正是这些东西充实了我们的思想、丰富了我们的头脑、增长了我们的才干。我至今认为这些东西是实在的、实用的、终身受益的！

市中三年，我们的学习生活很艰苦。那时候，大概是学校离澧河太近的缘故吧，南北两院竟没有一眼水井。早晨，起床的铃声一响，同学们就成群结队地涌向西门，来到河边，沿水洗脸，一年四季如此。冬天河水结冰了，同学也要把它打开，手伸到水里像针刺刀割一样，一下，两下，三下五除二也就算洗完了。遇到北风劲吹、大雪封门的日子，那就只好暂时不顾脸面了。后来学校设的茶炉房和学生伙的用水，都是由炊工们一担一担、一趟一趟、上上下下、往返百米几百米从河里挑上来的。那炊工们一前一后、三五成群排队挑水的景象，我至今难忘。

还有，从一年级直到二年级上学期，我们的晚自习都是用墨水瓶做的小煤油灯照明。两个人，三个人，甚至五六个人围在一起，用一盏灯，自费打油。没钱买油的同学，只好学古人“凿壁偷光”，凑在别的同学的一旁。每天晚上，教室里烟雾弥漫，油气刺鼻，两个鼻孔常常像抹了油墨一样。到二年级下学期，我们才用上了汽灯。三间教室，一盏汽灯，实在也很可怜。坐在教室两端的同学，一上晚自习就嚷嚷：太暗了！看不见！没办法，大家只好向汽灯下挤了又挤！说也奇怪，就这样，直到毕业，我也没有看到一个学生戴上近视眼镜。

吃饭呢，那就更难为一提了。除路途太远家境较好的同学外，市内的同学一天三趟回家，这叫“走读”，实际上，有些同学“跑读”也来不及，只好一天一趟带着干粮上学。农村的同学几乎全是靠背馍维持生活。每周一次，周六回家，周日下午背着馍来到学校。开饭时，拿出干馍，来到街上，花 2 分钱，买碗开水，泡上馍，放点盐，就是一顿“美餐”。2 分没有的同学，只好在寝室干啃！夏天，馍发霉了，长毛了，怎么办？开水一冲，把水倒掉，再一冲，仍是一顿“美餐”。可是，又有谁肯轻易倒掉这2分钱买来的一碗开水呢！当时，虽然没人说过这是“美餐”，但更没人说过这不好吃，没味道。相反，下肚的速度要比现在的鸡鸭鱼肉快得多。我是农村来的，和许多同学一样，对这样的生活深有体会。但不知为什么，我从来没想过也更没听到有谁说过半个“苦”字。二年级下学期，学校在操场的西南角临近河沿处盖了两间小屋，雇了两个工人，设了茶炉。不过，每学期要交3—4毛钱的茶水费。同时，还在前院的东边（当时也叫东院）设了学生伙，每月8元、6元、4.5元三个等级，以满足不同经济状况的学生的需要。即是如此，搭伙吃饭的同学仍然不多，绝大多数同学还是蹲在茶炉前的操场上吃泡馍。今天想来，那三两一起，五七一群，围在一块，吃着，说着，笑着，还真是别有一番滋味呢！

漯河市中的学生住房包括教室，尽管大都是旧房古屋，却也没大问题。但也有让人意想不到的地方。有一年秋天，连绵阴雨过后的一天下午，课余活动时间突然传说南院北屋有两间瓦房倒塌了。我知道，这里原是丙班的教室，后来改用寝室了。我赶到现场时，荡起的尘土还没有完全落定，只见整个屋顶塌在四壁之中。在场的领导、老师急忙让人查找这里所住的学生，核对人数后，大家才松了一口气。万幸，没有一个学生被压在下面！因为当时正是课外活动，又值久雨新晴，学生们都外出散步去了。尽管如此，也有不少同学的心被吓惊了！我就是其中的一个。

事隔不久的一天晚上，11点钟左右，又是下着大雨。同学们都入睡了。这时的我不知为什么，突然跳起来跑到院子里惊叫：“房子塌了！房子塌了！”惊怕了的同学谁还顾得思考，一个个光着身子跑出寝室，蹲在院子里淋雨。清醒过来后才知道，原来是两位女同学有急事要找班长。因为当时我是班长，所以，她们一边大声叫着我的名字，一边拿着油纸做的雨伞站在屋檐下，檐水打在雨伞上，发出“哗……”的响声，就是这种叫喊声、雨打声把我惊骇了，也连累了不少同学。事后很久，我都感到非常内疚，怨自己遇事太不沉着、太不冷静！

还有一次，1953年春天，也就是我们三年级的下期。一个天气晴朗的上午，第三节课的时间，同学们正专注入神地听讲，突然有人“哎呀！哎呀！”教室里一片混乱，爬的爬，滚的滚，挤挤扛扛出了教室。楼上的同学有几个从窗子跳了下来。然而，当这些同学还在惊恐疼痛中的时候，大家明白了。原来教室对面的实验室里，教物理的张永福老师做实验弄洒的酒精不知怎的着火了，浓烟从后窗子冒出来，被这边上课的同学看见了，发出惊讶的声音，引发了一场虚惊。张老师为阻止火势蔓延，在地上滚来滚去……火被压住了，张老师却全身大面积烧伤，送进了医院。受惊的同学除几个擦伤皮肉、扭了脚踝外，其余的有惊无伤。

两次“夜惊”连续发生，对此，学校领导非常重视，专门组织有关人员，对学校房舍进行了全面检修后，通报全体人员，稳定学生思想。并在我们班进行了专题讨论，查找原因，总结教训。从这以后，漯河市中再也没有发生过类似事件。这就是我们特别是我在漯河市中读书的三年中受到的一次深刻的也是特殊的思想教育。

漯河市中让我不能忘记的地方实在很多，但最让我不能忘记的是那里的老师们。他们兢兢业业、全心全意奉献教育的精神一直影响着他们的学生们。

李积福老师是我升入初中后接触的第一位老师。他教我们语文课，每次上课，他总是满腔热忱地边读边讲，读得很有感情，讲得非常清楚。凡是重点词语，他都写在黑板上反复地讲，然后让学生认真记下来；凡是关键的意义深刻的句子，他都要求学生在书上标示出来，然后让学生不厌其烦地读；凡是好的篇段，他都在重点讲解后，限期让学生会读会背，然后主动找时间向他背诵。而对于文章的主题思想、篇章结构、写作方法之类，他却很少涉及。当时不理解，后来我才知道，对于刚从小学升入初中的学生来说，这是因材施教的好方法。

到了二年级，教我们语文的是王振甫老师。当时正值学习苏联的五步教学法和五分考评法。五步教学法要求老师每节课都要有五个环节：即组织教学、复习旧课、讲授新课、巩固新课、布置作业；五分考评法是以 5 分为满分，即优秀，4 分为良好，3 分为及格，2 分为不及格，1 分为差等。王老师非常规范地按照这样的方法进行课堂教学和考评学生成绩时，学生感到很新鲜，因而学习的积极性也很高。王老师讲语文和李老师明显不同，每篇课文，他总是先介绍作者和文章写作背景，接着以语言为基础，讲授课文内容，归纳主题思想，最后讲写作方法。在我的记忆中，是王老师开了现代语文教法的先河。我读高中、大学以及后来我的语文教学，基本上都是运用这样的方法。这是因为随着学生年龄的增长，老师的教学也应该满足学生对语文学习的全面需求罢了。

教代数的王玉贞老师给我的印象很深刻。每一节课，她都是边讲解边板书，讲得清楚利索，写得干净整齐。每一节课，她都要留出相当的时间，让学生首先理解所讲内容，然后完成作业练习。这时候，她在教室里走来走去，或询问学生问题，或帮助学生解疑。下课的铃声响了，学生的作业也基本上做完了。同学们反映，我们的代数容易学，我们的老师教得好！王老师教我们三个学期的代数课，同时，也担任我们三个学期的班主任。三个学期，我从来没见她严厉地批评过哪个学生，也从来没听说哪个学生对她有意见，相反却经常看见她把学生叫出来温和地细声细语地谈话。每周的班会前，她都要把班干部召集起来，通报班会内容，征求干部意见。三个学期的班主任，她一直和同学们相处得亲亲近近、热热乎乎。当时，她才 20 多岁，还没结婚，但在同学们的眼里，她却早已是慈祥的母亲了。

同样，葛文华老师也是我记忆很深的老师。一年级时，他教我们英语。那时候，小学不学英语，一到初中，葛老师第一次上课，他那平易近人的态度，那亲切温和的话语，特别是他给我们朗读课本前言的那种纯熟流利、抑扬顿挫的语调，一下子把同学们学习英语的兴趣激发起来了，很快地形成了比写得规范、比记得牢固、比读得流利的学习英语的热潮。然而，让人惊异的是到了二年级葛老师又教了我们的化学课，三年级又教我们的物理课。而且，样样都教得很好，很受学生欢迎。他教的“七色板”演示课，我至今记忆犹新。那是一节由葛老师主讲的全校老师参加的“观摩教学课”，也是我第一次听说并从中受益的什么是

“观摩教学课”。葛老师一边讲解，一边准备仪器。正当同学们听得聚精会神的时候，只听“呼”的一声响，“七色板”飞快地旋转起来，变成一个纯色的“白盘”。一会儿，“七色板”慢慢停下来，又恢复了原状。过去读小学常识，我知道太阳光是七种颜色，但为什么看起来是白色的呢？从此，我彻底明白了。

这时候，我们的英语课换成了杜友德老师来教。当时，杜老师刚从停办的“三育”中学调来。对“三育”中学，同学们很清楚，它是洋人办的教会学校，特别重视英语，因而，对杜老师非常仰慕。一上课，他那严肃的认真的一丝不苟的教学态度和他对英语词汇、句子讲解的精深度以及教法的灵活性、多样性，语言的准确性、简练性，更让学生敬佩不已！同学们学习英语的积极性更高了。教室寝室，课内课外，球场饭场，几乎到处都可以听到同学们用英语或英汉混说的声音。学习英语已成为同学们的一种乐趣。就这样，直到初中、高中毕业，我的英语基础和学习成绩都是不错的。参加工作后，我常对别人说，我的书架上只有两种书，那就是语文和英语。遗憾的是“文革”中教师下放的时候，连这两种书也没有了，只剩下五集一套的完全的《毛泽东选集》。

让我记忆深刻的还有一位老师，那就是贾向荣老师。当时，他在南院教学校后来招收的简师班（简易师范）的政治课，担任北院初中三年级我们班最后一期的班主任。贾老师给我印象最深的是他的一言一行、一举一动，时时处处好像总是那么规范、那么严谨。学校大型集会，很多时候都是由他出面协助体育老师集合队伍、整理队伍。他中等身材，台上一站，一声口令，几百人的队伍立刻横竖成行、整整齐齐、鸦雀无声。他不是体育教师，但却声音洪亮、动作规范、要求严格、指挥有方，和受过专业训练的体育教师没有两样。就连每次班会他也要开得井然有序。先让班长规规矩矩地站在讲台上，提示班会的主要内容；接着要说，请班主任贾老师讲话；学生讨论或活动过后，还要由班长站出来说，请贾老师作班会总结。这种简单的、规范的、严格的程序和礼仪教育，是在这之前之后至今，我都没有直接接受过的。

还有刘大灿老师。当时，他负责学校青年团的工作和学校对外宣传工作。同时，他还既教数学，又教政治，在同学们中间很有影响，很有威信。他的语言表达能力是得天独厚的。他讲话尤其讲课声音清纯而爽朗，圆韵而响亮，悠婉而激越，总能一下子抓住同学们的心，让你听得清楚、明白、轻松、愉快，用如坐春风来形容丝毫无过。有一次，他带着学校文艺宣传队（当时叫农宣队）下乡演出，开演前，由他先向群众宣讲志愿军在朝鲜抗击美帝的英雄事迹。结果，讲着讲着，群众阵阵鼓掌，高呼不愿看戏，愿听刘老师继续讲下去。这就是刘大灿老师的魅力。

还有教植物的苏子平老师。他一面教书，一面带有“春种小麦”的科研题目。这在当时是非常超前而又难能可贵的。同学们在实验室试验田里经常看到他默默工作的身影。1951 年春天，他指导我们在教室前开起的园地里学习葡萄插种技术，什么时候剪枝，剪什么样的枝，留几节，插多深，他都讲得一清二楚。当年插枝，当年就发生很好的结果。1956 年夏天，我高中毕业有幸重返母校时，那里的葡萄已不是一架、两架，而是整整齐齐高低律、生长旺盛果实累累一连数个的葡萄架了。我触景生情不禁脱口而出：苏老师真了不起！然而，这时的苏老师已经调走了！也不知道他研究的“春种小麦”进行到哪一步了。

还有教音乐的刘广兴老师，还有教美术的吴奉先老师，还有……还有……这些都是曾经教过我让我永志不忘的老师！

三年中，我就是在这样的环境里，在这样的老师的教育下顺利地读完了初中，又顺利地考入了高中。

这三年，是我在启蒙教育后快速进步的三年，是我增加并夯实基础知识的三年，是我积极努力全面成长的三年。所以，我还要再说一句：忘不了，永远忘不了我的第二个母校漯河市立中学！

选自 2006 年 7 月《漯河文史资料》第十四辑

忆参加河南省高中、师范学校毕业会考

阎理之

1936年暑假前，我在河南省立开封师范学校应届毕业。四月间照例到南京、苏州、无锡、上海、杭州等地参观教育20天回校，5月1日参加了学校成立三十周年校庆会，便投入复习功课准备参加毕业会考。大不如旅行江浙、漫游苏杭轻松愉快了。

毕业会考制度，原是当时河南省教育厅长李敬斋首创。他是汝南人，留美学工程，当了教育厅长之后，他力主毕业会考，凡是省立高中、师范毕业学生一律参加会考，由教育厅出题，派员监考，教课教师回避。这一制度已实行两年了。师范考语文、数学、教育，两门不及格者不准毕业，必须进行补习到下届补考，及格后才发给毕业证书，仍不及格者只发给修业证明书。历届都有学生不及格而补考者，也有补考不及格不毕业的。

这个考试制度实行以来，社会舆论有反对者，有赞成者，教育界名流连篇累牍，列为专题，著文议论。上海商务印书馆编印的《教育杂志》出专号讨论。河南一实行毕业会考，其他省份也有实行的。学生们多数是反对的。但是考虑到已经毕业了，闹也无济于事，只好任其摆布。教师给学生编复习提纲，有些教师却满不在乎。学校当局十分注意，怕考得不好了，影响学校声誉。我校上届考得不好，很多同学不及格，没毕业。校长田恩霈在开学典礼上说："我们学校去年毕业会考成绩不好，许多同学不准毕业，但是我们在校二年级学生马兴汉参加全国高等考试取得了第一名，朱法宽也考取了，魏宪宗也考上了河南普通考试，这是可以自慰的。"校长谈起来仍沾沾自喜。

不论如何，毕业会考，苦了学生，昼夜不息，死记硬背，熄灯号吹了很久，教室里还有很多人仍在复习。早上天不明，起床号不响，寝室里、院子里、教室里，早已起来很多同学复习功课。有的干脆睡在教室里，翻起身，就是数学公式，问题答案，喃喃地背起来，不住地埋怨着：“这种会考太毁人了。”对李敬斋骂声不绝。

到考试那一天，我校应届毕业生的考场在光豫中学讲楼上。监考委员是豫剧专家、教育厅社会教育科长樊粹庭。数学试题一发下，大家一看，有一道题没数字，题目是：“一人将死，其妻已怀孕嘱其妻遗产分配如下：生一男，子倍于妻，生一女，妻倍于女；结果生一男一女，试问律师如何按遗嘱分配其遗产？”大多数同学难住了，不住地跺地板，还发出嘘嘘声。没有算此题的很多，即如算了也是胡乱解答。后来听说数学题是扶沟县人留德数学博士马纯德出的，这位博士可没少挨骂。很多同学叫喊着：“难毕业呀！”

考罢，暑假后，我回本县，被聘为城厢小学教员。一天，在城内鼓楼前贴一通告，“河南省立开封师范学校应届毕业学生阎燮昌（我的学名）会考及格准予毕业。”内心里不住庆幸，自己暗想，许是放宽了尺度吧？到次年暑假又回开封母校高高兴兴地领出了毕业证书。

选自 1993 年 6 月《漯河文史资料》第五辑

难忘郾中、漯高五年梦

韩儒斌[①]

序

梦是美好的象征、希望的寄托、未来的追求。当某夙愿达成、理想实现时，谓之梦圆。

近有50年前在郾中时的高年级校友闫书华来会，说是从周校长家来，校长问及我漯高的毕业证书。一语贯耳，如石激浪起，使我兴奋不已，热流激荡。随从书柜中取出我精心保存仍完好无损的河南省漯河高级中学于1954年7月颁发的漯字第五号（首届）毕业证书。一席欣然快叙，送走老校友之后，连日浮想联翩，心潮澎湃，激起我深情的回忆。

我1949年秋入读河南省立郾城中学初中二年级。1953年9月郾中一分为二，高中部迁漯河成立河南省漯河高级中学。1954年7月作为漯河高中首届毕业生，依依惜别了实为一身的郾中、漯高——我亲爱的母校。

这五年，在我已经走过的人生之路上，只不过十几分之一的一段。但她在我心目中却占据着相当的位置。梦一般的环境，梦一般的学习，梦一般的生活，是我一生中最美丽的一个梦。她既圆了我儿时进城求学的梦，又为我描绘了未来希望之梦，使我在漫漫人生之路上始终不渝地

① 韩儒斌，河南郾城县人，生于1934年元月。1949年9月就读于河南省立郾中，至1953年7月高中部迁漯河成立漯河高中。1954年7月毕业参军。1976年转业，任漯河市第一人民医院党总支第二书记，院长，1983年任市计生委副主任，1986年任源汇区计生委主任。

前进追求，以圆我人生之梦。

一、进城上学——入省中儿时梦圆

我于1934年出生于郾城县新店乡一个普通农民家庭。小时候，父母就常为我长大后的作为牵肠挂肚。当勤杂、做生意、学中医……但这一切的一切都只是愿望而已 。

1941年7岁时，在本村读了几个月儒书，之后到邻村新开办的学校上一年级。时逢水、旱、蝗灾，又遭日寇侵袭，几无读书之日。1944年秋走读离家8里远的新店中心小学三年级，从此对读书始有追求，到了五年级求知欲烈。为了达到进城上学的目的，在1947年读完五年级就到郾城试考县中，旨在经经场面，为来年考试做个铺垫。此行感受匪浅，耳闻颇多。如说农村孩子上县中比上天还难，每年考试，县中校长、老师收到的信件成箱成篓的不开封都烧掉了，真正有钱有势、有面子的才打开看看，考不考，考好考不好都照样可以入学。此话却有应验，和我同班的一位同学，当年果然考上了县中。当然，我这位同学学习成绩确实称佳，我和她还有赵旭茵（女）三人在三至五年级三个学年中的大、小考试包揽了前三名，只是顺序不全排定。尽管这样，一个读完五年级的学生考上县中只靠成绩是不可能的，是她的家庭，她的父亲的“分数”太高太高了。说来也很有趣，后来我入郾中初二后我们又坐在一个教室、一张课桌，同学同读了。

作为一个农村孩子，进城上学多半只是个梦想。梦是未来的追求。从六年级我加倍苦读，以备来年考场见功。末期开学不到两个月，新店镇解放了，是时1947年10月下旬。

次年春，学校尚未复学，就在邻村临时办起的儒学班读子曰：“学而时习之。”当年秋，经人引荐，自费（160斤小麦）入漯河私立大华学校，就读初一。因时值夏秋交替，肠胃病多发季节，加上营养不良，卫生条件差，在校一个月病了两个星期。本学期就此告终。

1949年春，在春庄粮库帮助工作。麦收后，被村长选送到区参加夏征工作。夏征结束，被新店镇镇长许丙镇（是我所在夏征工作组组长）邀到镇公所工作。其间求知欲再起。在力辞公务之后，便独自一人再进漯河私立大华学校报了名。在返回途中，偶遇一小学高年级同学薛来欣，他告知原在汉口的中原临时中学迁回郾城，现为省立郾中。但已开学近月，恐难以进。

这个意外的信息，令我心急腿快，不顾小雨路滑，快步流星似的回到了家，又摸黑冒雨去见正在邻村检查工作的李晓征区长。因我在粮库时区长就有意要我到区里工作，夏征期间又多有接触，对我印象特好。当我向他说明来意后，随即写了一封介绍我入学的信。我如获至宝，一夜几乎没有合眼，次日一大早就冒雨奔向郾城。

进城之后，处处感到既陌生又新奇，就像现在的孩子进了北京城一样。边走边问，当我一眼看到，那座古殿堂式的高台过厅右侧门柱上，挂着端庄醒目的河南省立郾城中学的校牌时，我却止步不前，似精又傻地站在那里，仔细端详着这从未见过的场面。古殿堂式的大过厅，前后出厦，前门台下又是一个高约一米、大灰砖铺地的露天平台。大门又宽又大，门槛就有一尺来高。一对不大不小的石狮分别左右坐落在门前的大平台上，威武雄壮。红油漆大门，门柱及板壁，虽已显褪色，且有脱落的斑点，并未失其富丽庄严的本分。过厅内右侧是一间宽大的耳房做传达室。迎门大殿的门台比门厅又高约一米，大殿正面是板壁，雕梁红柱，镂花窗棂，房顶上五脊六兽，给人以神圣气派之感。从右侧门柱上小而醒目的标志牌看出学校教导处就在这里。教导处之后有一小院，上房算是一个后殿堂做实验室。东西两侧厢房是两个教室。除这几座古香古色的房屋之外，东、西及后院很大，全是一排排不新不旧的现代青砖瓦房。这原是县城有名的许慎祠堂，后改扩建为郾城县完全小学。这一眼之见，对于我这个小巫见大巫的农村孩子来说却是大开眼界，似有已入梦境之感。

趁中午放学时间，找到了一位原在新店小学的高年级同学权连曾，把入学吃住等事全托于他。他拿着我带来的介绍信与学校联系之后，学校意见是开学已久，不能破例接收。此时的我虽觉心灰意却未冷。心想既已进其门，就要就其学。

虽又一夜未眠，但却心生一计，我带着区长的信奔赴漯河求助于郾城县教育局。教育局十分热情，意欲介绍我去设在叶县的军政干校学习。但我仍想就读郾中学习文化知识。教育局成全了我的心愿，在信中特意写明，该生因参加夏征误了考期，请特许接收。当我再返学校站在教导处张耳副主任面前，听到他让我写一篇自传交给他时，我的心是兴奋是激动还是别的什么很难分辨，但有一点我非常清楚，那就是我拿到“准考证”取得考试资格了。深深一个鞠躬礼，转身急去找到我那位同乡同学，借来文房四宝写好自传，随即呈送张主任。真是一顺百顺，王九如主任正好同在，他们先后看过“考卷”，并相互点头示意。当张主任问我什么时间来时，我顿感情不自禁，眼泪夺眶而出。我未加思索，但回答得真真切切：“老师叫我啥时间来我就啥时间来。”

50年前极为简单的一问一答，犹在此时此刻，刻骨铭心。这是我闯过的第一个人生关口。我梦寐以求多年的理想终成现实，儿时的梦值此方圆。并由此让我走进了更美丽的梦境。

二、教书育人——德智体全面发展

教书育人是周校长的平生夙愿。教书旨在育人，育人旨在把学生培养造就成效惠于国家，造益于社会，服务于人民，也完善其自身的人。治学有方，主在校长之有道；教书有成，贵在教师之精良。这是周校长治学几十年，业绩卓著的关键所在。

这在我郾中、漯高的岁月里，深有其感。那时的周校长，正是风华正茂之年。他身材魁梧，一身得体的暗灰色中山服，笔笔挺挺，朴素端庄。光头式的短发与他偏圆略胖、稍黑而红润的面容十分协调，独具风格。他言语不多，少有笑容，看似严肃，实平易近人。师生亲疏，凡接触者无不觉和蔼可亲，总给人一种成竹在胸，充实自信，含而不露，操行务实的印象。欲善其事，必善其身是校长的深层内涵。他为人师表，身体力行，不论课堂上下，校园内外，师生之间，有关教学的一切活动，他无不到之界，与校、与生、与教职员工同作息，同戏乐，同甘苦。身为校长，他还亲自执教，有时还要做因病事假缺课老师的替补。他平时讲话的场合不多，也不善演讲技艺，但他在不多的场面上的讲话使听者非常受用。他在讲话中少有喜形于色，更难见气怒动容，总是“C 调，4/4 拍”，不高不低，不紧不慢，但很随和，且词语严谨，多一个字少一个字细心者都能听得出来。

一支精良的教师队伍铸造了母校的辉煌。从初中到高中的老师，都是有高等院校学历，热爱教育，有一定教学经验，有较强敬业精神，德才兼备的教师，给一批批走出学校的学子们无不留下深刻印象。

我入初二第一任班主任老师罗景堂，个矮但体型匀称，白净脸偏胖，一副高度近视镜倒把他那浓眉大眼衬托得更加炯炯有神。他讲课、说话声如洪钟，精神饱满，饶有风趣，历史课讲得有声有色。课余之时，他的屋内总有学生进进出出，少有宁静。初三第二任班主任老师徐祝峰，个矮而瘦，标准的黄种人肤色。他那一架近视镜，并不像罗老师那样给自己增添光彩。他的整体形象让人感到似乎比他的实际年龄大了几岁。他似乎唇薄舌细讲起话来清晰流畅，但声音不大。他讲物理课的特点是重做实验，巧做模型，善用形象的动作演示证明他所讲理论的科学与真实。马庆登老师是高一到毕业，郾中到漯高第三任三年三连贯的班主任。他与罗、徐老师相比，高矮适度、体型标准，肤色白净、浓眉大眼，一口南阳邓县人的方言口音。他讲历史课，典故、故事特多，穿插得当，以润色渲染主题内容，把历史人物讲得活灵活现。他巧用比喻可以让你入耳不忘。如他讲到马克思诞生于 1818 年 5 月 5 日时，幽默地说：“这个日期好记，由于马克思一出世就对资本主义左一耳巴右一耳巴地打了起来，打得资本主义呜呜地哭了起来（181855）。”马老师思想敏锐，进取求强，或社会时政潮流，或教学改革，他都一马当先。他对班级要求严格，管理有方，善于摸清和解决学生的思想问题，循循善诱，在师生中较有威信。他是老师中在本校入党的第一位共产党员。高中三年的语文老师郑临给我们留下的印象是，为了讲好一堂课不知道要看多少书，博采广集、引经据典，充分体现了他施之一瓢，备之一缸的教学思想。高中物理、几何老师任定青，瘦高个，年龄不详，但看起来，在老师群里似年高者。上蔡人口语本来轻巧，而任老师声之低细，难以言表。他讲课像校长讲话一样，词语严谨，就像他在搞设计图，毫厘不差。在他的课堂上掉根针都能听见，因稍有动作或稍一走神就听不清连不上。他善工程设计。据说郾中新建的教学大楼就是他亲手设计，宏伟、壮观、实用，在当时郾城以内乃至漯河市绝无仅有，同学们对他十分敬重。还有被喻为活词典的化学老师王九功，人称活地图的地理老师王钟麟，等等。

教书是学校的首要任务，是育人的根基所在。舍此就什么也没有了，但仅此又什么都不完善。就像一块天然原形宝石，非物非器，大失身价。故德、智、体、美、劳全面发展，有机结合，才是教书育人的全部。这又是母校一个闪光的亮点。德育形式多种多样、硕果累累。首先，最令人感动的是五年在极为困难的严重春荒季节，学校在进行思想教育的基础上，号召全校师生振奋精神、生产自救、互助互济、克服困难、战胜春荒，不让一个同学因春荒而休学、失学。各班师生积极行动，有的班自己推磨，麦子带麸吃，豆子、玉米拉成糁吃，粮尽其食。有的利用课余时间，挖野菜、采树叶。粮之不足，以瓜菜补充。家庭富有者，就设法从家里多弄些钱粮做奉献，一般家庭的量力而行，粒粮分文不显少。对确有困难者粒粮分文不收，照样与大家同吃同喝。就这样，全校师生在严重春荒面前，信心百倍，团结一致，非但没有影响学习，而且没有一个人因春荒而休、失学。这在新中国成立初建校的情况下，敢想能做实难能可贵，堪称奇迹。校二届学生会主席、高二学生毛磊大义灭亲，揭发父亲的反革命罪行并宣布与其脱离父子关系的典型事例，在当时全校师生的思想改造运动中产生了一定的影响。他是全校进步学生的典型之一，也是本校学生中第一个加入共产党的党员。在抗美援朝运动中，校首届学生会主席高二学生刘风伦、高一学生吴文晋和我们班（初三）刘世杰等几十名同学先后四批光荣参加解放军和抗美援朝志愿军。

整个学校井然有序，朝气蓬勃。上课时间，校院空无一人，各个教室，或讲或歌，或写或画，各行其教。下课时间，特别是下午放学前一个半小时的课外活动时间，打球、唱歌、跳舞、排演节目，各种科研、科普小组以及众多的“自由兵”各有所选以兴致而动，热闹非凡。入其景似进了闹市区里的青少年文化宫。校园的气氛与墙壁上红体白边醒目的“团结紧张、严肃活泼”8个大字，融融一体，满目生辉。我们班是初中部的模范班，尤以音乐称美，在全校音乐大赛中来了个大满贯，包揽了合唱、独唱、自由唱3个冠军，绣有团结紧张、严肃活泼字样的锦旗给我们的教室添了几分光彩。高中期间，我们班又以篮球称胜。球队阵容整齐，主力队员两高两低，有明显的空中优势，又有两个灵活机动的前锋。中锋队长关铭典，不高不低，是我班文体委员，头脑灵活，组织得力，故能常胜，个人技术高于我们的主要对手——乙班球队。主力前锋春银典，在一次全校运动会上，一天半内先后参加400米接力、拔河和篮球比赛，他在球场上实感力不付支时，无可奈何地退下了场。但当他看到对手反超我们几分之后，他咬着牙，一瘸一拐地又上了场，终于使他参赛的三个项目都得了冠军。更可贵的是我们教室内又多了一面“捷足先登”篮球冠军的锦旗。

在建校初，学校经济条件十分困难的情况下，就多方筹集了一个初具规模的图书馆，为师生借阅图书提供了方便。图书馆初建时就设在校门西侧的几间平房内，最头上一间是阅览室，用长木板搭起来的一排排桌凳上常常座无虚席。我初读文学作品，如《钢铁是怎样炼成的》《卓娅》《静静的顿河》《太阳照在桑干河上》《吴运铎》《刘胡兰》等就是从这里开始的。

三、良师长友——师生情亲密无间

公、诚、爱、严，概全了周校长早在信师十年治校期间亲自倡导的校风、校训及信师精神。其中的爱，就是师生间要相亲相爱，互信互励；就是学校家庭化，尊师爱生、融融泄泄、温暖洋溢。

正是周校长倡导的这个爱字，又营造了郾中、漯高这个融知识殿堂、文化乐园、温馨家庭为一体美丽的梦的世界。在这个世界里，尊师爱生、教学相长，师生间互信互励、亲密无间。老师对学生来说，既是良师，又是长友。全校老师包括校长在内除在课堂同教同学以外，每天从早操，升、降旗各项活动都无例外地和学生一起同操同作。班主任老师在熄灯后，还要到寝室察看学生就寝情况，还不时动手为睡觉不“安生”的学生拾衣盖被。老师对学生父母般的关怀，使学校成了学生的第二家庭。

对一次去西平县老王坡水库拉练式的远足春游印象至深。班主任徐祝峰老师和蔡子桢老师带领学生背起行装和伙食干粮，全程与同学同操同行同吃同住。有趣的是离开学校走了大半天的路，日已过午，还不见水库的影子。当问到一位当地人时，他笑着回答说：“你们早已跳到水库里了。”说得大家哄然大笑。原来老王坡水库应该说是滞洪区。在区内的所有村庄都围绕村子打道土围堤，当汛情急需要滞洪时，水进区而不能进村。当我们走进村子里，果然一圈小城墙似的土围堤。当晚就在村子里吃住，睡在一个大空房子内，麦秸铺地，两位老师身贴身地睡在学生中间，说说笑笑，无拘无束。如同孩子和父母睡在一个床上一样。

我初面校长，还是在已入本校门，尚未成本校人的那几天。在我进到学校的第四天，一大早就到校南 200 米远王九如主任的住处找王主任询问我入学的事。说我从家带来的干粮和钱，都吃光花完了。他让我早饭后去找校长。当我去见校长之前，心中却有几分胆怯。但没想到见到他时，却没感到丝毫拘谨。这第一面就给我留下了师长如父般极好的印象。

张耳副主任，是上级派到学校的党员领导干部，负责学校的党务和政治思想工作。平时升降旗等全校性的集会，大都是他出面讲话。学生都把他看作自己的知音、长友，述说自己的心事。我有两件事情就是请他给拿的主意。一是我区的区委书记到县委工作后，想要我去县委做文印工作；一是武汉中南通信兵学校招生，我班有几位同学前去。当我主意不定时，都是他帮助我决定去留。他的意思是我更适合做群众工作，继续读书为好。王景汉老师是上级派到学校做青少年工作的三位党员干部之一，他主抓青年团和少先队的工作。宝丰人，自幼丧父。家只有母亲一人，贫苦出身，是当地的一名老模范。也许王老师从小受家庭环境影响，他不像惠、殷老师那样装束整齐，一身灰土布制服，束腰带，打绑腿，俨然军人风度；而是随随便便，嘻嘻哈哈，常给大家一起说说笑笑。同学们称他是学生头老大。他兼任团总支书记，我是副书记，我们接触的时间比一般同学就更多，也就有着更深一层的真挚的友情。因我实际上是 1947 年上完五年级，1949 年入郾中上了初二，中间跳了两级。上初二后，英语、历史、地理接不上茬，颇感吃力，特别是英语难度更大。我记得第一次考英语，当老师在黑板上写考题时，我的心跳得特别厉害，有点不知所措。但当老师走到我跟前，轻声细语地说："你写单词，能写多少写多少。"此一语使我的心一下子平静下来，像是一股暖流在身。老师不嫌不烦，还主动关照。

似此几十位与学生亲密无间的良师长友，给学生营造了一个宽松的学习环境，激发了学生的学习热情。

那时，农村来的同学，绝大多数都是星期六下午回家背烙馍和小米，星期日返校。吃开水泡烙馍，小米请茶馆加工成小米汤或小米饭。有一次，我到星期日上午 10 点多把作业全部做完方启程回家，一口气走了 40 多华里，进家时家里人正吃午饭。我端起饭碗吃饭。祖母、母亲就放下饭碗赶紧烙馍。烙好馍，我马不停蹄地就上了返校的路。一路上未敢歇脚，还是打个大黄昏。当我走到离城还有三四里路的沙河坡里时，漆黑的夜幕盖顶。平时就十分胆小的我，少有动静就惊吓得毛骨悚然。到校后就直接到教室参加已经开始了的晚自习。后来为少吃点发霉的干馍，多吃点热饭，就在校外附近找了一间没住人的破房子，家里给我送柴米油盐，自己做饭吃。有一次东西吃完了，祖父、父亲又不在家，我只好自己回去取。还不到 17 岁的我，竟从家挑来五六十斤重的东西。现在想起来，都很难说力从何来。因营养不良，卫生条件差，又睡在垫着沙子的潮湿的地铺上，我染上了疥疮，久治不愈，臀部更甚，已不能坐下来听课，很长一段时间都是把座位调到边上站着听课。腿上的疥疮疤痕至今可见。

人有了精神就有了力量。苦不觉苦，苦中有乐。当我的学习越来越好，当我初中毕业因成绩优秀可在地区以内任选高中（包括同等职业学校）免考入读时，当我高中毕业考试全部满分时，我更加深刻地尝到了学习的甜头，看到了师长的辉煌，悟到了学校家庭化，尊师爱生，温暖洋溢的校园给教学带来的勃勃生机。我们首届毕业生近百名，除 13 名参军外，90% 以上的考取了高等院校。几个未被考取的同学也都分配了工作。

四、开门教学——重素质内读外练

当我国学校教育正从应试教育向素质教育进行改革的今天，回首当年母校重素质教育的辉煌，不能不说是生机盎然，梦一般美丽的母校又一道瞩目璀璨的光环；不能不说是周校长治校之道绽放的又一朵鲜艳之花；不能不说是他早在信师十年就着力坚持推行素质教育的再写。

在信师校风校训中把“尚诚朴、耐劳苦、勤学问、习服务、重团体、养正气”放到显要位置。把知与行、读与练有机结合、融为一体、学以致用，把学子培养成真正有干才有实力的人。

实行学生自治，是课堂教学以外各项实践活动中人人参与效果称佳的项目之一。

全校以班为基础的自治活动开展得生动活泼、别开生面。班委会的产生通常是在上届班委会的主持下，由学生提出新班委会组成人员的候选人名单，经大家酝酿讨论再以投票或举手方式选举，得票多者当选。班委会由 5 人组成，班委会正副主席（或班长）在班主任指导下全面负责全班学习、生活等各项活动；副班长协助班长工作；学习委员负责组织课代表共同维持课堂及早晚自习的学习纪律、收缴作业等；生活委员负责全班同学的起居作息秩序、伙食、卫生等方面的事；文体委员负责文体活动和有关竞赛的组织实施。

校学生会，由学生会正副主席、正副学习委员、生活委员、文体委员组成。学生会组成人员由全校学生民主选举。选举活动通常由上届学生会负责组织实施。先由各班提出候选人，可以是本班学生也可是外班学生。对提出的名单再上下往返筛选，最后敲定并公布正式候选人名单。接着就是热火朝天地竞选活动。每位候选人都有为其竞选的组织活动。一般是由候选人本班同学为其竞选，在学生中有威信有影响竞选实力大的候选人，也有跨班级组成的竞选小组为其大喊大叫广扬其优。其方法是画张浪漫式的半身肖像、标上姓名，贴在木板上，再以文字述其生平简历、品学佳绩、特长优点、适任何职等。有固定放在学生会选举中心地点的，也有肩抬手举、敲锣打鼓浩游各班巡回宣传的，也有互串，派出“记者”采访的。校园墙壁上贴满了五颜六色的竞选标语，一派欢庆节日的景象。还有的把竞选标语别在学生背后的衣服上，上写：请投某某一票，他就是某某，请投他一票，等等。特别是这些别出心裁的浪漫活动出现在哪里，哪里就是一片欢乐的笑声。竞选活动的高峰是在全校学生会上，先由竞选代表发表竞选词，再由候选人直面选举人作简短竞选演说。之后选举监票人、唱票人、计票人，再以班为单位分别投票选举。得票多者当选。

事实证明，这样的活动不仅提高了学生的自治能力、民主意识，也大大增强了学生的纪律性。那时的学生受家庭出身、社会环境等因素的影响较大，相互间的差异明显，情况复杂。在学校生活困难、条件较差的情况下，全校高、初中十几个班几百名学生像是生活在一个温暖的家庭里一样，亲如兄弟姐妹，融融泄泄几无争闹事端。勤学苦读，秩序井然，学绩优良，连课程考试老师多不在场监考。在我的印象里，没有出现过考试作弊现象。这就时下而论，也着实难能可贵。

形式多样、内容各异、丰富多彩的宣传活动，让学生走出校园到大天大地里去感悟，去尝试，去施展，去飞翔，从服务社会、服务群众的实践中锻炼自身，完善自我，把课堂与社会，讲台与舞台融为一体，互补其缺，相得益彰。按周校长的说法，就是“勤学问、养正气、耐劳苦、习服务”。

校宣传队在惠柏峰、王景汉、秦体仁老师领导下由毛磊、赵香亭等学生积极分子为骨干共同精心打造的三架栋梁——即秧歌队、腰鼓队和以舞台剧为主的演出队搭起了一个大舞台。一台台服务社会，促进时政，贴近群众，兼备思想性、观赏性，为群众喜闻乐见的文艺演出，使郾中宣传队誉满全城声扬方圆几十里，所到之处无不受到群众的接来送往，笑迎惜别！

秧歌队、腰鼓队是两支轻骑先锋队，呼之即出、出之能演、演之有成。不论城乡、不分场合，无不是她们鸣锣开道，又都是她们压轴谢幕。

校宣传队中最令人瞩目的是秧歌队。领头者又是指挥者，一是毛磊，一是赵香亭。赵是学生中最活跃的人，学生会文体委员又是全校少先队负责人，后调团县委任县少先部部长。能唱善跳，声音洪亮，是一个天生的宣传鼓动家。指挥唱歌，带领啦啦队少他失色。秧歌表演中他手持斧头高高举起与毛磊手中的镰刀相呼应，带领近百人的大型秧歌队，有时全校师生也随其后，气势如虹。队员全部化装，大部分队员是头系白毛巾，身穿白上衣，下着黑色裤，腰系红绸带。一部分队员则以各种不同身份人的形象打扮得五颜六色，各有风姿，让人眼见即乐。在声声锣鼓的轰动下，随着镰刀、斧头的指挥动作而变换队形。或双龙游海、或二龙合体、或左右交叉、或首尾相顾、或双龙大合圆、或分体环套环，变幻莫测，目不暇接。其气势之宏，形式之新，观者之众，影响之大，效果之佳，前所未有，时无相比。

其他宣传活动形式诸如：话剧、歌剧、活报剧和一些小型文艺节目，街头演讲、墙报，等等。我在1951年元旦节写给志愿军的一封慰问信就选登在街头宣传的校刊上。我自己创意制作并亲自表演的“拉洋片”宣传节目，也收到了良好的宣传效果。那时尚无电视、少有电影。农村几乎不知什么是电影，文化生活贫乏，在集市或庙会上有一种叫看“洋片”的娱乐消费。表演者用一长方形夹板式的框架，内装一排排可以推拉的彩色画片，框架正面偏下有5—10个装有放大镜的观望孔。供一个个看“洋片”者观看。表演者手推一张画片并根据画面内容编成的唱词，边推边唱，特受小观众欢迎，我小时候就曾多次观赏，也时有成年人饱眼福者。我受“洋片”的启发，用自制有立柱的木框架以硬纸箱板封闭四周，上下通透。请班上善画的同学根据宣传内容作画，我再以画面配词其上。每张画片上下有牵线可随意升降，拉上来一张，我就看着唱词，唱起来，也常常引来不少观众，效果佳。我曾在县政府（老县衙）礼堂参加一次县宣传工作总结表彰会，被评为宣传积极分子受到表扬。

在初三、高一期间，曾两次参加寒暑假下乡宣传队的宣传活动。每次历时一个月左右。到哪个村去宣传，由哪个村派车来接，主要是拉演出的道具行装等大件物品。宣传队师生一般都是背着背包，像部队行军一样随车步行。到村后吃饭统一安排，晚上一般在学校教室或村里空闲房内住，冬天是麦秸地铺，夏天就比较随便。晚上利用舞台演出多幕话剧、歌剧，如反映农民翻身解放，清算恶霸地主剥削残害农民血泪账的《赤叶河》《白毛女》；反映土改后，农民互助生产的《互助》；反映革命战士成长过程的《在战斗里成长》等。自己在后两个剧目中分别扮演一位班长和一位名叫钱伍的农民。白天的活动分散成三三两两登门入户访问性的宣传，或参加村里或农户家中的一些生产劳动，或进行一些小型文艺节目和科普知识的宣传。如自己把在物理、化学课堂上从老师那里学来的知识，以小魔术般的手法表演，也收到了满意的效果。如“水上漂针”，请观众提供一个碗，倒上水，把针放在纸片上，再将纸片放在水面上，再用小细棒轻轻地将浸湿的纸片点沉，针即在水的表面张力作用下漂在水面。再如“一刀两断”，表演时将两只同祥大小的碗倒满水，间距正好能托住一根筷子。然后手持一把菜刀，在几句旁白的烘托下手疾眼快一刀下去，筷子在惯性和冲力作用下，断成两截。而两满碗水平静如初，纹丝不动。三是“空瓶生烟”。用两个同样形状和大小的空玻璃试瓶，事前分别放入少许氢氧化氨和盐酸。表演时把两个试瓶，上下对口放置，并煞有介事地用布蒙起来。几句旁白渲染其妙之后，把蒙布掀开，瓶中果然充满了白色烟雾（氯化氨），两个瓶分开后烟雾四溢，靠近的观众还能嗅出一点味道来。四是“神仙壶”。事前将几种微量不同元素的化学试剂分别放在几个空杯内，再将清水倒入一个小水壶，表演时边讲边向杯内倒水，随即出现几杯不同颜色的水。这在当时农村文化十分落后的情况下，颇感新奇。就这样既向农民宣传了科学知识，又给农民带来几分文化乐趣。此外我还搜集了一些包括亲身服用过确有奇效的偏方验法，如治疥疮、偏头疼等验方，为群众排忧解难。

通过这些活动的开展，对学生素质的提高，自身运作能力的增强，自在潜移默化之中难以言表，但也有星星花絮似能表明些许。我班同学赵伯龄，在《白毛女》《赤叶河》剧目中都演反面人物。在一次演出中观众竟把他当成了真实人物，愤然上台去打他。足见他和同台演员表演的生动逼真。一次在校园南广场（老黉学广场）演《一贯害人道》一剧，当信徒给神烧纸磕头时，不慎将纸糊的“神屋”烧着了。在一旁主持礼拜的演员寇成林随机应变，大吵大嚷信徒心不诚，惹神灵动怒了，提示其赶快磕头求饶，就这样把演出的疏漏遮掩得天衣无缝，未使剧情受到丝毫影响。

五、美丽的梦——是往事又在眼前

难忘母校五年梦，是在那个梦一般的世界里，汲取了丰富的营养知识，感悟了精彩的人生文化，找到了人生之路的导标。又孕育萌生了未来的梦想，开始了对未来的追求。我曾想探讨物理的奥妙、为祖国冶炼更多更好的钢铁、做一个光荣的人民教师……这些心灵深层的萌芽，终成为我高考的志愿：武汉大学；东北冶金学院；北京师范大学。但没想到，却在高考之前，1954 年 7 月 12 日，和本班同学春银典、乙班同学曹刚川等 13 人，怀着十分兴奋、依恋的深情，惜别母校，敬辞恩师，登上了光荣的军旅征程。

从母校走向社会，就像小孩子学会走路一样，是一次象征性的大转折。为走好人生之路，我时刻牢记全心全意为人民服务的根本宗旨，遵循报效祖国、造益社会、服务群众，也完善自身的做人的基本准则。顺利时一往无前，困难时百折不挠，逆境时矢志不移。

当我们走进南京中国人民解放军第二炮兵技术学校，住进用铁皮搭成的一排临时小房，编入仅有40人组成的兵工检验训练班，开始新兵连式的训练，并得知很快就到部队工作时，方知这与来前所讲海、空军学院等高等军事院校上学，吃二类灶，月津多少多少的情况大不一样。即使两个月后因情况变化，又把我们转入中国人民解放军通县军械技术学校学习，这也不过是生源为初中毕业的两年制的中专学校。然而，我和同去的13位同学却没有产生丝毫影响和非议。当我们想起母校高年级学友一批批踏上抗美援朝前线的火热情景时，感到最珍贵的是总算穿上了众人瞩目的绿色军装。

思想的稳定，使我顺利地完成了两年的学习任务。先后受到连、营、校奖励。光荣地加入了中国共产党。毕业时我被授予中尉军衔。

之后至1969年元月，先后在南京、宣化、西安等军事院校炮兵第八〇二团等部工作，先后被评为“五好”教员、“五好”营长，多次受奖，出席了基地“四好”“五好”双先代表会。

1969年初，正当我一如既往、信心十足地致力于工作时，却遭遇了一次决定我后半生的“政治玩笑”。

在整党中，以所谓攻击毛泽东思想等莫须有的罪名，让我住了125天的“学习班”，又到部队农场劳动工作半年，之后派往贵州支左4年。于1974年元月返回部队，至1976年5月解甲归漯。

即使这七年当中，我也从无一日慢怠过一个共产党员、革命军人的光荣职责。先后被评为特区、地区，贵州省、昆明军区和部队的积极分子，并出席了特、地、省（军）级积极分子代表会，转业之前还受到基地司令部的书面嘉奖。

至于那个“政治玩笑”强加于我的罪名和党、政纪处分，我7年16次的逐级申诉，终于1975年9月4日以均不属实得以洗刷。曾留言为鉴：晴空霹雳天降祸，负屈饮棰遭重诼（1970年8月复查一次，减轻处分），石沉几何今方露，七度春秋十六合。

1976年5月走出军旅，回到了养我成人的乡水故土的怀抱，回到了教我做人的母校的身边。

我把转业视同战士转换岗哨，站在哪个哨位都要严以履行职责，站好每一班岗。

回漯25年来，先后在卫生、计生战线两处工作。抱定转业不转向、退伍不退色、改行不改志的思想，不遗余力地工作。在原市第一人民医院工作7年，使医院的整体面貌发生了显著的改观。1991年许昌地区对县以上医院检查，其名次比以往检查前移了10位。1983年4月走上计生战线。市区的计生工作始终保持健康、稳定的发展，连年完成人口计划，工作越做越好。在省历年年终考评中，名列全省同类城区榜首（或并列第一），并先后被授予“省及全国城市计生先进集体”称号。同时也授予我“省计生劳模、全国城市优秀计生工作者”的殊荣。

自入读母校至今，时空已跨越半个世纪。再加童少之年，已近67个年头了。这漫漫人生之路，似在弹指瞬间。足迹6个历程，回首在目：

（一）童年之苦——水、旱、蝗、寇（日寇、蒋匪）童年苦，朦胧懵懂何去从！

（二）少年之歌——改天换地（解放）少年歌，唱着进城入省中。

（三）中学之梦——最是母校美丽梦，学会“走路”上征程。

（四）军旅之志——二十二年志从戎，且无寸愧赴新征。

（五）医院之花——始足新征更敬业，壮心致志催花红。

（六）国策之路——基本国策为己任，花甲阳晚夕照明。

在这漫漫人生中，内容不一，景色各异的梦，合成了我平生之梦。

这是一个普普通通、平平淡淡的梦。

她不像疾风奔驰的骏马引人注目，也不像凌空绽放的礼花光彩夺目，而像是一头着力争套的耕牛，套不松、脚不停，一步一个脚印地前进；又像是一支默默燃烧的蜡烛，为营造温馨与爱的一片空间，无声无息地奉献自己的全部。在这个梦里没有轰轰烈烈的动人场面，也没有显赫出众的丰功伟绩，所见只不过是一位普普通通的共产党员、一个人民公仆，几十年如一日，做着他应该做、能够做的一切，并赢得了所到之处、所在之域上下左右的信赖与尊重。

无欲无求、无怨无悔，愧无大作，小禄可慰。

美丽的梦，是往事又在眼前！

2000 年 12 月 1 日

选自 2002 年 1 月《漯河文史资料》第十辑

我所经历过的中原临中省立郾中和漯河高中

杨士行[①]

去中原临中

1948 年，汉口，父亲被周祖训校长聘为英文教员，先去了羊楼洞，母亲随后去了柏墩，任初中部数学教员兼女生部主任。两地相距 100 多里。当时我才 9 岁，只好跟随母亲身边。兵荒马乱年月，我的父母能找到一份相对安定的工作，尽管在湖北的山沟里，也就不错了。后来听大人说，周校长是个学识渊博的大人物，也是河南人，他办的中原临时中学专门招收因战乱而失学的河南学生。

在我的记忆里，柏墩四面环山，满山遍野桂花，几十里外就能闻得花香，除了茶园，还有好大的竹林。我这个北方孩子没有见过那么粗的竹子。山上淌下来的小溪，清澈见底，无数螃蟹幽居其中。另外，还有蛇和狼。刚到那里，母亲一般不让我单独外出。战乱年月，周校长把校址选在山村，乃为上策。

艰苦生活

女生们住在离校本部最近的街上，一个竹棚搭造的大院内，是当地的茶庄。房子不好找，男生住的就分散了，有的要翻山好远才能走到。

① 杨士行，河南南阳市人，1939 年出生。1955 年毕业于省立郾中初中部，1958 年毕业于漯河高中，1962 年毕业于新乡师范学院物理系。先后在襄城高中、许昌师专、安阳一中任教。

大哥哥大姐姐们利用沙子垫底，砖石垒边，铺上稻草就是床。天气多潮湿阴雨，易生皮肤病。我的小腿上出了好多脓疱疮，很疼。校医给了一种“九一〇〇”药膏，抹上去。这里好了，那里又出。现在腿上还留有疮疤。不穿鞋子是那里的习惯。一下雨，全赤脚蹚水踏泥下来，腿上脚上全是蚂蟥，怪吓人的。

大哥哥大姐姐们响应学校号召，自己建校。他们上山砍竹子，扛到校本部空地上，先搭屋架子，盖上竹藤和稻草，就是教室。一间间、一排排都盖起来了。还平整了操场，垒了讲台。1000 多人的初中部，就这样建成了。

吃饭是大伙。大锅焖“糙米”，配咸菜、干菜，有时还能吃到海带。我吃不惯。不好咽，屙不出，老肚子疼。后来可真闹了一场大病。母亲虽然带着我，她从不自己做饭给我吃，那时的条件不许可啊，战乱年月，周校长他们承担 3000 多人的吃饭任务，就是焖“糙米”你也不一定吃得上。

女生院有一间母亲的办公室兼住室，也是竹子隔起来的。她又要上课，又要管女生事务，工作尽职尽责。早晨叫女生出操，晚上熄灯查铺，有时回来很晚。母亲像爱孩子一样爱她的学生，女生们也都喜欢找她谈心，屋子里总是笑声不断。她们也都喜欢我这个小弟弟，总是逗我唱“苏三起解”。

母亲怕我荒废学业。山脚下有一所初小，她让我插班三年级就读，老师讲话我一点也听不懂，小朋友说话我也不懂，那时候也不推广普通话。我觉得孤单无助。大家都用异样的目光审视着我这个外来的孩子，我死活不愿再上学，哭……回到家，母亲一直劝我，说人家大哥哥大姐姐几千里外跑到山沟里来上学，上中原临中，是因为找到一个上学机会多么不容易！你遇到一点困难就打退堂鼓吗？

长大以后，我渐渐明白，学生错过了上学的机会，将会影响一生。国家不发展教育，民富国强将是一句空话。当时周校长之举，真乃利国利民的大好事。

生　病

一天上午，肚子疼得厉害，呕吐不止。老师把我送回家，母亲急忙喊来一位老“中医”，诊脉后说是“断肠痧”，又推又刮，还用火罐拔。第三天不行了，高烧 41℃，肚子像针扎样疼，后来就什么也不知道了。

在好多师生的协助下，翻山越岭步行几十里把我抬到咸宁县医院，一大管子盘尼西林（现在叫青霉素）扎下去，睡了三天三夜，我的小命算保住了。医生对我母亲说：“你儿子患阑尾穿孔合并急性腹膜炎，满肚子化脓。”那时候什么叫阑尾炎，什么叫腹膜炎，我都是第一次听说。医生说：“现在必须找到足够数量的盘尼西林，才能挽救你儿子的生命。”

当时，盘尼西林刚问世，只能从外国进口。战乱年月往哪儿找？母亲说：“你的病后来惊动了周校长，几经周折，多方理通关系，才在汉口找到一些。控制住病情后，转至武昌，做了两次手术，才逐步恢复健康。”在我小小年纪里，已经灌注了周校长对师生的无比关爱，尽管我只是一名教员的儿子。

走向解放

转眼到了 1949 年，国民党已毫无希望，跟着走是死路一条。周校长极力和国民政府教育部以及学校的一些顽固分子周旋。初中部主任李浴，教务主任李士奎，老师潘荻，我的父亲母亲，还有很多老师，他们都站在周校长这一边，努力对学生做说服工作，拒绝南迁，迎接解放。

1949 年 5 月 19 日，咸宁解放。初中部的师生欢天喜地迎接人民解放军的到来。母亲因为太忙，照顾学生和协助学校统一北迁事宜，把我留在武昌姨妈家继续治病，自己和全校师生一起步行北上，开始了新的征程。

郾中就是我的家

河南省政府把校址选在河南省郾城县，正式定名为“河南省立郾城中学”，校长李庆伟，副校长周祖训。一个小县城容得下这么大一所中学，一时“名扬四海”。在上级和学校领导下，全校师生，艰苦奋斗，努力建校，郾中很快走上正轨。教学工作有序，各项纪律严明，还组建了宣传队、腰鼓队和话剧团配合中心宣传党的各项方针政策。每逢星期天，总有歌剧话剧演出。郾城居民争相观看，小孩子总是挤在最前边。

我很快恢复了健康，从姨妈家回到母亲身边。插班郾城城关一小，上四年级。父亲完成了中原临中护送学生北上任务后，请辞回了南阳老家。母亲照样在郾中任教，兼女生辅导员，工作很忙。她仍然是在女生院有一间办公室兼住室，从不自己做饭。我放学回家，就只能到郾中大伙吃饭。伙工李永安师傅对我可好啦！回去晚了，他给我热饭；回去早了，我给他拉风箱。听说早年他跟过冯玉祥当厨师，手艺很高，我还跟他学过几手菜呢。

我的第一学期很快过完了。期末考试，数学100分，国文98分，引起了班主任庞国珍老师的注意。他给了我一张油印表格，叫填写家庭住址哪街哪巷门牌号什么的，我写了“省立郾中”4个字。他说：“你填错了，哪有家住学校的？”我说：“没错，郾中就是我的家！”

自己照顾自己

我13岁那年，考取了郾中初一，那是我们城关一小学生梦寐以求的事。母亲为我做了新衣，用别针扣上崭新的“符号”（名章），上面红字印刷“省立郾中”字样，并写着“初班，杨士行”，盖有学校大印。我成了一名中学生。时隔50余年，几经风雨，人迁物移，我这第一个“符号”竟然保存到现在，完好无损，成了永久的纪念。

同班同学郾城、漯河、西华、舞阳的，哪儿都有。他们有的跑几十里来郾中上学。因家境困难，无力交七八元的生活费，只能从家背干馍或红薯，每星期六下午回家，星期天到校。有的想家，哭鼻子。因为还都是娃娃，没有离开过爹妈！

新学期开始的班会上，班主任苏老师举办了一次“学会自己照顾自己”的讨论会。他说要发扬革命前辈们不怕吃苦团结友爱和集体主义精神，一定要克服困难，完成学业。我非常感动。从此，我卷起铺盖和同学们一起吃、住。记得当时睡地铺，打“通通”，吃8个人一盆菜的大伙，不再要母亲照顾我。

上早操和点汽灯

学校气氛紧张有序，生动活泼。

早晨5:00起床，以班为单位，排队出操跑步，天还很黑，看不清路。我们这些小个子学生总是排在队后，费好大劲，撵不上。环顾四周，发现老师的队伍在我们后边，周校长带队，我们马上追上队伍，还敢不跑快？

晚自习照明是一大问题。开始是自己找个废墨水瓶，学校负责给灯芯和煤油，搓个纸捻穿进去，小煤油灯便做成了。桌子一对，四人一盏。两节晚自习下来，鼻孔都是黑的，前额头发被烧焦是经常的事。

为了保护学生视力和改善学习环境，学校购置一批汽灯（是大型挂灯，下面没座，非常亮），每班一台，由值日生负责点亮维护。汽灯是好，就是不好点着。点不着，就影响学生上自习，责任重大。为此，学校还专门“培训”了汽灯管理员。我自告奋勇，愿为大家服务。你别说，直到初中毕业，我一直为大家点汽灯，从未误过大家学习。

后来到漯高上了二年级，才安装了电灯。那正是国民经济恢复时期，国家也困难哪。

显微镜和无线电

苏老师的生物课使我第一次见到显微镜，从显微镜里看到另一个广阔世界；王老师的物理课使我第一次见到了无线电。那个小喇叭里没有人，怎么会唱歌呢？我产生了浓厚的兴趣。从此，我爱上了自然科学，奠定了我从事物理学和电工、电子专业工作的基础。那时，实验室教学仪器是敞开的，随时可去观看。我看到大量的切片、标本和各种物理、化学仪器设备，都是第一流的。还有一台3000倍的光学显微镜，德国造，比现今的中学教学仪器配置都好。那时，教学仪器没有专职管理员，都是各科老师兼管。他们精心维护，精心管理，都是内行。我因好去实验室，喜好动手，学到了课本上好多没有的知识，成了老师们的帮手，每逢上下课，搬拿摆放仪器，协助老师做实验，少不了我。在老师的指导下，初二我就能用废铁皮和漆包线制作电动机模型。初三时制作的矿石收音机，还参加了学校物理仪器制作展览。初中动手能力的学习，使我一生获益匪浅。

漯高的劳动建校

1953年，郾中高中部迁到漯河，成立漯河高中，周校长被任命为漯高副校长，我母亲也跟随周校长到漯高任教。

1955年，我考取了漯河高中。以郾中高中部为基础的漯高，经过各方充实，已具规模。18个班的建制已经形成。以1954年毕业为漯高第一届算起，我们正好是第五届。经过两年师生共同努力，劳动建校，学校已十分整洁，乱坟坑凹已不见了，一排排青砖红瓦的新教室格外醒目。那时学校没有院墙防盗门什么的，沿学校大操场一圈杨树林和绿化带已在前几届大哥哥大姐姐的手中建成，杨树已成长两人多高，嫩绿的枝叶在微风中跫跫作响。

周会上，有幸听到周校长讲话。他要求我们新生保持自力更生、美化校园的好传统，树人树木，使自己也像小树一样快快成长。在老师带领下，每人每年至少植一棵树，挂牌管理，责任到人，保证成活。到我们毕业离校时，正对校门的大路两侧已绿树成荫，那是我们四班负责种植的。整个漯高校园已成为绿色海洋，这样的环境读书该多好啊！

为了给母校留下纪念，我们五届各班挑选身强力壮的小伙，共同组成打井队，在操场西边打了一眼井。这对整个学校特别是大操场区的植树绿化用水和其他用水，起了很好的作用。后来被命名为“五届井”。

“真功夫”和“绝活”

提及教学，漯河高中的教学工作绝对是生动活泼。老师讲课要叫学生爱听，两条：知识面广，备课严谨。

人称“活地图”的王钟麟老师讲地理课，就是让“地图”说话。他把政区、自然、矿藏、工业等分类画图，涂上彩色，同学们一目了然。每堂课反复刺激，记不住才怪呢。你想啊，一张张大一开新闻纸一叠，他得花多大的精力去画那么多彩色地图啊！他必须付出艰辛的劳动。董泰老师教我们立体几何，他用八号铁丝焊接的几何模型挂了满墙。一看模型，空间概念马上清楚，这对我学物理有极大好处。董泰老师这一手让我学会了焊接工艺和空间概念的表达方式。任定青老师知识渊博是出了名的，然而他的徒手功夫——不用器具在黑板上画圆和直线令人叫绝。我喜爱模仿，试过多次不行。后来当了老师，成年累月地练，才学会了。我的学生也啧啧称赞。其实，他们称赞的不是我，而是我的任老师啊！那时，漯河高中不论哪一学科的老师，都练就一手“真功夫”、一手“绝活”。

“八小时之内解决问题”，是指课堂教学要少而精，高效率，把其他时间让给学生，让他们尽情地锻炼身体，课外研究。这是当时漯高教学工作的一项原则。

周祖训的大衣

1957 年，形势急转直下。

周校长第一批被划为“右派”。接着薄言老师、张潘老师、朱景镐老师……也被戴上“右派”帽子。然而，在我的记忆里，他们可都是好人啊！薄言老师的语文课讲得生动形象，用词准确高雅，深入浅出，真乃语言大师。朱景镐老师文史兼通，满腹经纶，史实典故，熟记百家，他讲历史事件，宛如唱板说书，让你身临其境。这些老师怎么会是“右派”呢？大家茫然。

领导继续让师生大鸣大放帮助党整风。一夜之间，铺天盖地，校园贴满了大字报……说心里话，那时觉得什么都好，共产党好，毛主席伟大，有什么好鸣的？

一天，我看到一张大字报上说，周祖训一直穿着的旧军大衣是“白崇禧送给他的”，是“思念国民党重返大陆”。

但我听大人们说，周校长在中原临中极端困难的情况下给全校师生募来旧军装御寒，人手一件。周校长自己当然也有一件。新中国成立后几经拆洗缝补，一直穿着，这是节俭的美德，应广为传颂。所以我就写了一张题为“周祖训的大衣”的大字报，想实事求是地说服对方。

谁知闯了大祸，说杨士行同情“右派”，要“彻底批判”。从此，我们班大会小会不知批了多少次。当时我担任的班级“勤工俭学”委员兼会计也被“免职”。我也不敢辩，怕招更大“罪名”。

我的心灵第一次遭受创伤。它使我明白，风浪和挫折总是伴随着人们的成功和失败。但失败不要紧，美好和真理是永存的。周校长经历了多少人间风雨和坎坷。他为崇高的教育事业呕心沥血、孜孜追求的精神却始终不后退。20 世纪 80 年代，我拜访周校长，那时，他在漯河政协，历史上的不公早已平反昭雪。

“周校长！”由于激动，我嗓门很高。

“你是谁？”

“我是杨耀宇、王淑琇的儿子杨士行。”

“噢！记得，记得，长得这么高！在柏墩时，你还是个娃娃。”后问及我在哪里毕业，在哪里工作，并对我的父母去世表示哀悼，我都做了回答，并表示感谢！

当我问及他的遭遇时，他坦然说：“共产党会公正地评价我。不过这不重要，重要的是在那动荡和艰苦的年代，能有这么多学生上学，而且成为日后各条战线上的栋梁之材，这是我深感欣慰的！”

选自2006年7月《漯河文史资料》第十四辑

中原临中

我在中原中学

——一段生死抉择的经历

李　浴[1]

一

为了说明前因后果，还需要扯得远一点，当然是极简地说说过程。

1944年至1945年，我在敦煌艺术研究所工作。抗战胜利了，一种八年离乡背井的滋味骤然加剧，思乡之情油然而生，向所长提出辞职。常书鸿老师（所长）不允，让我以沿途考察佛教史迹的名义回河南看看。于是于1946年初衔命而行，先考察安西万佛峡（榆林窟），继而兰州各处，继而天水麦积山，两月后到了西安。在西安月余，整天出入于破寺古刹。老朋友徐云五见我如此整日忙于这些残迹，笑着对我说："你的精神真好，就是不合时宜。"这"不合时宜"四字安在我头上倒是第一次听说，倒也是事实。

在西安期间，也得到绍言[2]由信阳给我的电报，让我仍回信师教书。当时由于有考察任务，所以未置可否。离开西安到洛阳，考察了龙门石窟，继而巩县石窟，最后一站是郑州。因为到郑州后已是口袋中一文不名了。如果向敦煌要钱是会寄来的，但当时已无回去的念头，形势也是如此，因此又回信师任教，这是1946年5、6月间的事。

二次来信师教书，除了教课之外，还忙于整理带回来的敦煌摹本和

① 李浴，字子青，河南省内黄县人，1915年11月生。1938年国立艺专毕业，研究生。民革党员。曾任河南省立信师、台北师范等校教员，敦煌艺术研究所副研究员。新中国成立后任四野部艺教员，鲁迅美术学院图书馆长、教授等。1985年离休。

② 时任省立信阳师范校长周祖训，字绍言。

我的考察报告。1947 年，各石窟内容的调查报告杀青，寄回敦煌算是交了差，并写了一篇《从敦煌到信阳》的详细纪事文，曾刊登于北平某报，可现在连底稿也不知去向了。

1946 年夏，周绍言被选为河南省教育口的国大代表，不再兼任信师校长，由李影桦继任。1947 年暑期，台湾民教馆艺术部主任潘洁兹（我在敦煌的同事）来信要我去台湾接替他的工作，言辞恳切而动听，我向学校辞职，遭到婉拒，最后总算是放了行，可是时间已到 12 月了。

我到南京先到潘洁兹家，了解一下工作情况和取到路费后，在堂兄李盘如家候船。这时信师的体育教员杨芝三赶到也要随我去，船到吉隆港后，有嘉义市植物研究所研究员，原来也是信师老师、老朋友杨慕陶迎接，然后驱车直抵台北民教馆。到达后，方馆长设宴欢迎洗尘。可是席间却告诉我们这个民教馆的建制被取消了，不过接着又说，让我放心，另谋工作的事由他负责。他知道我是教过美术史的，说暂时教教中国通史是决无问题的。就这样当上了台北师范中国通史的教员。教书过程中确也没有什么麻烦，而且还受到了教育厅的嘉奖。

杨芝三由杨慕陶介绍到嘉义中学任体育教员去了，这样都有了安排，可以安心工作了吧！其实不然。

我在台湾工作安定，生活也很富裕，台湾景色也很美好，可就是引不起我的好感，社会风气，特别是国民党接收后种种恶行与怪现象使我失望与不满，想离开的心又出现了。何处去呢？觉得只有再回敦煌。当我把想回敦煌的意思电告常所长后，很快来了回音，告诉我期末考试完后即回大陆，在南京一同办敦煌画展，然后一同回敦煌。不久又得绍言从南京来电，让我和杨芝三同返大陆，未说何事，但回大陆的事是决定了。行前很多朋友劝我留下，台北师范唐校长下学期要我教美术课，刘子谦下期任台东师范校长要我去任教务主任，如此等等，但都不能改变我的决心（我在台湾有一本大事记，记录了我在台湾的活动和思想，但这本册子也早已不知何处了）。还是杨慕陶把我们送到吉隆港，临别送了我句话："你呀！你呀！一辈子受罪命！"这又是一言破的，真是知我者前有云五，后有慕陶也。

船到上海后，当然是住堂兄盘如家。他告诉我说绍言昨日来沪接我，说要我们帮他办中原中学。这是由于河北、河南、山东等地大部分解放，不了解共产党政策的中学和学生逃到长江两岸的很多。因为失学流散把两岸许多城市闹得不成体统，国民党为了维持局势和面子，由教育部成立了许多临时中学，中原中学就是其中之一，收容在武汉市的河南学生与无职教职员。绍言因为是国大代表，所以担起了这个校长职务，他也就是想把我和芝三拉进去当实力。这样我只好先到南京见他。当时还有很多朋友和老师都聚在他的住所。见了面我把去敦煌已有先约的事告诉了大家，可是遭到在座所有人的坚决反对，说是何忍坐观河南学子流离失所。他们的话就是命令，不容分辩，我只好去中大艺术系找常先生商量（常先生已在南京筹办画展了）。出门到街上不远，恰好碰见了常先生，他很高兴，马上到一家咖啡馆坐下，谈起办画展的事。我告诉他绍言等要我做的事后，他很惊诧，也很生气，说：“都什么时候了，你还搞政治！”他不答应，我也不好分辩，因为他也是我的老师，而且是我先向他提出要求的。可是听到办学校是搞政治的话，我心里也觉奇怪，怎么教育也成了政治？请看当时我的思想水平是低到什么程度！我只好再去与绍言商量，这边当然不答应。说来说去，常先生看我难以摆脱这种乡情与友情，只好答应我三个月把这学校的架子搭起来，然后就回敦煌，就是这样达成了协议。于是与绍言等同去武汉办理已近完毕的登记学生和教职员的事宜了。真是沿着“不合时宜，一辈子受罪命”的小路走下来了。

二

在武汉很快办完了学生登记等一切事宜后，即以信阳鸡公山上废弃的教会学校为校址开始运转了。鸡公山虽是名胜区，但作为校舍并不合适，吃粮得由山下背，天气稍凉就难以承受，再加上这些新收容入校的学生，有的如不羁之马，管理很困难，所以在山上不久，绍言就在武汉市与当地政府磋商校址的事，结果是把校部、高中部、师范部设在蒲圻羊楼洞，初中部设在咸宁柏墩镇。让我任初中部主任，携同学生 700 余人先走（之前已派杨芝三先生去察看地址，分配住处）。绍言还是尝到苦头了，当送我们到鸡公山东站等待专列起程时，只见他来回走动，像疯了似的大骂国民党腐败无能。我心里想，你自讨苦吃不大紧，还要临死拉个垫背的呢！

周祖训年轻时的照片和周祖训写的文章

专列终于到了。临行时绍言给我几张名片，以便应急。这专列是只有一辆有棚盖的货车，其余全是运货运牲口的无盖敞车。我让女生女老师坐有盖的车厢，其余全都坐上敞车。车到黄坡[1]时，已是黄昏时分，停车时忽见许多学生下车大哗，我和一位李教师赶紧下来，原来是有两个国民党大兵（特务）闹着要乘坐我们女生的车厢。这些男同学下来与之理论，遭到辱骂，并向天空放了两枪。我下来后让学生各回自己

① 或为黄陂，位于信阳鸡公山毛湖北咸宁途中。

车上，这两个特务看我俩是学校领导和老师，就一人抓住一个不放，拉我俩去他们司令部，司令部设在县城，距车站还有几里路。一路上当然还是说些蛮话。到了县城，先去的是他们的特务连连部。那位连长听完报告后，我拿出绍言的名片给了他。这张有国大代表头衔的名片真是派上用场了。这位连长一看我是国大代表，又是国立中学的校长，觉得来头不小，赶快去报告给他们的师长。师长很快进来见我。谈了几句客气话，还骂了这两个特务几句，命令他俩不许坐我们的车，并让连长亲自护送我俩回车站。这样来回折腾已是三个小时过去。留在车站的老师学生当然都很着急。车站站长还要让列车开走，老师们正在求助于站长。当我们回到车站时，大家自然都放心了。于是列车开动，我坐在车里只在默默地想。

一路无须细说，车到咸宁，住了一日，次日步行30里到了柏墩镇。原来以为既是镇市，一定街市繁华，店铺林立，机关单位毕具。可这时才知道，原来是一个比山中农村强不了多少的村庄，作为校舍的只是一座准备要办小学校尚未完工的无门二层小楼。楼上左右一无所有的房间，各做一位主任住室，中间小厅作为办公室与会议室。楼下左右两室是我和总务主任甘永和的住室，中间小厅做一部分教职员的饭厅。靠近还有一个极简单的小楼作为会计和几个职员的住处。距此不远处有一个早已废弃停业了的制茶茶庄。院落大门较全，算是一个最安全的破房舍，作为女生部王主任和女老师及全体女生的住处。其余12个班级（三个年级，每年级有上下各两班）的男生和他们的级任老师（班主任）或者各配几个教职员分散在附近山脚下的农民家里。镇上当然也有镇长等几家富户和不多几家商店。我们学校设在这里，他们当然是欢迎之至。这些住处也是他们大力支持的结果。住处虽然算是安顿下来了，可是教室没有一间，这就要白手起家了。

好在我们住的小楼（算是校部）前面有很大的空地，茶庄内外也有空场，都可以当作席地教课的地方。于是上午上课，下午全体师生劳动，一些人去山上竹林砍竹背竹，在校院前盖教室，一部分用脸盆在附近小河岸边端沙子石子平操场建旗台。就是这样，经过两个多月的经营，算是建成了两排竹子教室和篱笆院墙以及不远处的操场旗台。这样大家才算松了一口气。与此同时，我们还要把这个临时中学当作正常的学校来办，图书仪器在武汉能买到多少就买多少，设有专职管理员。三个月过去了，这个学校的架子总算搭起来了吧！可是原想脱身去敦煌已不可能，我的背上套上了这个枷锁，是想脱也脱不掉的。我也只能把这个沉重的枷锁背下去！

日子一天天不好过了，因为经费不能按时拿到，仅能勉强维持伙食而已。我也知道校长周绍言的着急情形，一方面是维持全校3000人的生活，他得在武汉费尽心机去借贷（连朋友的私钱都有多少借多少），一方面是高中部学生闹事，他还要做安抚工作，这使他焦头烂额苦不堪言。于是新年刚过，柏墩初中部光临了这位声望高的校长——周绍言。

自从初中部搬到柏墩以后，他不曾来看过。同人中早有意见和怨言，这次到来，大家当然都很高兴，座谈会上他向同人们陈述了不能常来此的原因，以取得大家的谅解。然后就是我去南京教育部催款，派我去的原因一大堆，无须细说。就是这样，我把学校的主管任务交给教务主任李世奎负责后，即随绍言回武汉然后乘长江轮船去南京，办这件苦差事去了。

三

到了南京后，先去水利部找老朋友李醒原，他在水利部任工程师。中原中学的经费问题一向也是请他代催，这次代催不动了，才让我去办。随后他领我到教育部，只见教育部内各个部门都在装箱翻柜，准备逃跑的情形，简直是惶惶不可终日。到会计司办事，好话说尽也无济于事，跑了几天还是不得要领。最后醒原对我说：“得出点血，请他们吃顿饭吧！”这一招也真灵，就在普通一家餐馆里把会计司司长等几位干部请到餐桌上，问题竟然解决了。他们当然知道请吃饭的意思，已有了准备。在餐桌上把欠学校的钱数和可以预支的经费算清后，告诉我：“总数给你们电汇到汉口（汉口有学校办事处），零头你带着。”我不记得总数是多少，零头是若干了。但近千人的工资2000多学生的生活费，再加上办公等费，这数目是很可观的。不说总数，就是我带的零头也是以千计的。一旦完成了任务，按说趴在地上给他们磕个头也值得，可是我只说了几句谢谢普通客套话，在心里却引起了我的反感。觉得跑多少趟，好话说过千千万都不解决问题，只不过餐饭问题就解决了，国民党的官真不值钱。请看，当时的我就是这样不通世故，不通人情。

大事是办完了。可是由南京回武汉的船却已停航，原因不说自明。我急欲回校交差，只好去上海绕道而行，请醒原给我买了一张去上海的特快二等车票（等于现在的软席）。可是到了车站后，只见每辆车厢内都是挤满了乘客，连车外面两挂钩处（当时的列车车与车之间不封闭）也是人满无插足之地。醒原看此情景，要我再等几天，乘他们水利部搬家的专车再走。我心急等不上，只见火车顶上已经有人，我身无重载，也还健康，就毫不犹豫地爬了上去，抓住能够抓的地方趴下，可是这特快列车开动后就受了大罪。这是腊月除夕的夜晚。我又没有准备防寒的衣服，天气本已寒冷，再加上火车的飞驰，真是疾风寒气刺骨钻心。当时的滋味真感觉不如死了好。天亮之后，抵沪就近找到一家旅馆，急欲洗个热水澡解解寒气。店老板告诉我今天是大年初一，商店关板。唯独一家澡堂照常营业。于是依言而往，走到街上确有爆竹声声。到了澡堂，脱衣入池，可是一进热水就不知魂归何处了。澡堂师傅对于这种现象的处理是有经验的。总算是醒了过来，醒来后即大吐特吐，吐了半痰盂黑紫血块。吐出来后，倒觉轻松了不少，头脑也为之清醒，当然是浑身无力，气息奄奄。

在澡堂休息的一个时辰，服务员们也知道了我的受寒经过，这时除了气虚无力外，别无病疼感觉。大伙都认为无须去医院，只要静养即可。服务员雇了辆三轮把我送回旅馆，又传信给我的朋友李士仿（原来在上海的堂兄已于1948年后去了台北）。他是我同乡和同班同学，他在上海一个金融机关工作，也是老上海了。见面后，也认为无须求医，静养即可。我请他把我带的校款大部分换成金条和银圆。这事他是内行，很快就办妥。当然，还要剩下不少纸币留作日用。因为当时流通日用的还是钞票而非硬币。

一天天过去，身体也日有好转，可以出外活动了。这期间也看到和听到许多临时中学（加上我们这个中原中学，教育部共成立了32个），都是望风而溃，校长、主任领取了钱，也不知给不给学生几个，就把学校解散各自远走高飞。我的两个堂弟就是其中一个学校的学生，学校解散无处可奔找到了我，我给他们路费去羊楼洞高中部上学。这且不说，单说我觉得可以起程回校时，就买了一张去杭州的火车票，打算由杭州乘浙赣路火车回武汉。这天是正月十五元宵节。坐上车后，车却久久不开，只见车站上许多散兵游勇举起步枪向天上开火，噼噼啪啪响个不停。我问这是干什么，他们回答说："你忘了今天是正月十五了吗？"原来他们是把步枪子弹当作爆竹放的。随即又传来消息说车停开了，没办法只得再回旅馆。一天得到了有民航飞机去广州的消息，赶快到售票处，买了一张机票，次日乘他们的客车到了龙华机场，心想这次可走定了。

机场候机室并不大，工作人员也并不多，窗外即可看见停机坪上的飞机。当一位工作人员检查我时，发现我带的钱太多，说是超过许可的标准，飞机要经过香港，无法通过。我说："你们事先并未通知，这里又没有银行无法邮汇，我怎么办？"他说："那我不管。"这时一位好心人拉我到后边一个沙发上坐下，悄悄对我说："你给他几个就可以了！"我想给他几百元钱还是有的，但这账我回去怎么报销？再说如果真的到香港还要检查，把我的钱都扣下，那就更糟，因此我决定不送这个人情。这时那位检查人员回头问我是走还是不走，飞机要起飞了。当即决定放弃此行。这张机票只有32元，损失这点钱实在算不了什么！于是又乘他们的大汽车回到了上海。和士仿见面后，他问我怎么回事，我把原因告诉了他，他指着我骂道："你真是个书呆子圣人蛋，你给他几个算什么，他不过是想敲你几个钱而已，哪里有那些事！"后悔也晚了，再坐飞机的机会也不再来，只好再等机遇。

总算幸运，轮船公司竟然又售票了。我赶紧买了张特舱票上了民生轮的最高层，那时的特等舱，其实就是现在的二等舱，一个层间有两位乘客，这样的房间在上层有不少，用餐休息都在大厅里，一日五餐（中间两餐是点心牛奶），吃得很好。还可以在餐厅里和同行者聊天，有一位河大教授和我是什么都说的，他和绍言也认识，问我绍言现在打算怎么办，我说只有走向解放，别无出路。他也唯唯。正常的情况下有两三天时间就可到武汉，而这次却是整整航行了 8 天。这样倒把我的身体给养好了许多。回到武汉已是 3 月底左右。

四

回到武汉学校办事处，正好绍言和几位主任都在，见我回来当然很高兴，告诉我教育部来电让学校迁往广东，如果不迁，以后不再负责。我把南京上海的情况汇报之后坚决不主张南迁，认为国民党已毫无希望，跟着走也是死路一条。绍言也是同感，就此商定，随即分头向全体师生员工做工作。我回柏墩后，召开会议说明要走解放之路后，大家并未提出异议。初中部的教职员，多数年轻有生气，特别是像三上班主任潘荻（和武汉地下工作者有联系）可能还是地下党员，音乐教员海程九也是共产党员，还有女生部主任王庆淑也与共产党有联系。其余教导主任李士奎和他的几位中大同学也都是新毕业的大学生，思想进步，其余河大毕业生也大多如此。至于我的朋友甘永和、杨芝三、支立庭以及许多信师毕业的教职员也没有问题，但仍然有少数思想顽固的人，这就是童子军教官某和三下两位班主任某某，他们急欲南迁。因为主张走解放的是主流，他们不好公开反对，只能在下面鼓动三下两班学生吵闹，这样就形成了三下两班力主南迁，三上两班力主解放的两大阵营。二年级八班学生年纪小，没有什么主见，但高年级闹起来，低年级也上不了课，班主任也说服不了。我召集学生讲话说明利害，仍然是无法保持正常秩序。这时羊楼洞方面的情况比我们更严重，那里的南迁势力很强，逼着周校长南迁，绍言百般劝说也难奏效，最后只能拿我们初中部做盾牌，说是要迁也得等待初中部都来以后才能一齐走。这样我就成了这些主张南迁者的众矢之的。他们在羊楼洞百般骂我不算，还派人到初中部来鼓动和放风威胁，要打我杀我等不一而足。高中部也有进步的势力，所以也有人来给我送信，何况我们这里还是以进步势力为主流，他们并不敢真正对我下毒手，但这种局势总不是长久之计，我们商量着不如把三下两班送走，这样既可满足他们的意愿，也可安定这里的局面。甘永和去武汉雇了两辆运输公司的大卡车，让童子军教官总负责，同两位三下班主任和两班学生乘汽车去了羊楼洞。后来认为一年级上期两班最小的同学也胆小怕事，也请杨芝三带走。这样留下来八班学生和大部分教职员工约500人才安定下来。继而觉得这个柏墩小镇住得分散也不安全，正好咸宁县中停了课，学校空无人住，愿借给我们做安身之所。先由甘永和、李士奎、王庆淑等负责把学生送到县中安顿下来。最后把所剩的大米、图书、仪器等装上这两部汽车，由我和英文教员李军文夫妇，曾和我在黄坡[1]与特务打交道的教员李某某夫妇（他夫人是图书仪器管理员），校医夫妇以及支立庭押车直奔武汉。因为认定是要解放的，到武汉也得吃饭，所以也把大米拉了去。车到咸宁，李士奎等不让我离开他们，只得留下。汽车继续向武汉行驶。可是刚过午时不久，却见车上的人们都回来了，原来是车行中途，遇上了从武汉退下来的国民党军队，相遇不由分说，即将车上的图书仪器等推下，又让人下车。经过他们苦苦哀求才算把人员拉回咸宁，而汽车和大米都劫为己有了。我得知以后，去找他们师长要大米，这位师长以要我们同行做威胁。我听后知道无望，只好认倒霉，而最倒霉的还有汽车公司不但没有赚钱，反而把汽车和司机也都赔上了。

回到县中，坐下不久，从师部来了一位军官，想要让我们随他们撤退。我向他说明了我们的困难之后，得到同情，最后临走告诉我说："不走可以，千万把大门闭紧，不要让你们的学生出去，因为退兵是不讲理的。"当夜退军南逃，次日早晨，解放大军进了城，于是夹道欢迎，一片欢腾呼声，走上了崭新的世界。

解放军进城后，潘获很快和龙江部队政治部取得了联系。政治部派

---

① 或为黄陂，位于信阳鸡公山毛湖北咸宁途中。

几位同志整天帮我们学习和扭秧歌，相处非常融洽，可是，吃饭逐渐成了问题。因为存粮一天天减少，只能一日两顿稀粥维持生活。这时羊楼洞尚未解放，也无法与之联系。在这种紧迫关头，自然就想起了河南省政府主席吴芝圃。

因为周绍言和吴芝圃曾是有深交的朋友，所以我用周绍言的大名给他去了急电，请示他如何处理这个学校。过了一个星期，河南教育厅来了回电，让学校迁回开封，说已请武汉军管会协助办理回迁手续。此刻正好羊楼洞也解放了，赶快派潘获持电文，龙江部队政治部也派人同乘马车（当时铁路已被国民党退军破坏）去羊楼洞。当他们见到电报后，欢欣鼓舞是不用说的。

绍言急同潘获等返回咸宁，商量回迁事宜。先由我去武汉军管会，当然是龙江部队政治部要派一位同志引领。到武汉军管会教育口，我记得主管是潘梓年，当时我看这位首长一点架子也没有，很快办完了一切手续后，深感这和国民党的作风真是有天渊之别，使我这个久在国民党区工作的人激动万分，情绪之高涨是难以形容的，不禁高呼："这一步棋我是绝对走对了！"

回到咸宁开始回迁。全体步行到了信阳之后，即乘火车北上，到了漯河车站，漯河教育局局长等已在等候，说是教育厅命令学校将校址设在郾城。自此，中原中学旧貌换新颜，改为以许昌专员公署专员李庆伟为校长，周绍言为副校长的省立郾城中学。

五

到郾城后，很快到了暑假，需要去开封暑期学习班学习，学习了一个月回到郾城后，我又受命去武汉办事处把所存的物资运回郾城。我到武汉办事的这几天里不期而遇见了海程九，这时他在武汉四野部队艺术学校工作。看见我之后，让我去这个学校教书，拉我去见了他们的主任陈戈，见面后陈戈问了一些情况，欣然同意。我把物资运回后，告诉他们这情况，他们自然同意放行。

在四野部艺美术班当了半年的素描和艺术概论教员，因为这个学校停办，而于1950年初到了东北鲁艺—东北美专—鲁迅美术学院至今。这是后话，无须多说。

回想这一年中原临中的工作，真是又艰苦又伟大，艰苦已如上述，伟大则是走上了新生活之路与新世界。或者有人会说，此后你还是受“不合时宜，受罪的命”支配的。其实不然，如果把个人的遭遇和历史发展规律这个大轨迹结合起看时，你就会认为这恰是正合时宜和幸福的命了。因为最终得来的是真正站起来的国家和民族，作为中华人民共和国的一个公民是应引以为自豪的，我想和我同走这一步的中原临中师生员工们也会是有同感的。

2001年8月

选自2002年1月《漯河文史资料》第十辑

坚持护校　喜迎解放

潘　荻[①]

1948年6月，我刚拿到河南大学的毕业证书，开封就解放了。以嵇文甫为代表的河大进步师生，纷纷随解放军涌入中原解放区，而我却因母亲和妹妹随我暂住开封，不能和进步师生一同行动。当年9月，为了维持生活，我去湖北咸宁县柏墩镇中原临中初中部教初三上乙班国文课兼导师。

当时，解放战争已进入决战时期。蒋介石反动政府连打败仗，经济濒临崩溃，物价成百上千倍地飞涨，学校每月所领购米款，不及市价的十分之一，生活难以维持。我失悔不该渡江南来，受此磨难，想回开封，参加革命。我把这种想法和教务主任李士奎（与我在开封初中同学）讲了，他深有同感，并介绍我与从汉口来校代课的喻世英（也是开封初中的同学）做深谈。不久，喻约我同去汉口，在一个铁路职工家里，与地下党中原局武汉工委会的金彦俊会面。我向金倾谈了自己的苦闷心情与学校的现状。金说："东北已全部解放，解放大军正源源入关，解放江南只是时间问题。希望你留校不动，团结进步师生，坚持护校，迎接解放。"随后，我又多次去汉口，向金汇报学校情况，并交了自传。

在地下党的指引和解放战争胜利形势的鼓舞下，我一心扑在坚持护校、迎接解放的斗争中。我和尤克文、胡启祥多次学习《新民主主义论》，初步懂得了中国革命的性质、领导、对象与党的团结、教育、改造知识分子政策，明白了自己的前进方向。我在讲课中注意联系实际、

① 潘荻，内黄县人，生于1925年。1948年毕业于河南大学经济系，1948年8月任中原临中教师。1949年6月参军，1979年转业，任濮阳市教育学院副教授。1990年离休。

影射现实。如讲白居易的《琵琶行》，对“同是天涯沦落人，相逢何必曾相识”一句，就略加发挥，要大家加强团结，互相爱护，认真读书、劳动，争取早日结束可悲的流亡生活，成为社会的有用之才。我指导初三上乙班，在茶庄门口定期出版《大江》壁报，发表学生习作，曲折地反映流亡学生追求光明、渴求光明的心情。为迎接1949年元旦，在校方的默许下，我指导学生排演陈白尘著的多幕话剧《升官图》。本剧以两个盗贼的睡梦为背景，彻底揭露了国统区官僚政客贪赃枉法、鱼肉百姓的罪行。1947年河大校庆会上演出后，在开封产生了轰动效应，有力地推动了反饥饿、争民主的学生运动。经过我们近一个月课余时间的排练，1949年元旦，《升官图》在学校操场上公演后，同样引起了轰动效应，大大提高了师生对国民党反动派的认识，使许多人丢掉幻想，投入斗争。寒假时，我把妹妹及柳风连等学生送回中原解放区继续读书。

平津战役、淮海战役胜利结束后，国民党反动派赖以维持其反动统治的主力部队被消灭殆尽，蒋介石被迫引退，李宗仁任代总统，解放军迫近长江，江南即将解放。大好形势鼓舞我们更加积极地坚持护校，迎接解放。而少数与反动派关系较深的教师却恐惧不安、惶惶不可终日。他们在学校应变委员会上摆不出像样的南逃理由，就在暗地里散布谣言，蛊惑学生南逃。有一天，他们狂叫“打倒潘荻”，准备在操场上按赞成南逃与否分队排列，妄图以人多势众胁迫学校南迁。在反对南逃师生和分校主任李浴的制止下，他们的阴谋遭到失败。不久，校方为了保证师生的安全，将分校一分为二，一部分迁羊楼洞与校本部会合。另一部分迁咸宁县城一中。

1949年5月19日，四野先遣兵团龙江部队解放咸宁县城。分校主任李浴随即派我和总务主任甘永和去了三天前解放的汉口，以周祖训校长的名义，打电报给开封中原临时人民政府副主席吴芝圃，报告中原临中坚持护校、迎接解放的情况，并要求指示今后如何行动。我又到汉口花园饭店武汉军管会找金彦俊联系。金以武汉军管会组织部名义给龙江部队政治部写信，介绍我配合他们的工作。我把信交给该部刘学增同志后，该部组织部长王昕即找我谈话。部队随即召开与学校的联欢会。会上，欢声笑语不断，革命歌声此起彼伏。分校主任李浴代表全校向部队敬献“所向无敌”锦旗。部队首长对我们热情讲话，慰勉有加。使我们深深感到解放的喜悦。我们决心向这支四保临江、解放锦州、生俘廖耀湘的英雄部队学习，参军参战，为打倒蒋介石、解放全中国贡献自己的力量。

联欢会后，我校掀起了参军热潮。新华社随军记者梁川采访了我，并写了《国民党给我们上的最后一课》的通讯，发表在 1949 年 6 月的《长江日报》上。不久，吴芝圃副主席复电，对全校师生表示慰问，指示将学校迁往开封。我随龙江部队政治部李学毅同志去羊楼洞校本部与学校研究搬迁事宜，并动员学生参军。在教师孙克恭、黄仲元、尤克文、胡启祥等 7 人的带领下，学生踊跃参军者有 200 多人，仅签名给学校留念者即有 154 人，其中，我执教的初三乙班学生有 21 人。我们终于完成了从追求进步的青年到革命战士的艰难转变 。

应该补充的是，新中国成立前在中原临中帮助我工作最多而又带头参军的任振刚同学，在粤桂边围歼战消灭白崇禧一二五军的战斗中，英勇作战，光荣牺牲。在这次战役中，白崇禧赖以起家的部队，被消灭殆尽。其“华中军政长官公署”及其直属队，于 1949 年 12 月 7 日被全歼于广西钦州外围小董圩。当我随军由钦州向北海挺进时，看到了被俘的军官及其家属蓬首垢面，蜷伏在路边的狼狈相。在他们附近还有一些流亡学生模样的人。我想，其中可能就有中原临中的学生。他们不可能出海外逃了。我真想告诉他们，中原临中早已回到中原解放区，因为开封缺乏校址，已在漯河安顿就绪，改称“河南省立郾城中学”。愿他们早日平安回校继续读书，成为国家的有用之才。

2001 年 7 月

选自 2002 年 1 月《漯河文史资料》第十辑

《黎明日记》摘抄

——中原临中大事记

曹一新[①]

1948 年 10 月　于湖北蒲圻羊楼洞

14 日　代教务主任：何晓光。上午，见到校长周祖训。

16 日　中原时局不佳。

19 日　领来铺板 10 小块，凳床与桌子，均以茶砖模子做支架（校舍设于旧茶厂）。

20 日　领来证章，蓝底黑字："中原中学"，77 号。

8 点，开导师会议，商讨管理学生事。

下午，从柏墩才移此之高一丁班至本班学生分配宿舍。庚班在册 38 人，实到数少。

21 日　我第一次参加早会，新到 5 班学生亦参加。校长训话三事：秩序、礼貌、伙食。昨日新来学生，第二餐下午 8 时才吃。

物价高涨，汉口比 10 日前贵一倍多。此间米价，4 元（金圆券）1 斤；鸡蛋 40 万（老票）1 个。三餐，两次会（早、晚）。

22 日　早会过，导师及全体学生去迎接上星期五离开的王扶弱、张德斋二训导主任及总务主任杨松波，走至三里外而迎到，校长接着时，满眶眼泪。

① 曹一新，河南镇平人，1917 年 2 月生。西北师院国文系毕业。1948 年至 1953 年，在教育部特设中原临时中学和河南省立郾中任语文教师。1980 年离休后，受聘许昌地区（市）地名办任《许昌市地名志》副主编。

晚会时，王扶弱主任（河南参议员）讲话。

23 日　下午，湖北民政厅邓厅长讲后，举行同乐会。

26 日　今日起，时间表更改，我们亦一日二餐，早 9 点半，晚 5 点，中间相隔 7 点半。

29 日　下午发薪，领来 114 元，借支 30 元。薪水为 {[40 元 +(240 元 –40 元）× 0.2 ］ × 0.9}=80 元 × 0.9=72 元（40 元为基本数，九折为湖北区也）。

30 日　下午开教职员会议，关于保送学生，每个先生仅准一人。

1948 年 11 月

8 日　物价高涨，一日千里。钢笔尖 5 角 7 个，小电光刀子、小剪，1 元 1 个。

10 日　晚会，校长报告，云现正处于极艰困之时，生活很为难度。

11 日　我与关明溪、宋超群管伙。往街上买菜，昂贵难言：豆腐 1 元（300 万）1 斤；萝卜 200 万 1 斤；莲菜 1 元 1 斤；鸡蛋 1 元两个，多一个也不行，10 元。

下午 5 点半，开导师会议（我改为高一乙下班之导师），决议老师简则 10 条。会中校长报告，现在已至山穷水尽之时，很快即无饭吃，无办法，只有往武汉请愿。

唉！国家至此地步，甚是凄惨，吃饭——两餐米，就成问题。

12 日　国父诞辰，10 点开纪念会，校长报告，并介绍各班级导师。

下午，闻米价下落，颇喜。

13 日　学生从岳阳运米至赵李桥，今日学生前往运回。部分学生往山砍柴，今日停课。

14 日　柏墩初中部教员一行十数人，前日来此，今早回，中有胡启祥者，托给文法（弟）、文兰（妹）带一信，附金圆券 5 元。（初中老师来，为了生活问题，校长接见后，生生办法，安慰一番，回柏墩去了。）

15 日　陈布雷 13 日去世。

17日 徐州以南宿县激战。

18日 殷景云太太今早以虚脱病去世，怀孕六月，撒手而去。14个钢洋（今称银圆曰钢洋，一个合金圆券20元，合法币300万元，法币本月20日停止使用）买一棺材，埋于松峰山下。

19日 下午高一下乙班第一次作文，题:《变乱以后》《从逃难到入学》。

20日 徐州战争胜利，可能时局好转。

22日 早上，领来本月份薪金122.6元，上月伙食12.4元。

26日 报载：公教人员待遇调整通过，武汉为第三区，增加5倍，本月份开始。以240元底薪为例，可得576金元={60+［（240–60）×2/10］×5+［60+（240–60）×2/10］}×5×2/10。

1948年12月

3日 发薪，领来281元，补发11月份。

4日 2点，开教师谈话会，讨论多兼钟点费用问题，未果。

7日 为颜景宗之央行（沿江大道99号）六书科。范涣章先生为晤，托交其金圆600元，我也将380元交其，亦托换兑银一元（黑市七五折）。

8日 又至央行一遭，银圆未能兑出，致发生命案。

16日 借来草绿色棉大衣561号一件，文英妹领灰色一件。左右领上有“中”“原”二字。

几日来，传言纷纷，有谓长江封锁者，信阳放弃者，南京危险者，……学生慌慌，多人离校者。

18日 李振华与彭德廉，均中大学生，言南京人心惶惶，一部分言迁都，而总统不拟他迁。

早上，领薪，得58元。

19日 校长从汉口归来。

20日 早会，校长训话点多钟，末谓恶势力之组织，请离开此校，语甚痛快。

平郊万寿寺激战；津郊二三十里因是以。唉！战争严重如此。

21 日 10 点半至 12 点，开毕业典礼及欢送投考海军学生大会，校长报告，讲人生事业成功的条件：一、合理者成功，不合理者失败。二、进步者成功，落后者失败。三、为正义者成功，凭借暴力者失败。四、为大多数人者成功，为个人或少数人者失败。

王向南（女生部主任）讲："到社会上，多用你的耳，少用你的口；对人诚信，对己勤俭。"毕业生代表答词，痛苦流泪。

25 日 24 日报载：日本军阀土肥原、板垣、东条等 7 人，绞刑而死。

26 日 曹禺新著电影《艳阳天》，今春已放映。

29 日 下午 5 点半始，全体教职员会议，校长会中，表白办学、对人、对事之态度，语极诚挚，至 7 点多始散会。

31 日 一点半，我班举行同乐会，学生 2 元，我捐 10 元。有花生、橘子，老师尚有点心。先生仅 5 位，何晓光、刘耀南、马英、牛运耀与我，均曾说话。

游艺有曲子、京剧等，韩生、国良所表演之《穷人阔》（戴眼镜），引人发笑。

夜，数生在予室编绘壁报，深夜而战，明日排版，希望天晴。

上午尚飘飘大雪，10 点钟后，趋于停止。下午天阴沉中带冷意。檐溜断，晚天凉。

1949 年 1 月　于湖北蒲圻羊楼洞。

1 日 7 点多，团拜。

数位学生，匆匆忙忙，将壁报《黄河潮》"新年特刊"排版成功，粘贴在校本部南边。

整理出去年的日记，目录也写成，定为一本。

3 日 晚来，同室彭君德廉从汉口带 3 日《武汉日报》一张，总统重申《元旦文告》（和平之门），谓“能战才能和”。各省首长云集京都，如和谈失败，将开重要会议。陈诚新任台湾主席。

4 日　昨今二日，每天 10 班学生打柴。今日早饭后，二课因未能上。

5 日　4 日报，到处是和平文字，呼喊直天。一上乙班二次作文，题有《上蒋主席书》等。

6 日　侯振坤（数学教师）从信阳来。

7 日　下午一下乙班二次作文，题《希望》等。

8 日　昨下午，突而决定今日开始期考。

9 日　期考第二天，早饭前《数学》，之后《地理》等。

4 日电：美众院议长：雷朋（民主党员）。

美 81 届国会，3 日召开，计议员 520 人及女议员 9 人，任期为 3 年。

11 日　我三班《国文》考，均“准带参考书”，4 题。考毕，学生很多回家，有统计为 400 多人。看排演曲剧到 10 点多钟才回。《祭塔》佳。接温湘一信，云鸡公山中学 6 所，有校友 17 人，知友也近 10 人。

13 日　晚，《操行成绩考察表》亦填就。项目：思想、学业、行为、体格、意志、个性、奖、惩等。

14 日　看一整日曲剧，甚精彩，《祭塔》为最。4 点多，聚餐，酒饭一饱。夜，看《棠棣之花》（五幕历史剧），郭沫若著，插曲数支，聂政刺韩相侠累之故事，活现眼前。

15 日　续演一日曲剧，《青儿祭塔》《天水关》《山伯访友》《别窑》等，均佳。

16 日　面 10 元一碗。

昨报载，共产党提出和谈八条件：

①惩办战犯；②废除伪宪法；③废除伪法统；④改编军队；⑤没收豪门资本；⑥改革土地制度；⑦废除卖国条约；⑧举行政协，组织联合政府，接收旧时（中央政府）权力。

17 日　割肉 2 斤，半块银圆（60 金元）；萝卜 4 斤，10 元；炭 30 斤，30 元。

19 日 第二餐后，赴老乡馆欢宴，迎崔先生，是为信师校友第一次聚会。

20 日 今日何晓光全家往安徽南岭，夏绍禹回新乡故里。

21 日 汉口。晚上，在大华看电影《同心结》，不大好。待天岗苏州河大来函。

22 日 140 金圆换 1 枚银圆。买球鞋 3 对，6 块“光洋”（银圆），印经济名片百张，交定洋 30 元。

26 日 客饭一顿 25 元。鸡蛋 3 元 1 个；花生 16 元 1 斤。下午给师三班上点多钟《注音符号》。

29 日（正月初一） 早起，一行聚集到 12 人，到各同事处拜年，从校长处出来，到郭先生寓，一大圈归。

30 日 27 日报：和谈无大发展。共军临浦口。

晚上，闻汉口回来人谈，信阳已撤退。

1949 年 2 月

1 日 今日发本期聘书，每周 20 小时，月薪 300 元。

2 日 早晨，街上成疯狂市态。光洋 3000 金元，鸡蛋 30 金元 1 个，抢购一光。

12 点，开临时全体教职员会议，讨论应变及吃饭问题。结果，推举 7 人，成立生产计划推进委员会，计划推进事。会后发薪，每人领新金圆券 1600 元。

3 日 下午，师二、三班第二次上《注符》，“小史”讲完，明日开始教学生发音。

信阳尚在困守中，闻平汉车，仅可通驻马店。光洋无定价。

28 日 周会，郭作人主任报告，王九如报告教务。

1949 年 4 月

1 日 报载：国军退到明港，距信阳 90 里。花园也在战斗。

3 日 晚，在新操场（炮十五团修）看电影《中国的抗战》及美国教育片。

报载：花园共军西撤 10 公里；信阳已退。

5 日（三月初八） 本周起，开始第一次月考，三周一轮。

昨夜，联欢大会，小学话剧团。我校话剧《时代学生》、电影彩色卡通、《美西的天下》及《××号飞机轰炸德威连港》。观众人山人海，可谓空前。光洋疯狂般上涨，下午达 4.5 万元，闻最高达 7 万元，而抵暮，下跌至 3 万元。

6 日 昨晚京剧、曲剧。话剧《黄鹤楼》，未演完而止，因天将大雨，二因蒲师此剧，不引人入胜。曲剧嵩云学生之《云楼会》，饰陈妙嫦者，唱工做工，均极熟巧；本校之《别窑》，饰平贵之杨九菊，艺臻绝妙。

7 日 昨饭后，街上看报，共军向政府提出通牒，限 12 日前投降。

8 日 近几日来，时局较紧，信阳、广水、花园，相继解放。人心惶惶，唉！……

9 日 发 3 月份补薪，领来 14 块银圆。如此，尚可。

王立功从信阳 4 日徒步至祝家湾，今晚安然抵此。

10 日 时局越来越紧，悔昨夜未往汉口。

11 日 时局恐又遭。光洋突过 10 万金圆之关，此间 1 元换铜铬子 6 串。

今晚赴汉学生极多。同事去汉者达 7 人之多。

12 日 闻昨日汉口出号外（今晚来到），光洋跌到五六万，此间今天已至 6 万。和谈似较顺利阶段。

13 日 光洋 6 万，稳定两天。

和谈有望，政府又派于右任、吴铁城及居正为顾问团，于月中飞平协助和谈。

14 日 和谈有望，人安定，光洋 10 万，牌价汉口 4.8 万元。

16 日 在汉口。

金戒指 2 钱 08 分，14.56 银圆。

17 日 裤衣 1 件，1 元。蚊帐 1 条，4 元。

于报端看到武昌市商会，为赖款（寒衣补助费）所登之诬蔑消息，校长甚愤慨。

19 日 与周先生（校长叔）同回，至咸宁分手。上车，遇赵子杰赶上车来，路上详谈十年（1936—1949）间事。渠云，已辞嵩云中学校长，由遂平魏郎斋接充。

今日报载：吴铁城在溪口起草对策（因黄绍竑带回南京之协议 8 条 24 款），政府对渡江不能考虑。

22 日 政府已拒绝中共提议，准备迁都广州，大战行将开始。今日光洋飞跳，早晨 40 万，晚来百二十万。唉！……

23 日 时局转劣。中共 21 日下总攻击令，皖中已渡过长江，人心慌慌，此间金圆券已不使用，光洋换铜板 6 串。

24 日 数处渡江。晚上，汉口归来同人谈，南京已失，如此迅即。因江阴要塞司令戴戍光降，芜湖某部降。

25 日 局势急转直下，人心不守。

28 日 4 点钟，开教职员大会，决议南迁广西，推派代表赴汉与校长协商。

1949 年 5 月

2 日 代表昨日从汉归来一人，带回校长拟定《中原中学迁移之分析及解决》。下午，3 时，开全体会议，郭校务主任将详细节目报告后，即由同事于 3 张纸上签名，结果“绝对愿意迁移者”49 人；不迁者无一；观望者 42 人。因意见不一，致刘耀南与张德斋训育主任口角，大为散荡，不欢而散。

管伙第二天，仅两桌，大有瓦解之势，予尽力维持，且使菜味丰美。

4日 五四运动，只有两班贴出壁报，三下丙班贴出标语。

5日 杭州撤退，南昌紧张，李代总统桂林停休，不去广州。张、邵等和代团留平。

8日 侯振坤伴信师安校长节文来此。

9日 校长昨晚回，今日周会（第一节），报告对学校前途移迁之原则。

南阳迁出来此间之镇工、镇农、南中、南师、国职等校，闻因没法维持，已解散，大部学生已离去。我们呢？晚上，征求各先生对“留”“迁”之意见，多“留”。

10日 下午3点钟起，开教职员会议，讨论应变问题。结果，推出委员13人。

最后一天管伙，中午5菜1汤，第三次有酒。晚上四菜一汤。

11日 昨报载：武汉外围保卫战开始。

13日 此间炮兵团、伤兵医院，先后走光。我校初中部迁此。

14日 武汉外围平静。傍晚，路再之逃难至长沙而折回，盖以车难登也。

15日 镍币20分当1角（对折）；两天后，20分当5分（4折）；9日，不好用；这两天，此间已拒用。已见新铸“船牌”及“袁大头”银圆。

16日 上午，校长对全体学生训话后，又对意欲往南者训话，至中午。

17日 综合所得消息：一、咸宁以北之铁桥炸了，武东、武总站炸了。二、最后一趟从咸宁开过赵李桥，不再有北上车。明天也许北上车仅通咸宁。三、汉口、武昌也许先后解放。四、张轸部一二七军有××说。

开导师会议，下午半天，3点起，讨论应变事宜。面临困难时期矣。

18日 昨夜，阅长沙《晚报》：武汉15日解放，上海快了。心绪反而镇静了。主张应变方针：“千万要镇静，处处宜小心；生命确宝贵，健康更要紧。”晚10时，开部导师会议。

20日 3点50分始，开第五次全体教职员会议，议决明日起，全体先生入学生伙。

21日 开始上学生伙，先生两个伙停止。4点钟，开应变委员会各组联席会议，我与马英为“服务组”负责人。

22日 上午，参加应变会“文化组”会议，下午本组第一次全体委员大会，分配工作，讨论《简章》。晚上，拟本组医务股《义务施诊》及“社教股”招收失学儿童、青年、成人、妇女二通知。

23日 开始非常时期功课，上午正课，下午生活检讨等。

一整天，忙着学生抄写招收失学儿童、青年、成人、妇女之通告及《义务施诊通告》。下午，有军队开之此，晚上逃走。

24日 报名已达20多人。

大有已进本市之势。仅团队街上戒严，行路不便。

25日 已入自由时代了，行走没人吆喝了。

学生对于生活检讨不大起兴味。

26日 买不到米，今日两餐稀粥，明日尚不知若何？唉！

给文英妹同班五女生题纪念册。

28日（五月初一） 我们几位同事，以吃饭问题与校长商谈，得校长正为此伤心之时，痛哭两次，我们深觉不安。

12点，开行政、应变联席会议，我提议先生可另组伙，否决。

街上贴满欢迎标语，迄未睹面。

29日 几天来，让我与振亚街上巡礼，一观解放军，桥头一立，睹浪涛前奔。

30日 上午周会，郑团长、马主任先后讲话，讲解放军之目的、政策……解放军是民主、自由、人民的军队。

12时，全体教职员会议。4时半，开应变文化、服务、联络三组联合会，决定欢迎解放军之方式。

1949年6月

1日（五月初五） 9点，送振亚回武昌，至公路，为解放军阻回。

中午，酒后，与李育桐、振亚3人联句，成七古七句，题曰《诗人节联句》。

2日 傍晚，蒲圻政委刘某，给全体学生讲话。之后，开导师及中队长联席会议，讨论食米问题，沈司令员处60石谷，后天始能去取，而明后天吃饭即成问题，决议每生借5角洋。

3日 至下午4点，收到13元8角，令二上乙班中队长张锡彭交到会议处12元5角。

得到咸宁转来电报，云为中原人民政府吴某所打，使周校长率全体师生返汴，沿途予以接待——此乃兴奋之消息。

4日 上午，忽得命令，明日即起程。

夜，开会中，张区长、刘政委讲话，希望即夜将枪弹交完，明日放行。会后，即分部检查全体师生、眷属，结果大雨滂沱中，再拐回校本部，签名保证以后不再发生此种事情（有枪不交者）。睡觉，已夜2点多矣。

5日 初中班拟今日赶程，因大雨，未成行。

上午10点，开全体教职员会议，决议如下：

（一）分三批走：初中部；师范部、女生部；高一、二部。

（二）眷属随大队同走。

（三）有病学生，专人带领，由总务处沿途做最后收容。

一天雨，学生到处卖衣、被、物。

6日（五月初十） 均在准备行装中。

7日 11点，开会，新到“龙江区”李干事及蒲圻县叶政委与张区长，相继讲话。叶所讲最适我们清听。张向我们道歉。

下午7点，校长回，震坤同来，9点往晤，良久。伴坤来这边，宿振亚室。

大约10日起身，分三批行，直抵河南。

8日 光洋涨价，1元换7串5。

夜7点，开校务会议。

9日 昨夜，将行李打好，送到校本部，一麻包，65斤。昨夜9点以后，大操场举行军民联欢大会，“龙江部队”政工员，甚为活跃。我校学生有曲子、相声等，先生有清唱等。

10日（五月十四日） 与宋芳启、张树桐，率50个学生，之临湘黄盖乡土铺里陈家背谷子8市石。山路、田陌，崎岖难行。米到而人已疲饿。在陈家中饭后，于4点半以后向回拐。戴明月而于夜中回来，脚为痛，左中趾打泡。

11日（五月十五日） 学生迁回开封，分三批起行。昨日初中部已行，今日师范、女生部起行。

早4时，送妹妹文英到操场集合，4点多起程。眷属昨日已走大部。

准备多日，我大部行装交往校方，剩大衣、暖壶等零星物甚多，明日予带而程。

下午，检查学生行装，本部为第一大队，共7个中队，我为第七中队长，领二上甲、乙两班生。

后记：1949年6月12日以后的日记，在另外一本，改名为《学习日记》。有关中原中学大事记至此结束。标点、繁体字系当时所用，今日抄录，都改用今文。

看来，记日记好处多，今天重看，深有感触。

曹一新 1994年5月18日
于周祖训校长住室

附：中原中学教师名笺

刘耀南先生 张意诚先生 曹益新先生 李少华先生
李百魁先生 殷景云先生 马玉田先生 汪剑虹先生

李育桐先生	曲文甫先生	杨耀宇先生	郑思贺先生
马鹤立先生	王振铎先生	郭英俊先生	彭德廉先生
刘振亚先生	曹俊亭先生	席味笙先生	司锡庚先生
杨履沛先生	宋芳启先生	余耀先先生	范守山先生
王向南先生	魏晓时先生	曹子让先生	王九如先生
马耀五先生	袁俊峰先生	徐祝峰先生	陈季忠先生
徐永藩先生	张学林先生	高文鹤先生	秦体仁先生
范守正先生	原孝遗先生	李振华先生	牛运耀先生
陈文涛先生	梁汝栋先生	叶宗林先生	韩遇周先生
孙克恭先生	张静婉先生	李永懿先生	王凌泉先生
张德斋先生	丁折桂先生	路再之先生	戴文俊先生
黄仲元先生	孙志强先生	赵予九先生	刘铗仙先生
吴启炯先生	牛琨琳先生	金嵩山先生	温其耀先生
王汝舟先生	陈太文先生		

这是 1949 年 2 月 20 日，湖北羊楼洞中原中学校本部教务处油印春期教师名单，共 62 人，这些同志已故数人，在郑、汴者不少，在武汉者有之，在许、漯者五人。

曹一新志：1986 年 6 月 27 日
于许昌市地名办公室

选自 2002 年 1 月《漯河文史资料》第十辑

中原临中给我留下了美好的回忆

阎振华[①]

一、在战乱中找到了中原临中

1948年上半年，因为我的家乡郾城县处于国共拉锯区，没有办法上学。听说国民党教育部在汉口建立了教育部特设中原临时中学，简称“中原临中”，周祖训任校长，吃住上学公费。我们那代青年人唯一的希望就是有饭吃有学上，我就决定去汉口报名。

报名处设在鄱阳街小学。因周校长忙于筹措办学经费和找寻校址未正式到任，暂时无人管理。流亡学生太多，学校容纳不下，附近几条马路上都聚集着学生，夜宿院内、道旁。遇上雨天，蜷缩在教室内或商店的厦檐下，打架闹事不断发生。许多学生身无分文，沿街乞讨。我报过名后，看学校尚无校址，就只好暂住在父亲任教的鸡公山百泉乡师。

8月初，中原临中暂借鸡公山中正中学校舍。鸡公山山清水秀，是有名的避暑胜地。同学们闻讯都高兴地上山报到，吃住在校。学校按学生原来的学历，分为高中、初中及师范三部，再按年级分班。每班指定两名教师管理，其中一名为班导师，与学生同吃同住，辅导学生自学。每日两餐，定时开饭，以大米为主食，八九人围在一起，一小盆蔬菜，餐桌不够，大都席地就餐。由于学生太多，为维护秩序免生问题，教师管理很严，要求离校必须请假。8月中旬学校开始上临时课，课堂不够，

① 阎振华，河南郾城县人，1931年10月出生。1949年中原临中高中毕业参加四野特种兵干部学校，1950年10月参加抗美援朝战争。转业后曾在南阳水利局、舞钢林场工作。

宿舍也做课堂，席地大铺，上课倒也方便。

在鸡公山一个月左右，学校决定迁往湖北省。初中部设在咸宁县柏墩镇，我们高中部和师范部设在蒲圻县羊楼洞，校本部和我们在一起。我被分配在高二丁班。

羊楼洞地处山区，风景优美，盛产竹木茶叶，环境宁静，适于读书。学校设在镇东南一座停产的茶厂内。正中有一个南北长数百米宽百十米的大操场，设有篮球栏；南端有土堆起的主席台，设有旗杆。看上去给人一种正规学校的感觉。操场东侧是一排排整齐的大房子，有几十间作为教室。排房的中间有一个瓦门楼，里面是一个小院，校本部就设在院内。有教务处、仓库、图书馆、医疗室。操场的西侧，原来是茶厂的生产厂房，还存有轧茶砖的机器。多是二层楼房，木地板，学生宿舍就设在这里。居楼上者是地铺，每人约二尺宽；居楼下者，是上下两层的通铺，可睡 16 人。山区蚊子多，我们三人结合用床单缝制一个大蚊帐，因都是棉布单子不通风，虽赤身露体仍免不了出汗。

伙房设在操场南北两端的大厂房内，按部按级二三百人伙。内设两口大锅，一口锅上坐一个大木桶蒸米用，一口炒菜。烧柴是学生们上山打来的。每人每日大米定量 1.5 市斤，副食按月按人发金圆券。伙食由学生按旬轮流管理，负责领米、买菜记账、结算。每旬结账如有节余，可打牙祭一顿，吃点荤菜。教官、导师随各班就餐，以便随时监察。在战乱期间，能吃到这样的饭食就很心满意足了。

我们的作息时间和正规学校基本相同，不同之处是按每日两餐安排。早晨 5 点半起床，整理内务后，就跑到附近小河边去洗漱。6 点早操，由教官带领跑步，校领导、老师全都尾随在学生队列后面跑步。6 点半到 7 点为早点名升旗和校领导训话时间；7 点到 9 点第一餐饭前，早自习和正课各一节；10 点到 4 点第二餐前，上四节课，午休两小时。5 点至 6 点半是集体劳动时间。晚点名降旗后有两小时的自习。早晚自习各班都由导师监堂，处主任巡察并抽点名。

因学校建立于战乱时期，经费困难，课本无法做到人手一册。主课是两人一套，副课是四人一套。课程进度很快，同学们特别紧张，国文、英文要求择要熟读背诵，自习时间总感不够用。但是，同学们都知道战乱时间求学不易，所以学习都能刻苦自觉，学校充满紧张学习气氛。当时还没有电灯，晚自习每班一个汽灯。每到晚上，数十只汽灯大放光明，给秀丽静谧的山庄增添了不少光彩。大家对汽灯十分爱护，由值日生负责领送、点燃和熄灭。

劳动生产是我校勤工俭学之道。上山打柴、开荒种菜、整修教室、平整操场、修筑道路、担米运粮，全是师生亲自动手。

每天下午 5 点到 6 点半的劳动课，以班为单位，由导师带领到分配的菜地拔草、锄地、浇水；或接受校部临时分配的修房补路等任务。星期天，导师率领全班学生上山砍柴，有时去附近火车站赵李桥或去二三十里外的山村大户家扛粮。

同学们到山上后三五成群地合伙砍柴，学唱对山歌，谈笑风生，谐趣无穷。经过茶坡时，倾听采茶姑娘们清脆婉转的山歌，仿佛置身于和平的诗画境界，使我们忘记了疲劳。大家扛着抬着把大捆大捆的柴交给伙房，到河边洗涮后，就去自由活动了。

课余的文体活动、阅读写作，学校也十分重视。各部、班都成立有篮排球队、乐队、歌咏队；校成立有话剧、曲剧、京剧 3 个剧组，经常排练，定时比赛。新中国成立前夕，又排练了新歌、新剧，欢迎解放军联欢晚会上，就是这些队组演出的节目。

学校设有图书馆，供学生借阅。图书中有鲁迅、老舍先生的著作，郭沫若的诗词，巴金的《家》《春》《秋》等进步书籍，很受同学们喜爱。

为了锻炼学生们的写作能力，各班级都办有级刊。负责组织稿件，编排、缮写的同学由大家推选。内容有诗歌、散文、快讯、战局转载等，一周一版。我们班级的板报命名为《星光》，是学生自由组织的刊物，还有《学习月刊》《艺文半月刊》《文汇周报》《中原周报》等。这些刊物编得生动活泼，丰富多彩。编排后由学校油印成八开本，发给各班阅读。我的木刻就曾刊登在《中原周报》上，画面是一个农夫扛着锄头，刻得颇为生动。

二、我们的“老校长”

中原临中的建立，为3000名流亡学生提供了一个安定的生活和学习环境，这一切应首先归功于我们的周祖训校长。他当时虽只有40来岁，师生们却都尊称他为“老校长”。据说他是当时河南省的参议员、国大代表。他曾很长时期任中学和师范学校校长，有丰富的办学经验。他思想进步，在担任中学校长期间，国民党反动政府要逮捕在该校做地下工作的吴芝圃，是老校长帮助他脱的险。

老校长平易近人、和蔼可亲，慈祥的面孔上常常带着笑容，在全校师生中拥有很高的威望。他经常外出为学校筹措经费奔忙。只要回到学校，就要参加周会、升降旗活动，给同学们讲话，教诲大家遵守校规，团结友爱，在困难时期奋发学习，每次训导都激励着学生们的心。上课时，他常到各班巡视，坐在教室后面听教师讲课，观察课堂秩序。

开饭时，经常到各伙房查看学生们的饭食，征求学生们对伙食的意见。特别感人的是在羊楼洞解放前夕处于真空地带（国民党南逃，解放军未到）时期，校存食粮将尽，全校师生每人每天靠几两米维持生活，一日两餐喝稀粥野菜汤。不少同学含泪劝他说：“您为全校几千人的生存操劳，应当保重身体才是。”他反而鼓励大家说：“我要和全校师生同甘共苦渡过难关，迎接解放。”

老校长为了培养树立起一种良好的校风，他亲自规定了“公诚爱严”的校训，并把校训的精神要求编写成校歌，由福建国立音专副教授李永刚谱曲。因为每星期一的周会上都要合唱一遍，所以到现在我还能够咏唱：

巍巍中原大国之风，
嵩岳黄河山水钟灵。
聚三千学子一堂，
应自奋发为雄。
为人第一手脑并用，

精诚团结自力更生。
校训曰公诚爱严，
吾辈应时时服膺。
奋发为雄，奋发为雄。

他要求把校风体现在全体师生的行动中，对学生规定“三不主义”，即不准吸烟、不准打架、不准赌博。规定教师没特殊情况不准请假；如若请假所缺课程必须约定其他教师代课，不准缺学生一节课；每堂课都坚持点名，指定作业并认真批改作业。由于他的严格管理，学校就绪后从没出现过打架斗殴闹事现象，学生学习安心，老师教学认真。

老校长一贯强调手脑并用，勤工俭学，自力更生。因当时处于战乱，学生公费拨款不能按时，物价飞涨，等款到时，连买米都不够，更谈不上买柴买菜。所以学校坚持了一天一个半小时的劳动课和星期天的劳动日。为了鼓舞学生们的劳动热情，他又和李永刚老师一起谱写了《打柴歌》：“兄弟姊妹一齐来，大家上山去打柴，打得柴来好烧饭，好饭吃得真香甜。不劳动者不得食，一切都要靠自己。从此世界号大同，想要吃饭先做工。各取所需各尽能，世界人类皆平等。”歌词编得深入浅出，体现了他“天下为公”“世界大同”的理想。同学们都喜欢哼唱。

最令人难忘的是在1949年4月湖北解放前夕，是随国民党南逃还是留在原地迎接解放，成了决定全校师生命运的大问题。坚决主张南逃的个别教师，趁老校长去汉口筹措经费不在校之际，在早操集会时，在主席台上大肆宣扬南逃的好处；并以站队的方式让同学们表决；愿南逃的站在操场南边，愿北上的站北边，愿留原地的站中间，搞得同学们心情非常紧张。南逃吧，国民党大势已去，命运难卜，离乡背井，归期遥遥；北上吧，对共产党的政策不十分了解，谣传共产党搞清算斗争，组织什么听房队、闻香队等，出身门第高的同学更拿不定主意。正在大家无所适从之时，老校长及时赶回了学校。那天第二餐过后，我们正在大操场活动，看到老校长回来了，大家都不约而同地拥了过去，热烈鼓掌。教室寝室的同学们，一听说校长回来了，也大喊大叫地跑来迎接，整个学校，整个山镇都沸腾起来。有了老校长，我们就有了主心骨。

三、迎接解放，重返家园

1949年5月，解放大军渡江，武汉解放。原国民党河南省主席、十九兵团司令张轸在武昌南起义，白崇禧部仓促南撤，驻羊楼洞的保安队也逃入山中，羊楼洞进入了“真空时期”。

为了确保学校的安定，3000师生免受伤害，校长组织了“中原临中应变委员会”，并制定了24字方针向全校师生反复讲解。大意是“坚定意志，充实生活”，坚定留下来迎接解放的意志，在任何困难下不动摇；学习毛主席著作和革命歌曲，开生活讨论会，解决思想问题。学校所有的板报、刊物都围绕这个中心，刊登了《白毛女》《刘胡兰》等歌剧简介，《团结就是力量》等歌曲。“严密组织，加强自卫”，防范坏人乘解放军未到之机，加害师生。学校购买了枪支，挑选师生中会打枪的成立了护校自卫队，当时初中部的一部分同学也已从柏墩镇迁回本部。学校每个部都设有两名队员守卫，校本部门口有两名队员日夜轮班守卫，并有一个小队到各部巡逻。24字方针最后两句是“团结内部、和睦地方”，学校和地方关系非常密切，我们的巡逻队还不断到镇上去巡逻。

记得解放军是在5月底的一天下午四五点到校本部的。大约有一个班的战士列队到大操场西边，看到校部门口自卫队员持枪站岗，战士们疾速卧倒，举枪准备战斗。自卫队员发现这一情况，自觉地把枪支放在地上，远离一旁。战士们立即起来向校门跑去，先向队员致敬，然后是握手拥抱，我们看到此景，一面鼓掌一面高呼：“欢迎解放军！”

解放军郑团进驻羊楼洞，学校和地方群众张贴标语，放鞭炮表示欢迎。第二天下午，全体师生在大操场开欢迎大会，郑团大部分官兵都参加了。老校长致欢迎词后，郑团长、马政委讲话，对学校保护公共财产维护地方秩序大加赞扬，然后讲述了解放战争形势和共产党的政策。讲话后，校歌剧组演出了几个小节目表示庆祝。

会后，解放军工作组进驻学校，宣布学校不日迁回河南。当时学校存粮不多，工作组让学生到附近山村有粮大户去背粮，准备北迁路上食用。

记得我们班由导师带队沿山路向北走二三十里有个山庄，进到一个门楼很大的院内，在他家粮仓中，用临时缝制的布口袋装稻谷，每个学生半袋，来回走了将近一天，虽然很累，但大家情绪很高。

迁返前几天，工作组动员学生踊跃参军，当时由教师带头报名 200 多人参加了解放军。这是第一批参军的。

平汉铁路从羊楼洞到河南信阳段，被国民党撤退时破坏了。全校师生返回河南只得步行。学校决定以部为单位，由部主任及教师率领，按行军方式进行。临行前，伙房把大米炒熟分给每人 10 斤。学生用洗净的长裤子扎住裤腿做干粮袋；把不必要的被套扒掉，破烂衣袜扔掉，打成一个小背包背上，米袋搭在脖子上整队离开了秀丽的山镇，踏上了北上的征途。

走了一天多，大队行至咸宁县城，与原在柏墩分校暂迁咸宁县城的初中部的部分师生会合，休整了一天。当地解放军奏军乐欢迎我们，部队首长给我们讲话，更加坚定了我们战胜困难的决心。

再出发时，学校发给每人两块银圆。我们怕路上被人抢劫，将半块肥皂割个窄沟，把银圆塞在里面封住口用水洗洗，一点也看不出来。

在江南我们沿铁路线行，过汉口后顺公路走。因沿途刚刚解放，几乎不见卖饭的，我们只能干米就生水。刚开始走还可以，日子一久，脚上打了血泡。老师看到这种情景，也不再勉强整队前进，只好三五成群互相搀扶结伴而行。走走歇歇。正值夏季多雨，一会儿雨湿全身，一会儿又日晒头晕，干干湿湿，湿湿干干。可是，我们都尽力保护着干粮袋，这是命根子呀。

每一个歇脚点，学校都派有老师先头设站。当时大部分学校尚未复课，校舍空着。晚上同学们就把桌子拼起来，四五个人睡一起；桌子不够就席地而眠。行至孝感，又聚集休息一天。等候掉队的同学，继续沿铁路线北行两天，终于到达了信阳。

信阳北去有火车了。等学生们都聚齐后，当地政府派专车运送我们往漯河去。当时火车头烧的是木柴，列车行进很慢。艰难跋涉近半个月的同学们在闷罐车内都疲惫不堪地相互依偎着睡熟了。经过战争创伤的各个站，都是满目疮痍，很少见到人。列车到达漯河站时已是傍晚了。学校临时校址暂定在郾城，第二天上午我们到了郾城原县立一小的旧址，这是我小学时的母校，就是后来的省立郾城中学。

当时郾城尚未设县，学校的安置工作由漯河市教育科负责。在一切尚未就绪之前，学校批准我们与久别的亲人团聚。日夜为我们的生死安危提心吊胆的父老乡亲们看到我们平安地回来了，高兴的心情难以名状。

四、从军记

三四天后，大约 6 月 20 日，师生相继返校。上级派驻学校的工作队的领导，给大家作报告。主要讲解当前国内形势和共产党的政策，组织学习毛主席著作和革命文献，提高师生对共产党、毛主席的认识。

在此期间，学校公告栏内张贴了许多招生广告。有军政大学的，有行政干校的等等。特别引人注目的是“中国人民解放军第四野战军特种兵后勤青年干部学校”，培养摩托、机械管理人才，吸引了众多学生。当时青年学生的主导思想是个人前途问题，至于“为人民服务”等新名词，还只是空谈。知己同学在一起商量报考哪个学校合适。好友沈秉璋、郭树栋、王化武等和我一起报考了四野特干校。只两天工夫，到 6 月 26 日，已报名 74 人，其中一人是司锡庚老师。第二天，司锡庚老师带领我们持漯河市人民政府的介绍信，乘火车到设在郑州大同路北一个旅社内的四野特干校报考处报名。

报考处的军人热情地接待我们，把我们安排在附近旅社免费吃住。接着，就按每个人的学历编排进入考场，科目分语文、数学、理化、政治。同学们生怕落榜，答卷都非常认真。29 日由军医分科目细致体检。正当大家心神不定之时，下午就公布了录取名单，除 1 人患严重黄疸性肝炎未被录取外，其他 73 人全部录取，这是我校的第二批参军者。这天是 1949 年 6 月 29 日，我永生难忘的日期，我正式成了一名光荣的人民解放军战士。晚上就发了军衣、军毯等。当时干校已招收二三百人，第二天就开始了军训。

7 月上旬，老校长在开封省政府公干返回，路经郑州，专门到部队来看望中原临中的师生们。在我们住的旅社中，欢聚一堂，问长道短，齐声问候周校长身体健康。老校长高兴地向我们报告，说省主席吴芝圃大力支持，让学校设立在郾城，改名省立郾城中学。我们都为母校感到庆幸，当晚就在一块长长的白布横幅上，用毛笔签上了个人的名字，作为给母校的留念。当老校长离开我们的时候，大家依依难舍，热泪盈眶。老校长勉励我们要好好学习，掌握过硬的军事技术，为解放全中国保卫新中国努力奋斗。

我们没有辜负老校长的期望。经过在武汉的一段培训后，大都分配在四野炮兵一、二师部队中，成为观测员、卫生员、测绘员、统计员、参谋等职，以后有成为营、团、师首长的，在解放战争、抗美援朝战争和新中国的建设中，为祖国为人民立下了不可磨灭的功勋。

我开始分配到炮二师文工团，后又调炮二十八团司令部任文印员、统计员、参谋等。在南下解放战争中，参加过解放雷州半岛和海南岛战役。1950 年 10 月抗美援朝战争开始，我们又跨过鸭绿江参战三年，我还参加了著名的上甘岭战役。在各个战役中发挥了我们在学校学得的知识和在部队学得的军事本领，先后荣立过三等功 2 次，受部队嘉奖 3 次。

五、莫须有的罪名——青年救国团

1949 年在湖北解放前夕，在决定我们的命运——是跟蒋介石逃或是跟毛泽东走，是反革命或是干革命的关键时刻，我们的老校长周祖训高瞻远瞩，顶住南逃恶势力的威胁利诱，历尽千难万险，义无反顾地把中原临中的 3000 名师生带回了解放区。在解放战争还没全面结束，即将诞生的新中国求贤若渴、急需大批知识青年充实革命队伍之时，把近 300 名师生送进了部队。新中国成立后，留在省立郾中的原中原临中的学生，又有不少继我们之后走上了保卫祖国建设祖国的岗位。

可是，出人意料的是，多年后，在1958年的审干和1968年的“文化大革命”中，不知从哪里冒出来的、使我们莫名其妙的妖风，竟然一而再地降到了许多师生头上。说在中原临中上过学的都参加了反动组织“青年救国团”。外调人员，你来他走，逼供信，闹得乌烟瘴气，搞得我们晕头转向，把我们这批学生整得太惨了。和我一起参军已当上了团参谋长的我的好友沈秉璋，1958年和1968年在确山炮兵团两次被隔离审查。特别是在“文化大革命”中，造反派红卫兵逼我承认是混进解放军的特务；他们还把其他莫须有的罪名强加在我头上，判了我5年徒刑，回乡管制劳动，害得我妻离子散。直到党的十一届三中全会后，我才得到了平反，恢复了工作，使我结束了十年苦役，在晚年过上了幸福安逸的生活。

后来，从《漯河源汇文史资料》上登载的周校长写的中原临中的回忆中才明白了“青年救国团”的妖风的来由：1949年3月，国民党国防部曾委派汪曙光等三名教官到临中任副校长和教官，周校长怕他们带领学生南逃，就抵制他们就职，更没让他们和学生见面，后来汪看就职无望就南逃了。周校长在1958年和1968年的审干清队期间，从外调人员口中才得知，在查敌档案中发现汪曙光到中原临中的真实目的是要建立“青年救国团”。由此可知，连周校长当时都不知道有这么一个组织，我们这些连姓汪的面都没见上的学生，就更说不出个所以然了。

回首往事，我对中原临中十个月的学生生活“一点也不后悔”。相反，我认为我能够在战乱时期，在老校长费尽千辛万苦，置个人安危于不顾，为我们开辟的一个安定的生活园地里，学习文化知识，培养刻苦耐劳作风，是我一生中的一大幸事。特别是那次历时半个月行程千余里的艰苦跋涉，更磨炼了我们坚强不屈的革命意志。中原临中十个月的学涯，是我坎坷生涯中最值得回味的甜美的一段，是我永志不忘的。

1999年6月20日

选自2002年1月《漯河文史资料》第十辑

铁肩担道义　风雨忆同舟

王文章[①]

1999年的春天，正当洛阳牡丹盛开的时候，我回到了阔别几十年的家乡河南，路过漯河市在军分区住宿时，听说原河南中原临中我们的老校长周祖训先生在该市政协离休。我非常高兴，就驱车来到他家。他家住在沙河岸边的一个小院里。环境非常幽静，屋里陈设很简单。但看到满架的书籍和资料，就知道房子的主人是一位有文化的人。周校长还是原来的样子，魁梧的身躯，赤红的脸膛，只是头发有些花白，脸上的皱纹多了些，但两只眼睛却炯炯有神，放射出睿智的光芒。他告诉我，他今年已93岁了，生活还能自理，还经常到外面溜达溜达，要争取活到100多岁。他说这些话时，充满着自信与乐观，脸上露出愉快的笑容。我们谈得很开心，特别是他把他已珍藏50多年的我们参军时的同学签名簿拿给我看时，使我再也抑制不住内心的激动，原中原临中解放前夕那一张张同学们的面庞及那一幕幕动人的情景呈现在我的眼前。

1947年，由于国民党挑起内战，把河南搞得乌七八糟，工厂停工，学校停课，许多同学流落街头。为了使这些学生不耽误学业，在武汉市成立了国民政府教育部特设中原临中。校址设在湖北省蒲圻县的羊楼洞（高中与师范部），初中部设在咸宁县柏墩。听说校长是原河南省信阳师范的老校长周祖训，我就欣然地报了名。

对于周校长，我早在抗日期间的1943年就认识他了。那时他们信

---

① 王文章，河南省遂平县人，1930年出生。1948年8月至1949年6月就读于中原临中高三年级。1949年6月参加解放军四十军一二〇师宣传队，参加过衡宝战役、进军广西、海南岛战役。1950年10月参加抗美援朝。1953年回国后，曾任解放军第七十速成中学、四十军政治部文化教员。1956年至1961年毕业于沈阳师院函授中文本科。1978年转业到锦州市任中学校长、总支书记等。1990年离休。

阳师范迁到豫西内乡县的师岗镇，我那时在河南战区一中读初二，学校在杨集，离师岗很近，经常看到他们的学生在那样艰苦的条件下，刻苦读书，井井有条，非常羡慕，因此对他们的校长也就非常钦佩。周校长在河南教育界是早有名望的。现在他到中原临中任校长，一定也会搞得不错。

1948年的秋天，我就到羊楼洞报到了。学校按时开学，一切进行得非常顺利。学校的教室、宿舍及教职工的办公室，都是由原来的一个大茶厂改建的。教室明亮，还有桌凳，上理化课还能做些简单的实验。同学们都住在集体宿舍里，睡的是通铺。学校中间有一个大操场，大家都过着半军事化的生活。每个学生每月都有公费补助，吃饭定量，还能喝上一碗菜汤。到了冬天，每人还发了一件棉大衣。在当时的条件下，能做到这样就不错了，同学们非常满意，特别是我们高三班，大家准备毕业后考大学，所以都非常用功，连1948年的寒假也没有回家。

由于社会比较混乱，一些纨绔子弟一天到晚吃喝玩乐，常到武汉、岳阳闲逛，经常惹是生非，打架斗殴。周校长为这些同学操了不少心，经常对他们苦口婆心地教导，劝他们好好读书。教育他们要认识到，越是乱世越要读书，只有读好书，才能处变不惊，顺应时代的潮流。周校长身体力行，我们每天出操上课，经常看到他早就来到操场，有时看到他还到教室听课。因此我们对他非常敬重，虽然时局很乱，但每看到他的身影，就感到心里有了底，也放心了。

1949年的春节过后，形势就更紧张了。从武汉不断传来消息，解放军就要渡江了。还传来了许多新知识、新书、新歌，还有秧歌舞，同学们坐不住了，一股学习新知识迎接新社会的高潮掀起来了。我们高三乙班，由我及张克敏、傅维瀛、张传正等同学发起成立了《真理学社》，发表了告全校同学书，召开了真理学社成立大会，组织学习了几次新知识，还成立了歌咏队、秧歌队，积极开展活动，迎接新社会的到来。

当时国民党军队已经跑了，一些地痞流氓到处骚扰，社会更加混乱，为了保护好学生和学校财产，学校成立了护校队，由部分教职工及高中学生担任。还搞来了30多支枪，日夜巡逻。

我清楚地记得解放军到羊楼洞接收学校是1949年的5月30日。学校组织了欢迎仪式，召开了大会，周校长致欢迎词，请解放军的领导讲话。解放军的文工团演出了文艺节目，连队战士唱了许多革命歌曲。以后还有解放军来招兵的，地方来招干的，给我们讲了当前的形势及许多革命道理。革命干部及解放军那种高昂的斗志，朝气蓬勃的革命精神，深深地感动了我们这群青年人的心，激起了对新社会的向往，一股参军参干的热潮迅速在全校展开。我与几位同学反复商量，毅然参加了解放军，准备解放了全中国再回来上大学。

当全校参军的同学临走时，周校长亲自给我们送行，并准备了一块布料，让我们在上面签名留念，还给每人发了一块银圆。临行时，周校长十分动情地说："同学们，等待你们的凯旋。"

从此以后，我再也没见过周校长。听说后来他随学校又回到了河南。

几十年过去了，人世沧桑，我也于1978年从部队转业到地方学校，也做起了教育工作，与周校长站到了同一条战线上。现在我们都过着愉快的离退休生活，居然还能在家乡相会，怎能不感激党的关怀和这美好的盛世呢！

1999年12月28日

选自2002年1月《漯河文史资料》第十辑

中原临中琐忆

曹延福[①]

我的父亲是周校长小学时的同学，叔伯哥曹景禹、表哥吴光临、好友宋超凡都是周校长的学生。自幼从长辈的传言中，就听到周校长如何治学有方、品行高尚，等等。抗战前他在我们内黄县唯一的楚旺中学任校长，我对他十分仰慕，心想长大后一定到楚旺中学读书，然后进京上大学、留洋。

1948 年下半年，正值国共两党两军生死决战之际，听说周校长在汉口筹办一个部办国立临中，管吃管住。我和胞弟曹延禧历尽周折找到了中原临中，我入了高三，弟弟入了初三。和 2000 多名同学共吃周校长给“讨”来的每生每日 18 两（旧秤 16 两一斤）糙米。所以，我们都很珍惜这来之不易的黄金时光，夜以继日地苦读。

当时生活艰苦，纪律极严，但绝大多数同学都能自觉遵守校规。记忆中有几桩事情是被禁止的，违规者在周校长的训话中就会提出批评教育。

诸如，每班学生轮流上山砍柴，规定只能砍杂木、灌木，禁止砍伐杉树苗、松树和大毛竹 。

1948 年春节前组织排练河南曲剧、话剧、京剧等文艺节目。周校长在排练前提出注意事项，不准在排练和演出过程中谈恋爱，有的刚刚出现苗头，周校长立即在大会上不指名地提出批评制止。

有一次，某班学生在塘边捉鸭子杀吃了，在全校大会上受到了严厉批评。

① 曹延福，河南内黄县人，1928 年 5 月出生。1948 年 8 月至 1949 年 6 月就读中原中学高三班，1949 年 6 月入华东军政大学，1950 年 7 月考入财政部中央税校，一年毕业到天津市河北区税务局工作。

周校长在楚旺中学当校长时，即受地下党员吴芝圃老师的影响，倾向共产党，思想进步。所以，在中原中学任教的老师也大都有进步思想倾向。记得在1949年元旦，蒋介石宣告引退，由李宗仁代总统后，我班一位英语老教师，戴深度近视镜，性情古板，但思想活跃，他给我们选读了“外电文”，英法通讯社有关中国战局和政治形势的报道原文；还选了篇旧文章——巴黎被围的情景，来影射南京即将被围的时局。

1949年5月，武汉解放，蒲圻县的国民党驻军南逃，解放军还未到来的“真空时期”，学校成立了“应变委员会”，公然印发和讲授了《新民主主义论》的教材，给我印象最深的是开宗明义第一章“中国向何处去”和“经济政策与三民主义是一致的”，这就解除了共产可怖和残酷阶级斗争的恐惧思想。

羊楼洞解放后，周校长决定带领全校师生以行军方式步行北归中原。

此前，我因参加拔河比赛出了很多汗，下河洗澡得了严重的伤风感冒，到起程时我的身体还未复原。学校就给二十几名走不动的重病号，雇了几条小船，于就近河中划到洞庭湖中，再入长江，然后顺流而下到汉口校接待站报到。

当时，有许多军校和随军工作团在汉口招生，其中有西南和南下工作团、二野军大、四野军大等。学校鼓励师生就地参加革命。我们高三毕业班，几乎一半多人选考了华东军政大学。学校报请武汉军管会给开了介绍信，并给办了集体到沪的船票，我就再下江东了。到沪后找到军校临时校部，三十几名全部录取，其中还有一名教师。1949年7月开学典礼，报告和学习《解放日报》七一社论——《论人民民主专政》，做报告的就是校长、后来的元帅陈毅和副校长、后来的大将粟裕。不久学校迁到南京的小营，原陆军大学的校址，校部设在黄埔路原国防部。从此，我开始了既光荣又坎坷的革命历程 。

2001年5月

选自2002年1月《漯河文史资料》第十辑

赴中原临中求学记

张富村[①]

1948年，河南省大部解放，摧毁了旧政权，建立了民主政府。新的制度尚未健全，不少地区的学校暂停，我就读的青年中学也停办了。于是我和村内的失学中学生，组织了补习班，由张丙若老师任教。我们在补习班学习时，传来了一个消息，南京政府教育部在武汉特设了“中原临中”，不拿学费，生活由学校负担。校长名叫周祖训，是河南内黄人，原信阳师范校长，在社会又是国大代表，因为他热爱教育，忠诚有才干，在教育界威信很高，所以国民政府让他来承办中原临中。我们听到这个消息，就议论前往求学，征得家长同意，决定南下去中原临中。

投奔中原临中的路上

我和愿南下的6位要好同学，由张丙若老师率领启程南下，先步行去漯河。我们将要进入漯河的时候，从正南飞来了两架飞机，飞到了漯河上空进行盘旋，张老师当过兵，有作战经验，听飞机的声音，意识到是轰炸漯河，这是中央军的飞机，让我们停止进入漯河。那飞机盘旋两周，自北向南嘶叫着俯冲下来，对准了铁路桥投下了炸弹，炸弹轰鸣声震耳，铁路桥上空烟雾弥漫，桥梁被破坏了。张老师说这是阻止解放军南下。我们几个学生说：不要说阻止解放军，就是阻止我们南下也阻止不了。飞机走了，我们才进入了市内。

① 张富村，河南省郾城县人，1930年出生。1948年至1949年就读于中原临中高中部，1949年6月参加中国人民解放军。1955年转业后任郾城县教育局干事，曾任中学教师、小学校长。1991年离休。

我们在街内找了一家简易的旅社住下，去买汽车票，第二天的卖完了，因当时漯河只有几辆汽车，火车路中央军撤退时又扒掉了，所以到驻马店这一段必须坐汽车，车少人多，到第二天才乘上了汽车。我们在汽车上就听说路上有中央军抓兵，果然汽车驶到西平马庄，中央军十一师的士兵在路上拦住了汽车，进行盘查，他们上汽车盘查时目光就注意我们几个学生，先搜我们身上，接着盘问我们是干什么的。我们说我们是到汉口去上学的，并拿出我们的毕业证和出门证，他们不相信，硬说我们是解放军，强迫我们下车跟他们去。张老师给他们怎样解释都说不行，我们没办法下了汽车跟他们去到马庄。关在一家马棚内，盘问的结果，是要我们当兵。我们南下的目的是上学，要我们去当兵我们是不同意的。张老师苦苦哀求他们，他们仍不放我们，最后张老师去见他们的官长。因张老师当过兵，懂得军队的规矩，所以见了当官的不多一时回来了，连长命令放行。我们很快离开了马庄，去到公路边拦住汽车，乘上汽车去驻马店。到了驻马店，我们也没有买火车票，乘坐货车去信阳市。我们在信阳下了火车没有及时乘火车去汉口，欲在信阳南关住下，目的是重新落实一下中原临中的情况。我们在漯河听到有人这样说，中央军为招兵，利用办学补充兵源，中原临中是否骗收青年，因此在信阳停了两天。因天气炎热我们没有住在闹区内，住在白河边一家客店，这里一来可以洗澡，二来可以接近很多的人。所以我们在洗澡时有意接近当地老百姓，谈话的时候故意把话题引到周校长身上。不少人反映说：周祖训可是个好人，他是大知识分子，在教育界是有名气的人，他以国大代表的身份申请办中原临时中学，来挽救河南的失学青年，信阳地区的人民是很拥护的，是好事不是什么坏事。我们了解实际情况后，才放心地乘坐火车到武汉去了。

报名登记

乘火车到汉口大智门下车，在老乡杜同银的帮忙下找到了中原临中登记处，我报名登记了高中部。因汉口没有住处还得去到鸡公山，鸡公山无教室，不能编班上课。没有几天上级的通知来了，让学校搬到蒲圻县羊楼洞。因羊楼洞的房舍不够，所以初中部又改迁到咸宁县柏墩。羊楼洞高中和师范的校舍是利用茶厂的厂房，校具都是新添置的，各种设备完备后，正式开学上课。在开学典礼大会上，使我印象最深的是周校长的简单讲话。上午9时，周校长步入会场，因我个子小排在了前面，所以对周校长看得很清楚。他身材高大魁梧，面庞红光，慈祥可亲，当周校长走上讲台，全体师生鼓掌欢迎。全体静下来后，周校长开始讲话了，他以洪亮的声音讲着："全体老师、全体同学，今天我们中原临中正式开学了，这是一个划时代的日子。在开学典礼大会上，我并不多讲，只讲一下中原临中的宗旨。中原临中是我以国大代表的身份向南京政府申请批示的。河南由于国共拉锯，时局不定，大部分学校暂停，为了让河南广大失学青年有学上，才出来办这个学校，这个学校的成立并非容易。全体师生离开家乡，千里迢迢来江南上学，一是花钱，二是在兵荒马乱中闯出也不是容易的。因此我希望大家抓住这非常时期的求学机会，要记住机不可失，时不再来，每个同学要认真地学习，学出好的成绩，不客气地说才对得起我和全体老师，也不辜负父母对你们的期望。"周校长的言辞简短，可打动了每个同学的心，使我一生难忘。

两条路的斗争

1949年5月，人民解放军打过了长江，武汉三镇相继解放。河南省省长张轸起义后，赵子立接任省长，率部南逃。该部派人到中原临中接头，让周校长率领全体师生随部南逃，周校长以主导不了混乱的形势为理由，拒绝南逃。南京政府撤离广州，经济来源断绝，生活无法维持，形势更加紧张，学校混乱，人心惶惶，课程几乎无法进行，师生中间产生了两条路的分歧，有愿南逃，有愿北迁。周校长是主张北迁的，理由是：北迁能使学校保持完整。南京政府撤到广州，教育经费脱钩，学校只有解散。北迁的话，不管出现任何困难，搬回河南，总算到了家乡，学生可暂时回家，另一方面和人民政府交涉，由人民政府接管。

1949年5月下旬，蒲圻县解放。周校长和全体老师经过周密策划和准备，轻装步行跋涉千余里，到信阳转乘火车，把近3000名师生安全带回了河南，不久就成立省立郾城中学。我在学校返回河南前，和曲振堂3位同学参加了中国人民解放军二野十二军三十九师一一六团，自此离开了母校和敬爱的周校长。

2000年12月

选自2002年1月《漯河文史资料》第十辑

傲然挺立的中原临中

——献给母校和周校长的颂歌

刘修仁[①]

中原临中诞生的历史背景

中原人民记忆犹新，1947年和1948年是中原地区大动荡，中原人民大解放，中国人民解放军在中原战场取得重大胜利的日子。人民解放军的英勇挺进与国民党军队的负隅顽抗，在中原地区的许多地方相继地、反复地展开了对峙。双方忽进忽退，又时南时北。老乡们形象地称这种局势为“拉锯”。政权尚未完全稳固，学校教育必然是不能维持正常的教学秩序了。有的城市甚至在差不多将近一年的时间里恢复不了正常的各行秩序。许多省立、县立、私立中学停课，教师和学生四散。漯河及其周围附近一些市、县中学的许多教师和学生，早在1948年初春，就成群结队或个别地随家长南逃武汉及其以南诸大城市，一为避暂时的战乱，二为寻找继续求学的机会。据周祖训校长著文记载，1948年6月22日开封解放，部分教职员和学生不了解共产党的政策，约有2000人逃到南京，包围国民政府教育部，请求收容救济、建校复学。早于他们去往武汉的近3000名学生，多数分散行动，其中不少学生（包括我和我的几位同学），在二、四月间就多次挤进了武汉大、中学生群起的“反饥饿、反内战、要和平、要民主”的示威大游行队伍，见识过宪兵、警察们的警棍和灭火水龙头。这种游行不时发生，在国民政府竞选总统

① 刘修仁，河南舞阳县人，1934年出生。原西宁晚报社记者、编辑、主任编辑。政协西宁市七、八、九、十届委员会委员、常委，曾兼任文教卫体委员会主任。

前后达到了高潮。弄得“华中军政”首脑及警方惊恐不安。国民政府教育部在被迫的情况下，决定在南京、武汉两地分别设立临时中学，平息学生们的怨怒与激情，以免发生事端。

在武汉的临时中学，向社会公告定名为（国民政府）“教育部特设中原临时中学”。

这就是中原临中诞生的历史背景。

我的流落与入学

我是 1948 年 2 月流落到武汉的。

记得在 1947 年 12 月中旬的一天（是个周末），过午后，我从学校（是程百让当校长的那个河南省立郾城中学）回距漯河 40 余华里的老家过星期日。漯河和郾城的气氛已是“山雨欲来风满楼”了。当天夜里，远处传来像“闪雷”一般的炮声，惊醒了酣梦中的人们。第二天，一大清早就有消息传来：八路军（当时乡亲们都这样称人民解放军）进驻了大新店（郾城县的一个镇）。下午又传来了漯河解放的消息（推算这一天当是 1947 年 12 月 18 日）。从此，我便离开了河南省立郾城中学，失学在家了。

我的家，当时有两个：一个是我上小学时一直跟爷爷、奶奶住的，那座在舞阳县北舞渡镇上的“刘公馆”；另一个便是离北舞渡东 18 华里的那座祖业老宅“楼院”。老宅在村子里，这个村子叫老刘庄。住着我的老“太太”（家乡对曾祖母的称呼）和我的父母、婶子等人。人们说战乱时住农村较为安全、清静，少招麻烦，我便住在乡里这个家了。

村子里一位在荒乱时掌管点儿公事的老农对我说：“爷儿们，把你那灰制服换掉吧，穿着多显眼，人家弄不清还会把你当八路军的小干部哩。招来麻烦咋办？”我怕惹事，赶忙换掉心爱的校服，穿起了长袍。连校徽也不敢戴了。

春节过得冷冷清清。连翻身农民也没有醒悟到该如何热热闹闹地庆贺自家的解放。迅猛发展的解放战争，使得解放军像过路般地南进，或转战其他地方去了。刚刚组建的新政权领导的地方武装也无法定点驻扎。乡村也不时发生土匪作乱。“路西支队”的一位领导干部到家里的客房屋来动员我时任小学校长的父亲参加队伍，他又恐惧自己家庭成分不好会遭到什么不测，不敢从命，婉言谢绝，住往漯河了。曾祖母心急不安地对我说：“这兵荒马乱的，你去汉口找你爷爷去吧！在家里出了啥事儿，你这刘家独根独苗的，我可担当不起（责任）呀！”于是，经过老人们的一番筹划，在大正月还没出十五的一天黑夜里，由爷爷公司的一位职员领我冒着凛冽的寒风，履着咔嚓作响的薄冰，摸黑从沙河百年不遇一次的冰封河面上走过去，连夜踏上了步行去武汉的行程。

爷爷那时掌管着华新烟草股份有限公司，开办着华新卷烟厂，兼任着舞阳商会北舞渡分会会长。几个月前就由我的小奶奶陪护，到汉口医治他的鼓胀病（现称肝腹水病）。他庆幸我安全到达汉口，连连向他的职员道谢。

不久便听到老家传来了不幸的消息，我妹妹在姥姥家住，在一天夜里被土匪把她同姥姥一起用枪打死在床上。我为此特别悲伤。亲人们在伤痛的同时，庆幸我的离家出走，说：“这孩子命大，造化大。”

我流落武汉，无学可上，心情被失落感的阴云笼罩，常和同学一起到中山公园去划船、滑旱冰，上张公亭上看飞机起落，上最高建筑物璇宫饭店的楼顶平台去观赏武汉全景；看书看报，空谈国事，憧憬未来。遇到“反饥饿、反内战、要和平、要民主”的游行队伍，便插队跟着狂呼起口号，痛痛快快地来一通发泄。目睹着“大武汉”膨胀起来的繁荣，纷乱嘈杂中的兴旺，战乱中的黑暗与阴云；也看到了劳苦大众求生的不易与艰难。当我结识了一位贫困的南阳籍中学生，得知他每夜露宿屋檐，每日奔走于街头叫卖大饼，挣钱度日并积蓄上学用费时，我流泪了！“收下我当徒弟吧，明天我跟您学卖大饼。”他滴出几滴泪水点头答应了。我只跟班叫卖，不要他挣的钱。后来不见他了，我想他此生定会成大器的。我几乎要被当时武汉那种腐败的现实激怒了。我在心底里暗暗向旧势力宣告：我也要去革命了！

忽然在一个天朗气清的日子，我得知中原临中成立的好消息。我独自悄悄地去应试，一个人捧着试卷坐在某学校操场边的草坪上答卷，既不取巧，也无法作弊，三下五除二,一气完成，没料到在交卷时居然被当场告知:“你被录取了！”当我昂首走回位于民众乐园附近的那幢二楼的住所时，一下子觉着江汉大道更宽阔了，阳光更灿烂了。

我得意忘形地扩散着我的好消息。我又被同楼居住的同乡中的先生、太太、小姐们和颜地数落着:“你急着上学，我们不知道上学呀！明天你不把同学们领去考上学，你也别想离开这座楼！”我承担了如此重的使命。中午又受到了同学们用大饼、油饼、包子等物美美地一顿犒劳。大家一同争得了好结果：全部录取！

入学与建校

要入学了，但学校要靠师生自己动手建。校本部和高中设在蒲圻县的羊楼洞镇，初中分部设在咸宁县的柏墩镇，两地现在均属地级市咸宁市辖区。

开学时，武汉这座闻名全国的“火炉”城市，盛夏气温常高达摄氏 40 度。暑热难耐。只穿小背心和短裤，也会汗流浃背。夜晚抬上小竹床，放到马路边人行道上，露天躺下也热得难以入睡；再加上那时新华路一带住有很多马车户，因为马粪味的浓熏以及高繁殖率的蚊虫的叮咬，晚上要想睡一会儿好觉，比白天干活劳动还难。睡不着觉了就想：“要是现在住在漯河，该有多好！”

学校领导这时做出了英明决定：全体师生上鸡公山去上课！学生们高兴得简直要欢呼雀跃了。鸡公山，那是与庐山、莫干山齐名的著名的避暑胜地呀，这不是去避暑享福吗！得花多少钱呀？北方不远处还在打仗，老百姓还生活在水深火热之中，这不是让我们造孽嘛！我们许多学生的父辈和祖上是罪恶的剥削者，可我们是无产者，是要革命的呀！“不，不去！要到农村去，到艰苦的地方去！要嘛，干脆回到解放区去！”反对的意见炸开了，同学议论纷纷，众说不一。刚要开学就要遇到难题。这帮学生可不是随便就能糊弄的无知的盲从者。

学校领导和老师发话了：我们不是去享受。我们是去上课！大家从战区、战地大老远地跑到武汉来，不就是为了上学嘛！3000师生聚集武汉，没有那么大的校舍供大家住宿、上课。鸡公山有达官阔佬、富商、洋人修建的别墅、洋楼，有两百来座，现时因为战乱大多数都是空壳，无人居住。我们“因祸得福”，借居华屋，是没有办法的办法呀。再说，有人在鸡公山上办过中学，我们为什么不能去办？暂时借住，等找到更合适的校址时，再行军转移嘛！

明白了事理的学生们从武汉如期而至，徒步登山。山青青，天蓝蓝，水清清，风徐徐，鸟喳喳，云雾缭绕，松鼠跳跃，鸡公昂首点头，山上的一切有形象、有生命的灵物，都在欢迎这一大批中原学子呢！这诗一般的仙境，将会在这群儒生中造就出多少诗人呀！山上石径纵横，楼宇错落，泉水叮咚，松涛妙曼，是一卷总也读不尽的诗啊！

山上“午前如春，午后如秋，夜如初冬”。夏季平均气温为24摄氏度。怪不得有古人写诗赞叹：“三伏炎热人欲死，清凉到此顿疑仙。”

紧接着正常的生活秩序和紧张的学习开始了。同学们守纪律，勤学习，琅琅书声漫飘山峦，波及得与之相和声的风涛雨韵都显得幽雅、舒曼而愈加动听了。“风声、雨声、读书声，声声入耳；家事、国事、天下事，事事关心。”宋、明两代闻名天下的东林书院的优良学风，在这里得到重振与张扬。

下山去咸宁二镇建校，是中原临中校史上最动人的一章。我所在的初中分部设在柏墩镇，后称桂花镇，因为它是闻名全国的“桂花之乡”。这里还盛产茶、竹。一部分女生宿舍和教室借用在镇上较为宽敞的茶庄（制、售茶场）里。还有一部分同学被安置居住在李家祠等山村的祠堂大院的楼屋里。教室，需要师生自己动手建。各班学生都在老师的带领下，去十多华里以外的“竹海”去伐竹。每人肩扛手拖一根粗如碗口的新竹竿回学校（实为荒地）。然后，用锯子截制成梁、柱、檩、椽，绑、钉、铆起来，上面覆以茅草、竹席，就修盖成了教室。桌、凳也都是同学们用木板、石块和泥土垒砌起来的。这样的教室既美观又实用，在燥热的江南夏季，显得格外的凉爽与适意。

同学们得意地欣赏着群体劳动的杰作。我不知怎的联想起了成都市的杜甫草堂。“风来雨就到”，不知谁竟然拿腔弄调地朗诵起杜甫的《茅屋为秋风所破歌》中的诗句：“安得广厦千万间，大庇天下寒士俱欢颜，风雨不动安如山！”我听得眼睛里酸酸的。有人摆手制止了：“哎，这是哪儿跟哪儿呀，杜甫那是一家老小住家的茅屋，我们这是传授知识的殿堂，是‘艺术之宫’。”又有人随声附和了：“对，是‘象牙之塔’。”最后，大家统一了评论的标准，自豪地声称我们学校是建在“白区”的共产主义高校——“延安抗大”。那年月，我们这群初出茅庐的学子，够胆大、够民主、够革命的吧！

“中原”实施的是“素质教育”

素质教育，是老事物新名词。在素质教育的口号喊得乍响的今天，有的人却弄不清什么是素质教育，教无目标，无所适从。在人们尚未创造出“素质教育”这个新词语的那个时候，中原临中实施的其实就是素质教育。

周祖训校长书写的校歌歌词，就足以能够证明。“巍巍中原，大国之风。嵩岳黄河，山水钟灵。聚三千学子一堂，应自奋发为雄。为人第一，手脑并用。精诚团结，自力更生。校训曰‘公、诚、爱、严’，吾辈应时时服膺。奋发为雄，奋发为雄。”这是学校的教育宣言和目标，它集中明确地提出了教书育人的标准和师生努力的方向。这歌词谱配铿锵有力的曲调，更显得气势雄壮，格调高昂。每每聚会时必唱。每每唱时都会受到激励与鼓舞，催人奋进。在离开这所母校的漫长岁月里，我都时常低吟高唱，奋发、进取。因此，我断言，在我此生所受的诸类、多期教育中，在中原临中受到的教育是最为刻骨铭心的。

中原临中对学生的教育是从德、智、体、美、劳 5 个方面全方位地进行的。德育方面，不空谈主义，重实际表现，提倡遵守纪律，立德为公，诚实守信，爱国爱民。在艰苦环境中团结互助，克勤克俭。维护学校声誉，决不侵扰百姓。在从学校建立至最后返回中原更名之前的一年时间，学生在校内、在校外都没有发生过违规违纪的现象。尤其重要的是，学生在大是大非面前，表现得十分正确、坚定与果断。在驻地临近解放，决定学校走与留的关键时刻，所有班集体都决定保持稳定，迎接解放军到来。

智育。主要表现在各科的教书上，那是毫不含糊的。无论条件多么艰苦，课程一门不缺，老师备课讲课认真，严格要求学生紧跟教学进度，熟练地掌握所学的知识。所以我今天依然清晰地记得我在山坡上、小溪边、桂花树下朗读与背诵《核舟记》等文言散文、诗词时的情景。我的感受是：正是那时的苦学奠定了我后来以至今天从事写作的知识基础。

体育，在创造条件进行教学，开展足球、田径活动的同时，还组织越野、爬山、游泳等活动，坚持晨操跑步，到小河边用冷水洗脸、沐浴，安排学生做力所能及的劳动，使学生正常发育，增强体质。

美术与音乐课正常进行。课外的活动特别丰富。那位曾在长江日报社做过美术编辑的美术老师，经常带领学生去野外写生，手把手地教运笔与构图。那里美丽的山水、林木、民居、花卉等为学生写生提供了取之不尽的素材。课外的歌咏活动也是很活跃的。无论是表现民族正气的歌曲《义勇军进行曲》《黄河大合唱》，还是抒情的、田园的、民间的、校园流行的歌曲《农家乐》《毕业歌》等等，人人会唱，大家都是歌手。歌声、笑声为山村注入了欢乐，也为自己增添了生活的乐趣与前进的朝气和力量。

还有一项更值得称颂的活动，是各班级的刊物与壁报，内容新颖、活泼，名目生动、引人。什么《朝阳》《洪流》《砥柱》《春潮》《萌芽》等等，简直是百花齐放。这是文学的园地，也是传播新思想的论坛。

咸宁美丽的山水与善良的人民

咸宁是鄂南的历史文化名城。三国时期的赤壁之战的遗址，北伐战争的遗址，闯王李自成殉难的九宫山，都在咸宁市的辖区内。

咸宁山清水秀，洞奇泉温，桂香竹翠，风光美丽。中原临中本部所在地羊楼洞镇，是明清古街，建筑风格独特，盛产茶叶，全镇有茶庄多座，曾借给学校使用。分部设在柏墩镇，是全国闻名的桂花之乡。在我们居住的李家祠的山坡上，有一棵古桂花树，树径竟有两人合抱那样粗。山坡、村旁、沟壑到处是桂花树，秋季开花时漫山遍野一片金黄与银白，花香沁人心脾，香飘十里以外。我们帮助农民收取桂花，体验劳动的艰辛与喜悦。收完桂花几天后，室内屋外，衣帽用具，都还留着香味。

咸宁的物产很丰富。桂花制品门类很多，是制作酒、茶、糕点、面食、饮料、化妆品等重要的添加剂、调味剂。用桂花调味制作的月饼，吃起来特别香。边吃桂花边赏月，很富有诗意。自古以来，诗人们都把桂树与月魂相联系。学士们喻科举及第为“蟾宫折桂”。“寒窗书剑十年苦，指望蟾宫折桂枝”是封建社会学子们的追求与理想。所以桂花之乡极富文化品位。

咸宁市的人民，是勤劳、淳朴、热情、善良的人民。他们在帮助学校建房、借房、安居、安排伙食等方面给予了许多照顾，做出极大的努力。当时的生活费用，虽然是政府拨款，粮食是学校筹办购买，但绝大部分生活用品如柴米油盐酱醋茶等等，都是当地商户和人民供应的。没有咸宁人民的物资供应，即使手里握有再多的钞票，也是生活不下去的。当地农民借给学生劳动工具，并教会学生打柴、种菜。大嫂大娘们帮助不少学生洗衣服缝被褥，教学生穿针引线，自己学会缝缝补补。有的好客的农家，遇到喜庆或节日，还请老师和同学们到家里去做客，品茶、尝鲜。当然，师生们也为群众做了不少好事，教孩子们识字、作画、唱歌，帮助缺劳力的农家干活，受到了农民的称赞。从实际的意义上讲，还是学校师生给当地人民带去的麻烦太多。所以严格地、实事求是地说，是咸宁市的父老乡亲用自己的劳动成果养育了3000名中原学子，替中原人民照看、抚慰了远离家乡和亲人的儿女们。咸宁市的人民，功德无量啊！我们对咸宁人民给予我们的养育之恩，是永远不会忘记的。

打个比方来说，学生与当地人民的关系，是鱼水之情，这点，同学们都牢记在心，随时都在寻找机会给予报偿。有一个极为生动的事例，最能说明问题。1948 年冬，国民党需补充大量兵源，镇政府派人持枪到学校伙房，抓走了该村一位为学生当厨师做饭菜的青年农民，去当壮丁了。学生们得知后，就有一位机智勇猛的同学领头，带了几名同学做助手，抄近路赶到前面去堵截。当抓壮丁的两名乡丁带人走到公路拐弯处的山神庙旁时，学生们神速当道阻拦。为首的那位同学，猛不及防地下了乡丁的枪，救回了被抓的农民。同学们英勇夺救人的行为，被群众传为神奇惊险故事，为学校增了光。

迎接解放　回归中原

1949 年 5 月末的一天，中原临中的 3000 名师生们张贴标语，鸣放鞭炮，高呼口号，含着热泪，迎来了解放军，开始了新生活。

学校领导接受了广大师生的要求，决定回到中原解放区去。当时，由于战争的原因，铁路遭到了不同程度的破坏，列车停止了运行。从北平传来的消息说，平汉铁路信阳以北已经修复，恢复了列车营运。学校北迁的目的地，按照当时中原解放区新政权——中原临时人民政府的决定，是到漯河。北迁，采取的方式是集体行动，整队徒步行军，从咸宁到武昌，渡江，再从汉口走向信阳，到信阳即可乘火车北上去漯河。

2000 多师生要集体行军，组织工作是复杂而又艰巨的。全体师生齐心协力，从思想到行动的各个方面，都进行着充分的准备。

长途行军，必须轻装前进。同学们经过商议，下了最大的决心，舍弃自己的书籍、衣物以减少行军时背负的重量。把被褥拆开，掏出了棉絮；把夏衣留下，减去了秋冬装衣裤；把目前最急需的书籍带上，忍痛割爱地放下那些朝夕陪伴自己并给自己增添了知识的宝书。同学们不忍心把精简下来的这些东西毁坏或乱扔，都自找对象赠送给了当地那些贫困的农民。

为了减少学校组织工作上的麻烦，也为了提前几天到武汉向暂居那里的家长（亲人们）告别，我们几名舞阳县北舞渡镇籍的学生一起，向校方请了假，早几天离开羊楼洞镇，从水路坐小船到武汉。从羊楼洞镇出发，经赵李桥火车站，向西北方向走20里路到新店镇，雇了小船，沿湘鄂两省交界线上的一条小河，经黄盖湖不远就进入了长江，向武汉驶去。船主掌舵，同学们帮着划桨，顺流漂泊。船过陆溪口镇和嘉鱼县时都做了短暂的休息。夜晚露宿江滩、湖岸时，我们借船主的铁锅煮了大米饭吃。同学们围着篝火，望着夜空闪烁的星光和远处明灭的渔火，回忆着在咸宁时那段令人难以忘怀的生活，憧憬着美好，也在心头隐隐感到莫测的未来，好一番感慨。我们不约而同地唱起了流行于校园的那首《忆江南》歌："我家在江南，门前的小河绕着青山。在那繁花绿叶的城池，我懂得怎样笑怎样歌唱。啊，江南；春三二月，莺飞草长，牧女的春恋，在草原荡漾；麦田的微风，吹醒了夏夜梦，美惑的星星，点缀着蓝天；秋水哟，共长天一色，晓风残月，轻拂着杨柳岸；寒鸦点点，带来了鹅毛雪，殷红的渔火，独照着江滩。啊，江南，千遍万遍唱不尽我的怀想。啊，江南，水一样的柔情，露一样的娇香，梦一样的温存，云一样的迷茫。别离时，我们都还青春年少，再见时又将是何等模样。"唱着唱着，曲调由悠扬变得低沉了。在微微火光映照下，我看见位女生流泪；我的眼睛也不由自主地湿润了。经过漫长的漂泊，我们终于抵达了武汉，见到了家人。

1949年6月，挥泪告别武汉。全校大队伍沿京汉铁路线向北行进。到达漯河市时，受到了各界的热情欢迎。经过学习整训，学校更名为"河南省立郾城中学"。

选自2002年1月《漯河文史资料》第十辑

一段短暂而耐人寻味的学涯

李玉珍[①]

新中国成立前夕社会动荡，学生无学可上。恰逢中原临时中学招生，而且不收学费，于是欣然前往，就读于初中部。

学校在湖北咸宁柏墩镇。其实就是山坳里一个小小的村落。在我的记忆里只有一个茶庄。

伐竹建校

是学校就要上课，然而既无教室又无桌凳，怎么办？号召学生伐竹建校。

满山参天翠竹真真惹人爱！有的比碗口还要粗，要把它们砍倒实在不易，要运到山下去更难。我们就顺着山坡一段一段地往下推。到了山下把竹子扎成捆滚到小河里漂。同学们有的跳到河里推，有的在岸上拉，呼喊着、笑闹着倒也苦中有乐。

就这样我们有了竹子教室、竹子桌凳。学子们琅琅的读书声开始在坳里回荡。

时至今日外出旅游偏爱和竹子合影，不是爱竹的品格，而是对那段学生生活的亲切怀恋！

① 李玉珍，河南省舞阳县人，1933 年生。1948 年就读于中原临中，1951 年于省立郾中参加志愿军。北京俄语学院毕业。大连三十四中英语高级教师。

关心学生成长

虽为临中但管理还是比较严格的。比如早操，不可迟到，否则受罚。老师站在台上，迟到的学生走过去伸出手男生挨一板子，女生不打，摸一下板子。我也有幸体验过一次。

学校还利用戏剧形式对行将灭亡的旧中国和即将诞生的新中国进行褒贬，使学生在笑声中受到教育，开阔视野。记得演出过“升官图”“兄妹开荒”等。

武汉将要解放时，以潘荻为代表的老师们说服大家不要跟国民党走。大部分学生在老师的带领下浩浩荡荡地踏上了回乡路。

回　乡

当时火车不通，但又怕日久生变必须走回去。徒步从武汉走回河南还要背上行李。负重长途跋涉对于女孩子来讲困难可想而知。老天爷一会儿哭一会儿笑，衣服湿了干，干了又湿。一天要走几十里路，行李越背越感觉到它的分量。脚的前后掌都打起了泡。老师教我们穿破用头发丝系上，可第二天还要走呀，结果是旧泡里套新泡，钻心的痛！

走到信阳时乘了一段火车。那是连栏杆都没有的平板车，或开或停没有准确时间。有时大家刚跳下车去方便，车又缓缓开动，闹得人既狼狈又无奈。那一段生活让我初品人生百味，同时也馈赠给了我一份宝贵的财富，使我在以后的学习、生活、劳动中受益匪浅。感谢师长、感谢生活！

2001 年 8 月 1 日

选自 2002 年 1 月《漯河文史资料》第十辑

忆我终生难忘的中原临中

侯丽民[①]

1948年春季，新中国成立前夕的河南省舞阳县兵荒马乱，人心惶惶，学校停课。为了安全，家人叫我和伯母到汉口家亲戚那里暂住。每天闲坐无事，十分无聊和苦闷。有一天，突然听说从河南来的学生可以到汉口 × 处去登记，报名上学，消息一传开，真使这群渴望求学的学生欣喜若狂，奔走相告。于是我就跟随我的表姐李玉珍、表侄李辉前去报了名，不久就按校方通知去鸡公山报到上学了。这个学校，就是使我终生难忘的“中原临时中学”！

学生有学可上，而且又听说是国立学校，管吃管穿，自然是求之不得，人人高兴。不久，不知何故，学校迁往湖北，初中部安排在咸宁县柏墩镇。这是一个很僻静的大山坳，没有校舍，学生分别住在附近的祠堂和茶庄，每天吃住、上课都要走一段路。当时我上初中一年级下期。

在那里给我印象最深的是学校管理很严，不准请假，不准单独外出，老师亲自带学生修操场、扛大米，上山打柴。学校规定有早自习、晚自习，早升旗、晚降旗，早操、童子军训练，各门课目俱全。除每日必交作业之外，还有小考、大考，总之很严。学生处在那群山环抱的小镇上，也无处可去。有这样学习的大好时机，同学们都十分珍惜。所以，学习气氛甚浓。1949年初，我就按部就班地升入初中二年级了。

学校的生活也使我难以忘怀——很艰苦。教室是临时搭建的稻草房，课桌、凳子都是用竹子和木板拼凑的长条桌凳，晚上睡的大通铺。那年冬天冷极了，学校发给每人一件灰色棉大衣御寒。伙食一直是每日

---

① 侯丽民，河南省舞阳县人，1933年出生。1948年7月到中原临中读书，1949年8月参军，1964年转业到黄委会水文局工作，经济师。

两餐，开始尚能吃饱，后来就吃不干不稀的糙大米饭，再往后就是吃加些青菜的稀米饭了。吃饭慢的人，每餐只能喝一碗，我就是如此。当时就有好心的人教给我们女同学说，吃饭时动作要快点，开始先盛半碗饭，赶快吃完，再去盛满碗，这样每餐就可吃一碗半饭，可以少饿肚子了。时日不久，学校为使每人都能吃到饭，就不叫学生自己盛饭了，让大家排上队，由伙房大师傅均匀地依次盛饭。有时同学们还在雨后抽空到大路旁边拾些地曲链（土木耳），到山上挖些野蒜、野菜回来，在茶缸里煮熟充饥。记得我小时候不爱吃的东西很多，如不吃豆腐、红萝卜、香菜、肥肉等，可是自这之后，我对只要能吃的东西无所不吃。正如人们所说的那样："凡是爱挑食的人，都是欠挨饿。"至今我都信服！

柏墩雨水多，湿气大，卫生条件很差，好多学生发烧，拉肚子，头晕，我们女生身上头上都生了虱子。尤其许多学生长了疥疮，我也被传染上了。手指头缝肿得合不住了，又疼又痒，十分痛苦，好在医生给些药膏，又采取了许多措施，大家总算治好了。

1949 年上半年有一天夜间，突然听到由远而近的枪声响起，大家都惊坐起来，不知道要发生什么事情。等到天亮，来了一些穿灰军装的人，说是这里解放了。他们给学生讲话，动员学生参军，随他们南下。记得当时有人愿去，但很少。我那时不满 17 岁，以往又从未离开过家，所以一心只想早点回家。后来就按学校的安排，身背行装，跟着师长，沿着铁路，步行北上。途中又累又饿，走走歇歇，常常落伍。我们很多同学脚上都打了血泡，痛得钻心，只有晚上住下时才互相用针把血泡挑破，放出血水，第二天再行走。大家十分艰难地一步一步量着那铁路线，究竟路有多长，谁也不知道，只记得走了很久很久。当看到火车时，大伙眼睛猛然一亮，争先恐后地向车厢扒去，好像一步登上了天堂，兴奋极了。火车真是比人跑得快呀！很快把我们拉到了河南省郾城县，住在一个学校里。每天有人教大家扭秧歌，教唱《没有共产党就没有新中国》和《跟着共产党走》等革命歌曲，大家感到很新鲜，很热闹，很快都学会了。没几天学校放假了，我急不可待地匆匆回到了思念已久的家乡——舞阳县城。

人也真怪，当身在外地时很想回家，一旦回去之后，还没住几天，就感到无聊、空虚，又想出去。有一天听别人说街上有个招生广告是“河南军区军政干校”在漯河招生，我急忙征得家人同意之后，跟随亲戚王永民、王永鑫去漯河报考。此行是 1949 年 8 月 24 日，这是我一生的大转折，是我踏入革命大熔炉的第一步，是我参加中国人民解放军的纪念日！

半个多世纪过去了，“中原临时中学”似乎在记忆中早该淡漠了，但实际上它却历历在目，使我终生难忘。因为它不仅是我曾经走过的一段人生路程，而且它也使我在 1958 年的审干中，以无中生有的所谓“青年救国团”问题，刻骨铭心，遭遇坎坷。至今每当想起审干人员那种“审干气势”，还会心有余悸。最后迫使我不得不违心地写下“如果其他同学都集体参加了反动组织‘青年救国团’，那就是我也参加了”的字据材料，审干人员的目的达到了，我才算过了“审干”这一关。

使人料想不到的，也是后来令人庆幸的是，我们的周祖训校长还健在，这位掌握学校第一手资料的，最有发言权的人，挺身而出，为他的几千名学子做了力证。更应感谢伟大的中国共产党，她是真正的唯物主义者，实事求是地为这些青年洗去了不白之冤。

新中国成立前夕，是周校长带领全校教职员工克服重重困难，收容了这一大批青年学生，教我们如何生活，如何努力学习文化科学知识。为了保护学生，周校长千方百计竭力阻止反动势力进校发展反动组织，为教育事业，为青年学生历尽艰辛，终于等到了新中国成立的这一天，并亲手把一些师生送进了部队，把大批学生安全地带回了解放区。他们对得起家长和学生，无愧于党和人民。半个多世纪之后的今天，有些老师的名字虽然已记不起来了，但我一直敬佩他们、感谢他们、想念他们！在此，我祝福我们的周校长及还健在的老师们健康、长寿、家庭幸福！各位师长：请接受我对您的深深的鞠躬吧！

2001 年 5 月 20 日

选自 2002 年 1 月《漯河文史资料》第十辑

省立郾中

省立郾城中学随笔

曹一新

郾塔朝晖

1949 年 5 月底来到郾城，在许慎祠旧址拓建学校。学校东北角城墙上建有古塔，尚存下半，我还进到塔底层观看过。这一带是水天连接无穷碧，郾塔朝晖风云奇。

《无人售番茄处及其他》

1951 年 10 月 3 日，上海《大公报》发表我新中国成立后第一篇散文《无人售番茄处及其他》。写郾城中学学生经过阶级教育、政治思想教育，觉悟提高，大公无私，各班都种有一小片开荒地。秋天来了，园圃青葱，果实累累，鲜红的番茄枝头笑迎青少年，学生在地头挂上纸牌，写上“无人售番茄处”“摘吃一个，随便丢下几分钱……”。每天到晚，收入颇丰。

老舍来信

1953 年 2 月 18 日给老舍去信，关于《骆驼祥子》时代背景问题，向作者请教。

2 月 27 日接老舍寄来亲笔信，信封面写有“省立郾中”字样，保存完好。1987 年 3 月 30 日出版的《河南大学学报》第二期 96 页发表了我写的《老舍先生谈“骆驼祥子”》。这封信复印件，原想等省立郾中开45周年大会时送去，未能如愿。

政治、业务学习气氛浓重

1953年郾中对政治学习、业务学习非常重视。教师订有大《学习》、小《学习》、《时事手册》等时事、政治刊物。我个人订书报杂志超10种:《文艺报》《文艺学习》《中闽语文》《语文教学》《语文学习》……

5月22日下午，全校召开教学评议会，马庆登检查优缺点，大家提议，校长总结。

劳动建校不误课

师生团结互助，劳动建校，从1949年9月至1953年5月。1953年4月30日，大楼盖起。我写《郾城通讯二则》，寄之《河南日报》。

秧歌舞姿喜翩翩

我班学生刘凤伦、邻班学生赵香亭领头，镰刀、斧头开路，彩带飘飞如龙凤，教师学生紧赶上。那壮阔如潮如云的秧歌大军，涌流大操场，秧歌舞步，今日未忘。——来在公园起舞，犹记当年“秧舞步”。

1993年10月21日

选自2002年1月《漯河文史资料》第十辑

既苦且甜的省立郾中生活

魏立尧[①]

1949年夏季到1950年上半年，我曾在河南省立郾中高中二年级读书。时过50多年后的今天，我对那段上学时光的经历和所受的教育，仍有不少事情难以忘却。现将一些支离片段和个人感受追忆如下，以供自语。

这个学校是由河南省政府决定，并由当地党政领导组织建立起来的。她的前身是由民国时期的中原临时中学和嵩云联合中学合并而来的。当时，中华人民共和国尚未建立，郾城方圆的舞阳、叶县、襄县、临颍、西华、上蔡、西平及漯河等十来个县市只有这么一所高级中学。堪称400万人民的最高学府。

郾城高中于1949年夏季建校。坐落在郾城县城内东北角古塔下的一所普通小学里。该校从无到有，从小到大，从不正规到正规，有一个较大的变化发展过程。总的讲，她是共产党领导下，紧跟着新中国的成立而建立起来的。50多年来，她是生气勃勃的、积极向上的、经历非凡的一个知识摇篮，培育革命人才的教育基地。

1949年10月1日，中华人民共和国成立，举国上下，一片欢腾，我校热烈庆祝。当天早上，学校铃声5点钟响起，6点半钟早饭后，全校师生列队到10里地以外的漯河人民广场和工农兵、机关、学校及商界群众一起参加庆典大会。大会前，会场红旗招展，歌声四起，啦啦队活跃异常，热闹喧天。邻队的漯河一中师生用秧歌调啦啦齐喊：

---

① 魏立尧，河南省舞阳县人，1933年出生。1949—1950年就读于省立郾中高中部。曾任中共漯河市委委员、市经贸委第一副主任、市轻工局局长、市医药管理局局长；许昌市政协第一、二届委员会办公室主任，市政协秘书长等职。

“一二三四五六七，郾中同学别装迷，会的多少只管唱，唱的好坏没关系……”说实在话，郾中初建，学生学新歌很少，颇感尴尬，但在音乐教师孙志强的指挥下也唱了“解放区的天是晴朗的天，解放区的人民好喜欢，民主政府爱人民哪，共产党的恩情说不完哪，呀呼嗨嗨一个呀嗨……”等歌曲。大会上，听到市长关于中华人民共和国成立的讲话后，群众欢欣鼓舞，洋溢着幸福的兴奋景象。上午 11 时散会后，学生列队到漯河火车站，每人背一袋面粉，供大伙食用，中午师生都吃了节日饭，晚上和军民一起在黉学大殿前观看了驻军文工团公演的《血泪仇》话剧。第二天，师生走向街头扭秧歌、说快板、做演讲、演活报剧，向市民宣传成立新中国的大事，也教育自己。

一开始学校就很重视政治工作和形势教育。学校校长由当时许昌行政公署专员李庆伟兼任，河南老教育家周祖训副校长主持学校的全面工作。上级还派了张耳、惠柏峰、王景汉、殷国华 4 位共产党员老干部专门做政治思想和共青团工作。每周一次全校师生的形势报告会，在黉学礼堂，大家席地而坐，细听学校领导和张耳同志的讲话。内容主要是解放战争形势、共产党的政策、革命青年的任务。然后按班级分组讨论，对师生的思想转变作用很大。

曾记得，1949 年 12 月，一个北风呼呼的下午，在学校中院楼房前，专员李庆伟向师生做政治报告。他讲了革命发展形势，讲了当地城乡革命运动，讲了对学校工作的要求，着重讲了青年学生应有的革命志向。我还记得当时的省长吴芝圃也到学校讲过话。他要求，进步青年要以革命领袖为榜样，学习马列主义理论、学习毛主席等无产阶级革命家的斗争实践，鼓励青年奋发向上。1950 年春节过后，中共郾城县委书记周刚，让全校师生参加了郾城剿匪反霸和土改试点古城村（在城南五里地）的群众大会。会上，农民用大量事实控诉了恶霸保长张祥瑞的罪行，使我们上了一堂实实在在的阶级斗争课。以后，还在黉学广场参加镇压土匪头子潘子茂的公审大会。从而，不断提高了师生的阶级觉悟和革命斗志。

在强大而有力的政治教育下，学生们进步很快。由于我一开始就担任了学校在县政府大门口影壁上的定期宣传壁刊编写工作，受到学校表扬，所以 1949 年 12 月，共青团在我校公开建团前夕，就由殷国华、刘风伦二人介绍我加入了新民主主义青年团。这是我一生政治生活的良好开端。

初开始，学校就很注重学业教育。我们这部分学生，由于生长在动荡不安的战乱年代，学业基础很不扎实。学校安排每周 34 节课程，星期一至星期五，每日六节课，星期六上午四节，下午课外活动；每天早晚都有自习课。学校授课教师都很有名气。如王九功、甘永和、秦体仁、宋芳启等。我班曹一新老师讲语文兼班主任，王淑琇老师讲高等数学，宋芳启老师讲三角、大代数，王九如老师讲物理，马英讲的英语，是毛泽东新著《论人民民主专政》和《为人民服务》英译文，要求会读、会写、会用。学校教学计划提出，高二学生要用英语写作文、记日记。有些单词，如“人民”“民主”“专政”“共产主义”“胜利”，我终生难忘。当时，高中少，生源缺，凡是毕业考大学的，十之八九都能录取。不少同志考上了名牌大学，成为国家的栋梁。

针对新中国成立前后，旧社会遗留下来的贫困景象，学校狠抓了艰苦奋斗教育。面对现实，学校响亮地提出“劳动建校”的口号，提出学习红军长征精神，发扬延安办学学风。第一学期，除高年级外，其余 8 班上课没有桌凳，就动员师生到城东北角大庙里搬运砖头，垒成桌凳，坚持上课。在劳动建校中，涌现出不少先进事迹。总务老师刘秉衡，头缠毛巾，身着布衣，不怕脏累，带头劳动，成为大家一致赞誉的楷模。当时，老师实行供给制，学生实行助学金制。师生吃的小米、面粉有相当一部分是从支前军粮中拨发的。一段时间，日食两餐，饭菜简单，夜里睡在楼板的大铺上。我班学生罗丙炎，人很聪明，能拉弦子，会唱京戏，他对当时的条件不大满意，说是要写副对联：“一天两顿稀米饭，两天四顿红萝卜”，横批“慎防饿死”。班上的师生就摆事实，讲道理，帮助他提高认识，也教育了全校师生。

学校积极为地方和军队输送干部。新中国成立前后，祖国的革命和建设事业蓬勃发展，需要大批有文化的青年。学校就积极推荐年轻有为的学生到最需要的地方去工作。据我所知，先后到军队地方工作的有：刘风伦、赵香亭、谢振中、刘运玺、田佩芝、孙灵敏、王政祥、张文选、胡亚东、宋甲珍、田英炎、胡淑珍、刘旭皋、秦书合、石嵩鑫、安美景、李超、陈瑞和、于润莲、黄蜀芹、凌云志、王高山等。以后，在下江南和抗美援朝中，又有毛磊、李玉珍等一批学生光荣参加志愿军。和我同班同桌的朱保治同学，参军后不久牺牲在朝鲜战场上，每想起他，我就从内心感到难过，也感到很自豪。总之，郾中初建时期的情景是：既苦且甜。

一滴水可映出太阳。50 多年来，随着祖国革命建设的不断发展、前进，母校毫不怠倦地培养出一批又一批的人才。每当我们说起这段难忘的经历，我都衷心感谢共产党的领导，难忘母校的真切教育。在新的世纪到来之际，我谨向母校致以崇高的敬礼！祝福母校！谢谢老师！

2000 年 12 月

选自 2002 年 1 月《漯河文史资料》第十辑

省立郾中——我的母校

栗玉瑄[①]

中学时代是一个人成长过程中的重要阶段，我的中学教育几乎全是在河南省立郾中（简称郾中）度过的。

新中国成立前，我在设置在漯河市名称为“省立郾中”的初中部读书。记得那时的校长是程百让先生，校址在漯河市一个很安静的区域，走出大操场不远，就可以看到两条西来的河流交汇成一条更大的河流，滚滚东去。河中经常看到扬帆的货船和停泊在岸的水上人家。现在闭目想来，真是一幅美丽的图画。

那时的郾中在教学上，我认为有两点仍可作为今日借鉴的。其一是在质量和数量关系，把质量放在第一位，在保证质量的前提下追求数量。这样使学生易于收到举一反三的效果。其二是校内虽有高中部和初中部，但教师却没有截然分开。记得那时教物理和教代数的两位老师，他们既教高中部也教初中部。这样安排对于初中部极为有利，因为老师可站在较高的观点上来组织初中教学。例如初中代数中“因式分解”是很重要的，要掌握它既要死背公式，又要有解题技巧。但如果把高中代数中的“综合除法”引入，就会容易很多。代数老师这样教了，初中学生接受起来并无困难，而在初中毕业考高中时极为受益。我初中毕业后，考入省立开封高中。

新中国成立后，因开封离家很远，在那里继续读书经济上有困难。于是在高中二年级时，我又从开封高中考插班到了省立郾中。这个省立

① 栗玉瑄，河南西平县人，1930年11月出生。1949年至1951年就读于省立郾中高中部。北京大学物理系毕业。山东大学电子系教授、研究生导师。教育部高等学校理科无线电教材编委，国家教委高等学校信息与电子科学教学指导委员会委员。

郾中的校址不在漯河，而是在郾城。郾城是一座历史名城，它是岳飞大破金兀术连环马的地方。这里离家很近，每星期六回家带些干粮，星期天即可返校。

插班省立郾中后，我第一个喜讯是知道校长是周祖训先生，这可是我从上小学时（抗战时期）就敬仰的人物。因为我的小学老师大都是河南省立信阳师范（简称信师）毕业的，信师是一所很有名的学校，当时的校长就是周祖训先生。所以周先生早就是位著名的教育家，德高望重，桃李满天下了。同学们还传颂着新中国成立前周校长在白区掩护党的地下工作者的革命事迹。周校长体格魁伟，既严肃又亲切，在同学们心中的精神形象非常高大。周校长很注意思想教育，经常给全校师生做时事政治报告，进行爱国主义教育。周校长还请来省内各级领导到校做报告，来提高全校师生的品德素质。

郾中的校风朴实，师生融洽。我现在记得当时的任课老师有：教我们数学的是宋芳启老师（焦作工学院毕业），教学态度极为严谨，一丝不苟。生活上也很关心学生，使我有一日为师，终身为父的感受。教我们语文的是汪剑虹老师（南京大学毕业），教学内容丰富，引人入胜。他还是个诗人，朗诵他的作品时神采飞扬，他还兼我们的班主任。教我们英语的是马英老师（河南大学毕业），青年英俊，英文造诣很深，尤精于会话。抗美援朝时，投笔从戎，保家卫国。当了一名光荣的志愿军翻译官。

我于1951年省立郾中毕业，考入北京大学物理系；1955年大学毕业分配到山东大学物理系。当时校址原在青岛，1958年迁到济南。60年代我调到山东大学电子系任教迄今。

饮水思源，学生永远思念着母校。郾中为国家不断培养出大批的合格人才。我为受教于郾中而自豪，祝愿母校越办越好。

——2001年5月22日写于济南

选自2002年1月《漯河文史资料》第十辑

自豪吧，母校！

阎书华[①]

我于1949年8月份由河南省立信阳师范一年级插班考入省立郾城中学高二上学。我们这个年级属于第三届。二年级第一学年分甲、乙两班，每班只有三十几名。因新政权刚刚建立，地方行政事业单位急需大批有文化知识的青年，所以中途退学参加工作的很多，到高三上学期，甲乙两班合并，也只有三十几名。1950年10月抗美援朝开始后，又有一些同学参军参干，等到毕业时只剩了25名左右。我就读郾城中学，虽短短两年，但那段团结、紧张、严肃、活泼的学生生活，却给我留下了永难磨灭的美好记忆。

优秀的教职员工队伍

郾中的校舍是原来的郾城县完全小学的校舍，是著名的许慎祠堂的遗址。所以，校门还保持着古代庙宇的特色，门内外是又长又宽的走廊。红色的校门高大宽阔，两边是红色的木板壁，门两边一对不高不低的石狮；校门因历经战乱，年久失修，红漆脱落，但仍不失其庄严肃穆的外貌。校门的耳房是传达室。迎门是座大殿，五脊六兽的屋顶，镂花的窗棂，雕梁红柱，灰砖铺地，学校的指导中心教导处就设在这里。

当时的正校长由许昌专员李庆伟兼任，他是个名誉校长，我只是在毕业证上见过他的名字，似乎从未见过其人。学校的具体领导担子就全

① 阎书华，女，河南省郾城县人，1934年5月出生。1951年省立郾中毕业参加抗美援朝志愿军。曾任军委总政文化部文化教员、商务印书馆俄语资料员。曾参加大西南三线建设。后任漯河市商管委科长，经济师。

落在副校长周祖训的肩上了。因为原来河南省国共拉锯战争剧烈，时局动乱，学生无法正常学习，周校长带着一批河南的学生在湖北羊楼洞办起了中原临中，并在湖北柏墩镇设了分校。解放后，他又把其中大部分学生带回漯河办起了郾城中学，因而他在学生中享有很高威望。他40多岁，一副魁梧端庄的体魄，坚毅自信的面容和成竹在胸、从容不迫的神态，配着那身得体笔挺整齐清净的中山装，显得气宇轩昂，使学生们肃然起敬。他外表严肃，不苟言笑，有超常的记忆力，凡是和他直接接触过的学生，再次见面就能呼出姓名、班级，甚至原籍。所以使我们感到他平易近人，富于感染力。

副教导主任张耳，30来岁，个头偏低，面孔黑瘦。他是上级派来的，听说做过中共地下工作。在教职员工中党员极少的情况下，大家都把他视为党的化身，加上他有较高的文化艺术才能，师生们对他都很尊重，每天早晚的升降旗，差不多都由他代表学校讲话。

除了张耳主任外，上级还派了两位党员（后增为三名）组成的工作组，一位是惠柏峰，一位是王景汉，都是穿的灰土布制服。特别是老惠，始终保持着军人的仪容，束着腰带，打着绑腿。他俩负责党、团及学生会的组织建设，一切课余的政治活动几乎都是他俩负责。他俩不是当时所谓的“大老粗”，而是着灰制服的知识分子，跟学生们在学识上有共同语言，又具有青年人的蓬勃朝气。所以，跟同学们的关系格外密切。升降旗及许多集会都是老惠指挥唱歌。王景汉同志着装随便，大大咧咧，嘻嘻哈哈，同学们都把他当学生头老大哥，喜欢靠近他，跟他交心。

支撑郾中这座教育大厦的栋梁之材的教师队伍，全是具有高等院校学历，又有丰富的教学经验，既有高尚的师德，又有严谨的执教态度的中青年教师。

我的第一任班主任、语文教师（当时的语文教师是必然的班主任）汪剑虹，他貌不惊人，还有麻点，但他却以自己渊博的学识赢得了学生们的厚爱。他每次讲解，几乎不翻课本，不看教案，在讲堂上踱来踱去，用较重的乡音一字一板地讲着，似乎全部身心都投入教材中去了。

他的表情和声调随内容起伏跌宕，在讲《王贵与李香香》时，他还把自己创作的诗歌给我们朗读，使我们很受感动。他教授的《李有才板话》中的精彩片段："张德贵，真好汉，跟着恒元舌头转。恒元说个长，他就说不短。恒元说个方，他就说不圆，恒元说公鸡能下蛋，他就说亲眼见，亲眼见。"一直萦回在我的脑海里。结合课文，他还给我们介绍和推荐了许多古今中外的名著。如托尔斯泰的《安娜·卡列尼娜》、奥斯特洛夫斯基的《钢铁是怎样炼成的》，我就是从他那里第一次得知，并吸引着我到图书馆借阅的。当时各年级都规定有每周两个小时的作文课，汪老师要求我们在两个小时内必须交出一篇作文来，我就是在那个时候练出了快速写作的能力。在后来的多年工作中，遇有急需上报的文字材料，我常常是不打草稿，套上复写纸，直接写出来，而且能做到字体工整，没有涂改，紧急的会议报道，会议结束稿子就出来了。

三年级上期，高中部组织了一次论文比赛，我以自己的继母在封建家庭中的遭遇为题材写了一篇赞颂新中国妇女解放的论文，经过汪老师的精心润色，获全校第一名，曾作为范文在各班讲评。

我的第二任班主任是曹一新老师。他身材高而挺拔，面容清秀白皙，虽只有三十几岁，可是在学生面前却透出几分母亲般的慈祥。他讲课时声调不高，耐心细致，表情丰富，助以手势；对作文批改尤其认真，遇到写得好的句子，圈上红圈，加上评语，给人以莫大鼓舞，同学们都把曹老师的好评视为崇高的奖赏。当时，我班的语文成绩普遍较好，恐怕是和这两任语文老师分不开的。只可惜才华横溢的汪老师，却带着满腹经纶过早地病逝了。

教英语的是青年教师马英，他英俊潇洒，英语非常流利，能够把学生感到陌生的外语讲得有声有色，吸引了学生对英语的浓厚兴趣，大部分课文都能熟背如流。难怪有的老同学在花甲之年还能够忆起当年背诵的有趣的句子。抗美援朝开始后，他毅然弃教从戎，随志愿军赴朝担任了一名战地翻译。

还有数学老师宋芳启、王九如，化学老师王九功，地理老师王钟麟，物理老师徐祝峰、蔡子桢等，如今他们大部分已经谢世，但是他们的音容笑貌和诲人不倦的教学态度却都铭刻在我们的记忆中。

艰苦紧张的学习生活

除了上面提到的那个古色古香用作教导处的大殿外，后面就是一排排不高不宽的旧瓦房。没有桌凳，我们蚂蚁搬家似的从三里地外搬来土坯，横排竖立，摆起两个坯那么长宽的课桌来，下面还垒出了一个书斗。根据个头高矮，几个坯摞起来就是凳子。教学条件简陋，学习生活却十分紧张。早晚自习，两头披星戴月，都有班主任或任课老师陪同。我们用的是小瓶制作的煤油灯，豆大的灯头，就是这样，还有不少用功的同学，赶在早自习前开读了，下晚自习后还不离开教室。一年后，随着条件的好转，土桌凳变成了木桌凳，小油灯换上了汽灯。

郾中实行的是不分县内外学生一律住校，教职员工和学生一样的集体生活，不同的是教师有自己的单独宿舍兼办公室。学生宿舍分男女两个部。没有床铺，我们用土坯圈起来，垫上沙子铺上麦秸，一人兑上一条被子，两人合住一个铺。课余回到宿舍，在一个通铺上可以毫无遮拦地打闹翻滚，无掉床之忧，别有一番情趣。早上天不亮，起床铃一响，大家就快速到操场集合跑步，老师和校领导常常比学生到得还早，跟在学生队伍后面跑。

女生部的辅导员是40来岁的王淑琇老师。她亲切和蔼，女学生都把她当母亲看待。她自己虽然还担有课任，但对女生的管理却丝毫没放松过。她了解每个女生，一些不愿告人的心思都愿向她剖露，课余时间她的房内总洋溢着欢声笑语。我敢说凡是跟她一起生活过的包括我在内的女同学，都不会忘记她的名字。

我入校的第二年，即1950年春天，因头年旱灾歉收，这时正值青黄不接，春荒严重。同学们大部分来自农村，平时都是背粮来交伙食费，这时连伙食粮都交不上了，城市里的工薪阶层都是以小米顶工资。学校号召“团结自救渡春荒”。分班级把交来的原粮，集中起来设法加工。我们班借老乡家的磨，把黑豆磨成豆糁。男同学轮流推磨。我是班里年龄最小的一个，因营养不良，又黑又瘦，同学们送我个爱称“小印度”。每次推磨都让我压磨，我瘦猴般地蹲在磨上，常常转得头昏脑胀。伙房大师傅把豆糁掺上榆钱、槐花、菜类，蒸成窝头。学校统一规定三顿变两顿，两顿都是小米稀饭菜窝窝。第一顿到第二顿间要连上五节课，第五节课下来就饥饿难耐了。春荒过后的正常时节，我们吃的主食也大都是黑白相间，白少黑多的花卷馍、汤面条和稀饭，在我的印象里，一点也想不起在学校吃过什么炒菜，想吃顿白面馍实属奢望。不过在后来生活中喝到的小米稀饭，再没有那时小米稀饭喷香喷香的味道了。

就是这种生活，我们似乎从来没有感到过苦；相反，觉得能够不再像小学、初中时期那样跑警报、避战乱躲日本鬼子了，能够有这样一个安定的学习环境，就是难得的幸福。现在社会上流传的“再穷不能穷教育”的话，我们的母校在极其困难的条件下，就以其行动在努力厉行这一宗旨。给我印象最深的是那三间平房的图书阅览室。除了简陋的书架外，还摆着一排排用木板架起来的报刊阅览条桌，粗糙的条凳。课余时间，我们没有其他的生活奢望，就是跑到这里来汲取知识的养料。汪老师推荐的《安娜·卡列尼娜》《钢铁是怎样炼成的》《普通一兵》《丹娘》《阿Q正传》《雷雨》等等，我就是从这里借阅到的。

欢天喜地的学生会竞选

一个包括初、高中部6个年级500多名学生的学校，在艰苦条件下能够创造和保持着一个持久安定的学习生活环境，建立学生会，发动学生自治，是其中的一个重要因素。

学校的特点本来就是“铁打的校门流水的学生”，而当时新中国刚刚成立，参军参干的多，流动性比正常情况更大。所以，学生会的换届基本是一学期一次。学生会设正副主席，下设正副学习、文体、生活委员。成员由各班提名竞选。每遇学生会竞选就像过节样的热闹隆重。各班把提名候选同学的像，画得大大地贴在一块木板上，另外用一块木板，贴上候选人小传、品德、学科成绩和特长。同学们抬着这两块牌子，敲锣打鼓，串游校园，积极宣传；班级间还互派“记者”，采访了解。最后由学生代表投票选举。这种办法选出的学生会委员，都是品学兼优，以身作则，热心为同学办事，在同学中享有威信的同学。各班与此相应，设有正副班长和委员的班委会。记得学生会主席第一届是刘风伦，第二届是毛磊。刘风伦第一批报名参军，在全校的大讲台上咬破手指写下“誓死保家卫国”的血书；毛磊在土改时，当众揭发地主父亲的剥削行为，成了学校的第一名学生党员，第一批志愿军的应征者。

诸如本文提到的全校性论文比赛、渡春荒及以班级为单位或全校性的文娱体育活动等，都是由学生会和班委会配合校领导组织的。

学生会为体现学生自治，曾一度倡议取消传统的老师监考，由班委会监督，得到全校同学的响应。不管段考或期考，考场秩序井然。同学们认为老师不监考是对同学的信任，不能辜负老师的信任，一些学科差的同学宁可不及格也不作弊。

热火朝天的文艺宣传活动

新中国刚刚诞生，国家在由旧变新，广大群众和学生的思想觉悟也在由旧变新。为了促进这种变革，郾中的党、团、学生会和广大师生，配合当时的政治任务组织了形式多样生动活泼的文艺宣传活动。

全校有一支常设的秧歌队和腰鼓队，街道演出及下乡宣传差不多都是先由这两个队打场子。遇到节日庆祝，全体师生出动扭秧歌。我们下一级的班主任秦体仁老师多才多艺，以他那个班同学为骨干，挑选各班的文艺人才组成一个校宣传队，秦老师担任导演，演出了许多深受全校师生和城乡群众欢迎的剧目和歌舞。

1950 年土改时期，排演了控诉土豪劣绅压榨穷苦百姓的多幕话剧《血泪仇》《赤叶河》《在战斗里成长》。在反封建迷信、打击反动会道门活动时期，排演了《一贯害人道》《阴谋》《小二黑结婚》。1950 年美国破坏世界和平，企图武装和复活日本军国主义，飞机轰炸我东北边境，直接威胁着新中国的安全。组织演唱了《王大妈要和平》《反对美帝武装日本》等歌曲及活报剧，在一年一度的阴历三月二十五日庙会上向群众宣传。同时排演了歌剧《血债要用血来还》，主演是后来和我一起参加志愿军的李玉珍。她演得声泪俱下，感人至深。其中一段歌词，至今还记忆犹新：

是谁开的头一枪，
谁侵犯我们的边疆？
谁杀死我们的儿女，
谁杀死我们的爹娘？
杀人要偿命，欠债要还账，
哪怕他逃到天涯海角，
一定要他还清账！

抗美援朝开始后，排演了反映解放区人民妻送夫、妹送兄参军的小歌舞《慰问袋》；还演唱了支前歌曲《自卫战争好比一条龙》等。

除了校宣传队的演出，各班还排演了一些节目。如秦老师那个班的《思想问题》，以毛磊、胡亚东为主演，反映当时的知识分子思想改造问题。我们班演出了《教师之家》，反映国民党统治下一个普通的教师之家的悲惨遭遇。我担任了教师的女儿这个角色。

张耳主任和惠柏峰同志亲自教唱和改编了许多革命歌曲。如《解放军进行曲》《歌唱新中国》《我们年轻人有颗火热的心》《走，跟着毛泽东走！》《我们工人有力量》等。《歌颂社会主义阵营大家庭》《台湾是个好地方》就是张主任改编的，他还用《东方红》的曲调填进忆苦的歌词。开头一段是："穷兄弟，穷爷儿们！听我说说旧社会，封建制度不合理，呼儿嗨哟，穷人受苦又受难。"

校宣传队在暑假期间，由惠柏峰、秦体仁等老师带领到方圆几十里的农村巡回演出，上述大部分节目都带下了乡。大车拉着简单的布景道具，同学们背着书包和日常用品一路步行。宣传队下乡大都住在乡村小学校的教室或其他空房子里，睡的是课桌或草席。

同学们热情认真和精彩的演出，深深地感染了农民群众，激发了他们的阶级仇民族恨。在招募志愿军时，许多农村给参军青年披红戴花，骑马坐轿送到新兵站，再现了当年"母亲叫儿打东洋，妻子送郎上战场"的动人场面。

在宣传动员群众的活动中，同学们也进行了自我教育。

第一批志愿军伤员转送到漯河车站时，高中部的全体同学到车站迎接，用担架轮替班把他们从车站抬到十里路远的郾城县医院。我当时只有16岁，也照样和男同学一样争先恐后地抬。在医院治疗期间，很多同学满怀激情到病床前向他们致慰问词，唱歌和表演。我就曾把自编的诗歌在那里朗诵。看到他们有的双目失明，有的缺胳膊少腿，我们都为他们的牺牲精神深深打动，向他们表决心，学习他们的国际主义和爱国主义精神，前仆后继，打败美帝野心狼。此后不久，学生会主席刘风伦等七八名同学参军；吴文晋、李辉等近40名同学参加军干校；以毛磊为首的12名同学放弃了考大学的机会参加了志愿军，我和李玉珍就是其中的两名女同学。

欢送参军的仪式是极其隆重和光荣的。周校长带领全校师生，腰鼓队鸣鼓开道，到县政府（旧称衙门）大礼堂开欢送大会。周校长致欢送词。欢送会后，我们手捧学校赠送的纪念品——女同学装订制作的带有校长及全体老师签名的红布皮笔记本，茶缸、毛巾和牙刷，同学们用肩膀头，两个扛一个把我们抬到了新兵站。欢送时在县政府门前照的相，我一直珍存至今。这种风光的场面，又怎能不使这群充满青春活力而又纯真的青年人为之激动，为之向往！听说我们走后不久，又有一批同学踏上了光荣的征程。

这种多彩的文艺宣传活动也被应用到青年团的入团仪式上。每一批青年入团，不管人数多少，都要由团的主要负责人王景汉同志在操场的大讲台上主持入团仪式。新团员站在台子上，面对全校同学，接受同学们的献花。献花人对唱："正月里来什么花儿开？正月里开的是迎春花。迎春花开么人来戴？青年团员（当时叫新民主主义青年团）戴起来。七不隆咚采咚采，戴起来，八不隆咚采咚采，戴起来！"等这种《四季花开》的歌曲唱完，献花人把同学们亲手制作的大红花戴在新团员的胸前，常常使台上台下的青年人激动得热泪盈眶。同学们都把团员当作进步青年的标志，把争取入团当作政治进步的第一个阶梯。

能够把群众性的文艺活动如此贴切地融进学校的各种活动中去，使它变成激励学生进取的手段，不能不说是周校长、张耳主任和惠柏峰、王景汉这些领导人的匠心独到之处。

正因为运用得当贴切，所以这种经常性地看起来又比较频繁的文艺活动，对正常的教学活动却没太大的影响。因为这些活动大部分是在课余、周末或假期里进行的。当时的绝大多数师生都是以校为家，假期都乐意留校。而且，我校的教学质量和升学率是享誉全省的。据我所闻，除了中途参军参干者外，几乎都能考上高等院校。所以有些较远县区的学生也舍近求远慕名前来报考郾中。

为了让我们接受多方面的教育熏陶，在物质条件匮乏简陋的情况下，还经常包场电影，组织我们步行数里渡河到漯河市的影院看电影，《白毛女》《赵一曼》《钢铁战士》《中华女儿》等影片，就是我们最初接受阶级教育和革命英雄主义教育的一个组成部分。我在退休后写的回忆录里有这样一段：

“可能是在母校的阅览室里，就着干馍读过的《钢铁是怎样炼成的》《普通一兵》《丹娘》；也可能是在露天地里，坐在砖头上看过的解放军文工团演出的《钢筋铁骨》《刘胡兰》；还可能是在家乡大工棚式的电影院里看过的《中华女儿》《赵一曼》。这些英雄的故事，以及在这些故事中所宣扬的思想、道德、精神、情操，都统统变成了构筑我人生观的钢筋水泥，铺垫我生活道路的基石，迎接和经受挫折、磨难和病痛的物质力量。”

母校，母校，名没错起。您就像个多子女的母亲，用您甘甜的乳汁把我们喂养大，含辛茹苦地把我们培育成保卫祖国、建设祖国的有用之才。《京汉小调》中有句歌词“当年的小伙子如今白头”，回首这些子女们所走过的生活道路，我想现在可以无愧地道上一句：

自豪吧，母校！

1997 年 12 月

选自 2002 年 1 月《漯河文史资料》第十辑

永生难忘的省立郾中生活

毛　磊[①]

我于1949年9月至1951年5月，在河南省立郾城中学读高中，虽然只有近两年的时间，但却是我一生的转折点。对于我成长为一名大学教师有着决定性的作用。这两年的读书生活是我永生难忘的时刻。往事浮现在我脑海中成为鞭策我前进的动力，也是使我冷静对待生活与工作的宝贵借鉴。因而认真回忆这段人生重要的历程，清醒总结个人的经验教训，是很有意义的。

一、中原中学的苦难生活

省立郾城中学的前身是中原中学。我于1947年11月至1948年7月在汉口清芬路14号“豫隆商行”学徒，当茶房，倍受老板的压榨与侮辱。从我当时实际生活出发，在我内心里就有着：“如果共产党真的为受苦人谋福利，我就会拥护共产党。”但毕竟当时只有十七八岁，又受国民党反共的欺骗宣传，这些思想上的火花也只是一闪念而已。1948年7月，听说国民政府教育部办一个中原临时中学，专门招收从河南省流亡到武汉等地的中学生。我就报名后到湖北省咸宁县柏墩镇中原临中初中部学习。但学习生活是极为艰苦的。每人每天只有相当一斤大米的生活费用。因而每天只能吃两餐稀饭。节假要上山打柴以补贴生活，由于我完全失去家庭的经济接济，全靠学校供给，而冬季只发件棉大衣。可

① 毛磊，河南南阳县人，1931年出生。1949年至1951年就读于省立郾中高中部。1951年5月参加志愿军。1955年武汉大学毕业。中南财经政法大学人文学院教授。兼任北京海峡两岸关系研究中心特约研究员、南京大学“民国史研究中心”客座教授。

以说我在此时过的是饥寒交迫的生活。这种青少年时期的贫苦经历，对于我成长为一名共产党员有着直接的关系。也就是在此阶段内，使我靠近进步教师的内在原因。

我们初三班住在离校部教室约两千米的一个村庄叫背渡河的民宅内。从校部到宿舍要翻越一个小山。自然环境是很优美的，有江南小桥流水的幽雅风味。但我的心境却很不平静。当时担任我们班的班主任冉繁桂老师是位进步教师。同住在背渡河的另一位语文教师潘荻也很进步。冉老师在课堂上讲课时说：“时局已很危急，我准备到台湾去！”我因为是班上较用功的学生之一，也深受老师的爱护。所以，很直率地说：“台湾解放了，您还往哪里走？”逗得满堂大笑。说明班上的进步气氛很浓厚。潘荻老师更是导演《升官图》以抨击时政。“背渡河村”竟然成为一个进步师生的聚集地。我因为不满现实，在作文中常流露出对旧社会的痛恨与不平。冉、潘两位教师对我的作文评价很好。因而，在他们指导下由进步学生办的壁报常约我写稿。这就引起国民党当局的注意。反动学生常找我挑衅，他们十几个人准备在我由校部返宿舍的途中埋伏下来，要“揍”我一顿。幸亏走漏风声，冉、潘两位老师通知我做好防范，走另一条小路返回住地，才幸免于难。

还有一件事值得我记述的是，周校长为了我们初中部学生的安全，于1949年4月间，要我们到蒲圻县羊楼洞校部集中。这是对我们的爱护，至今很多同学对此十分感激。因为当时正是国民党兵败如山倒，各自寻找逃跑的途径。在那兵荒马乱的动荡年代里，社会秩序极为混乱。我们这些十多岁的孩子们，多么需要保护啊！周校长指示必须由班主任亲自带队把每个学生带到校部集中。我们从咸宁火车站乘火车去赵李桥车站下车后到羊楼洞，但因为火车均被国民党向南撤退的军政等机关控制，根本没有客车开出。我们只能爬到客车顶上去乘车。车顶是椭圆形的，两个同学互相把手拉紧，才能保证不从车上摔下来，稍不注意掉下车来就会粉身碎骨，多么惊险的场面呀！现在回想起来实在后怕。为了求学，为了得到周校长的保护，我们是冒着很大的危险到了校部的。不久，解放军接管了学校，我们就由班主任带队从湖北蒲圻步行千余里到河南郾城。从此，开始了新的生活。

二、获得解放是多么高兴啊

对于“解放”这两个字，我的感受是很深的。因为在我70年的生涯中，曾多次获得过“解放”。别的不说，就1949年来说，这的确是“难忘的1949年”。我们被解放军解放了，解放军派到羊楼洞接管学校的军管人员，严格执行党的各项政策与国民党穷凶恶极的军官相比，完全是两个世界。记得到我们班第一次来的一位解放军好像是部队的文化教员，他像大哥哥一样教我们唱歌，第一首歌就是:“你是灯塔，照耀着黎明前的海洋；你是舵手，指引着前进的方向……伟大的中国共产党……”不知为什么，我从内心里感到一种说不出的愉快。很快就被这位战士的魅力所感染。在我处于迷惘的时刻，给我指明了方向，那就是：跟着共产党走！此时，我好像顿开茅塞，眼一亮，有一种被解放的感觉。好像身上有很多绳索被解开了。那种兴奋的心情是难以言表的。可惜我不是文学家，真不知如何形容被解放后那种兴奋的心情。

1949年9月1日，我校正式命名为“河南省立郾城中学”，由许昌专署具体领导。当时许昌专区有5万人口，但全区只有两所设有高中部的中学，即许昌高中和我校。因此，党和政府派得力干部到校工作。他们多是老党员、老干部，这在当时来说是很了不起的。一种向上求进步的局面在全校形成。我在这种环境里，深深感受到“解放”的幸福。没有剥削者来剥削我，没有压迫者来侮辱我，有的则是党的温暖和校长老师的谆谆教导。“我们解放了！”这是我内心的呼喊！

一旦被解放了，人们就会迸发出无穷的力量，我对此体会尤深。特别表现在学习上，在郾中的近两年间，我的学习成绩可以说是很突出的，在周校长的倡议下，全校开展学习竞赛活动，每学期要评选“学习模范”，因为我的总分名列全校第一，所以每次都被评为一等“学习模范”。有时举行单项的比赛，如作文比赛，我也是第一名。因为我的作文题目是用《白毛女》中的一句话，即《旧社会把人变成鬼，新社会把鬼变成人》。很引起评委们的注意，而且内容中也以我个人在旧社会中的遭遇为实例，新中国成立后我能堂堂正正地做人了，变成了一个“真正的人”。老师们就把我的文章评为全校第一名。邓小平同志于1992年南方谈话中所说的：社会主义本质的第一句话是“解放生产力”。我对此有着非常亲切的体会。我认为小平同志真的把问题说透了。我一旦被解放，好像火山爆发一样，释放出无限的能量，可以做出意想不到的事业。

三、新中国最早的素质教育

当前，党和国家一再强调把“应试教育”改变为“素质教育”。但进展缓慢，收效甚微。可是，回忆起来，我在郾中的两年，周校长却能很好地开展素质教育，突出表现在以下几个方面。

首先，大力开展劳动建校。中国在20世纪上半叶进行了连绵不断的战争，国穷民贫。1949年9月1日开学时，连课桌都没有，我们都是席地而坐听老师讲课。只能把本子放在腿上记笔记。校方决定开展劳动建校，动员学生把废城墙的破砖从很远的地方搬回来，用泥土砌成桌子，凳子也是用砖头垒成的。经过几周的努力，同学们能有课桌上课，十分兴奋，学习成绩大大提高。在这个活动中，结合“劳动创造世界”的历史唯物主义教育，学生就能很快地树立劳动光荣的观念。从此，教学就走向了正轨。

其次，帮助同学树立革命的人生观、价值观。学校经常请知名人士来校作报告。对我影响最深、最关键的是时任河南省人民政府主席吴芝圃同志来校的一次讲演。吴芝圃在自己做地下工作时，常得到周校长的关心，两人可谓有“生死之交”。身为省主席的吴芝圃并未因为周校长只是一个中学校长就忘却旧日情谊，因而从开封到郾城来看望周校长。校方借此机会请吴主席向全校学生做一次演讲。主题是一个青年人应该选择一位历史人物作为自己的学习榜样。他列举了古今中外许多优秀人物的先进事迹供同学们选择。经过我的深思熟虑，选定保尔·柯察金作为我学习的榜样。从此以后，我就树立起为人类解放事业贡献力量作为自己人生追求的目标。保尔所说的：一个人“当他回首往事时，不因虚度年华而悔恨，也不因碌碌无为而羞愧。这样，在临死的时候他就能够说：我已经把自己的整个生命和全部精力都献给了世界上最壮丽的事业——为人类的解放而进行的斗争”。这段名言成为我一生的座右铭，时刻记在心间，指导自己的行为。我现已70有余，但这段名言50多年来，我一刻也没忘记。当有私心杂念时，很快就以保尔这段话鞭策自己。这50多年来，尽管我也有失误，但回顾起来，我是实践了自己的诺言的，尽一切可能以保尔为榜样去要求自己，为党和人民做了一些有益的事情。工作上也取得了一定的成就，得到党和人民的肯定。我打心眼里感谢吴芝圃主席的这次演讲，可以说影响了我的一生。我更感谢郾城中学的领导同志推行的素质教育，把塑造优秀人物的灵魂放在学校工作的首位。正是有这种英明之举，郾城中学为新中国培养了一批有用的人才。当2000年中央电视台电视连续剧《钢铁是怎样炼成的》播出时，我重温郾城中学的那段历史，感慨万千,千言万语，只有一句话：感谢母校的素质教育使我成长为一名为党和人民事业奋斗的战士！这说明对中学生的人生观教育是多么重要啊！

最后，走与工农相结合的道路，深入农村，了解社会，服务社会，同时，使学生得到锻炼，成为国家有用的人才。

我所在的高一班同学响应学校的号召，为庆祝新中国成立的第一个元旦节，即1950年元旦，自己排练节目向全校献演。我班女同学耿志贤问我能否扮演《王贵与李香香》中的王贵一角。因为我从来没有演过歌剧，而且音乐课每次考试分数也不高，更没有按谱演唱的能力，耿志贤同志向我征询意见时，我认为只是开玩笑而已。然而，我的班主任秦体仁老师却希望我能担任王贵这个角色。我心里想，对于连识谱能力都不具备的我，这简直是“天方夜谭”，还是不敢答应秦老师的要求。我认为自己根本没有“艺术细胞”，只不过是热爱学习的书呆子罢了！可是，班干部们却同意秦老师与耿志贤的看法，认为我可以承担此项重任。在这种情况下，我就思考为什么他们都认为我可以演主角呢？经过思考，我发现他们认为我有那么一股劲，就是革命热情很高，对党、对新中国有发自内心的热爱。他们认为我既然在学习上那么刻苦而成绩优异，为什么就不能去钻研音乐并且演戏呢？而且这是政治任务，是检验一个青年学生政治觉悟高低的问题。我反复思考后决定接受这个自己认为的“明知不可为而为之”的任务，开始按剧本中的歌谱演习，但是，几乎等于是“乐谱盲”的我，实在是太困难了。可是，不知道是一股什么巨大的力量，竟然暗中帮助我去识谱，而且很快掌握了基本的识谱能力，自己硬是摸索着把歌词唱得大致准确。接着的问题是按人物的要求表演出各种戏剧动作。在没有学过表演技术，也没有导演的情况下，经过对人物内心世界的揣摩和个人的体会，居然能表演得惟妙惟肖。元旦晚上演出后，震动了全校，同学们议论纷纷：一个只懂钻研课本的书呆子的毛磊为什么在几天之内就能变成一名歌剧演员？更为惊奇的是演得那么逼真。更进一步提出：高一班的同学们搭舞台，做道具为什么“很像个样子”？俨然是一个成熟的戏班子，这个力量是从何而来的？现在回想起来，这就是“解放”的力量。人们一旦获得了解放，就会像火山爆发那样迸发出巨大的能量。对此，我是深有体会的。正因为我被解放了，从内心里感谢党和人民政府。所以，当党和人民政府号召人民庆祝新中国第一个元旦节时，我必须以实际行动响应号召。天大的困难也要克服，要排除一切障碍去争取成功。就是这么一股力量使我战胜困难而演出成功！

当郾城县委和县人民政府得知我们演出成功的消息后，指示学校为配合农村正在进行的土地改革，要我们班到农村去演出宣传，对农民进行阶级教育。学校为贯彻上级的指示，又抓紧排练出《血泪仇》等大型歌剧。因为把几十人的剧团带到农村巡回演出，牵涉面极广，学校决定派时任校团委书记的惠柏峰同志担任剧团团长。下设演员组、道具组等。其他班上追求进步的同学也要求参加下乡的演出。可以说剧团具有相当的规模，虽比不上当时的专业剧团，但它有自己的许多特点。如同学们很能吃苦，在某地演出后要赶快到另一地演出，常常步行数十里，自己背行李，道具组还要带上道具。根本没有运输工具，都是自己肩扛背驮。记得有一次好像是从孟庙赶赴大刘店于当晚演出，虽然路程不是太远，只有30华里左右，但天下起了鹅毛大雪，积雪达数十厘米，我们只得踏着雪一步一步艰难地行军。同学们经过长途跋涉，到驻地时已很劳累。可是吃过晚饭后即以饱满的热情投入演出中去。此事深深感动了区委领导干部。记得当时演出的节目是《阴谋》，是揭露“一贯道”残害人民的故事，当时正是大张旗鼓地取缔“一贯道”的时候。此节目的演出，对于当地的对敌斗争发挥了积极的作用。县区领导对我们剧团的工作表示满意，同学们的干劲就更大了。热情更加高涨。在演出过程中，既以节目教育了群众，自身又得到很大的锻炼提高。有不少同学就是通过这次巡回演出提高了觉悟，得到了锻炼，光荣地加入了青年团，可谓是一举数得。

1950年初寒假的这次下乡演出结出的硕果影响是很大的，许昌专署教育科和郾城县委与县政府均给予很高的评价。认为这既符合党的教育路线，又为党的中心工作服务，是培养新中国建设人才的有效途径。要求学校把这项工作继续搞好。所以，1950年7—8月和1951年的1月这两次寒暑假，我们从来不休息，都是到农村演出，每次带去的都是不同的新节目，如《战斗里成长》《小二黑结婚》等节目，还排练出《思想问题》在漯河市上演，等等。我们的足迹踏遍了郾城的各个区，区干部对我们的演出很满意，既配合中心工作，又丰富了农村的文化生活。因此，每到一地，干部们都是杀猪宰羊招待我们。彼此建立了浓厚的情感，这件事在校内也产生了深刻的影响。许多同学原来受国民党教育，对共产党认识不深，但通过我们的活动使他们认识了国民党的反动本质，认识到共产党是为青年人着想的，为穷苦百姓着想的。纷纷要求参加青年团，争取进步。甚至有的同学认为能参加剧团下乡演出就是一个很大的进步。的确如此，这个剧团不仅提高了同学们的政治觉悟，而且也培养了一些好演员，如郭怡同学就成为河南省话剧团的主要演员，她在李准的《人欢马叫》中扮演女主角。许多剧团团员在随后的事业中做出了自己的贡献！

从以上几方面看，郾城中学的领导们早就抓素质教育，把坚定正确的政治方向放在首位，这是当时形势的需要。同时，对知识的追求也是毫不放松，各课老师要求很严格。每次考试没有一个人作弊，比赛学习成绩，蔚然成风。体育课要求严格，我班一位女同学在上“双杠”课时，因为严格训练，造成右臂重伤，学校极为重视，给予及时治疗。这一切都表明，周校长等校领导是全面贯彻党的教育方针，使学生在德、智、体各方面均得到全面的发展，郾中成为当时在河南很有影响的中学。1951 年下半年召开的全国学生代表大会指定要有郾城中学的代表参加。

四、我在郾城中学光荣地加入了中国共产党

因为周校长在教育界的威信和他与吴芝圃同志的密切关系，郾城中学受到党和政府的高度重视，派得力干部张耳、惠柏峰、王景汉等到校工作，师资力量也很雄厚。教导主任王九如老师出身北师大，对教育是个内行，这一切都为我和我的同学们的健康成长提供了很好的条件。他们代表党和政府辛勤工作，才使我成长为一名大学教师，特别使我难忘的是我于 1951 年 5 月 14 日在郾城中学光荣地加入了伟大的中国共产党，成为学校里第一位学生党员。我之所以能在中学时代就入党，主要条件是以下几方面。

第一，我的阶级觉悟达到一个共产党员的水平。因为我深深感到是共产党解放了我，使我十分热爱党和新社会，迫切要求进步。在 1950 年 1 月我就入了青年团，是当时全校第一批十名入团的团员之一。当我戴上大红花时，我心花怒放，决心要为青年团争光。由于我处处带头，引起当时极个别反动学生的仇恨。记得一个好像叫张星桥的学生就很嫉恨我，由于他的反动行为，被公安机关逮捕，其罪行之一就是准备要对我等一批进步同学进行加害。特别应该提出的是我检举了父亲的反革命罪行。我父亲在国民党军队中当军官，1947 年出任南阳县社旗镇的镇长，1951 年 2 月间他到处流窜，当我得到他到漯河住在一个社旗同乡的家中时，我当即向郾城县委书记做了汇报。县委即刻指派县公安局协同

我校领导同志到其驻地将其捕获，被押解回南阳后，依法处决。此事在《河南日报》刊登后，在我们家乡曾掀起一个“学习毛磊大义灭亲”的热潮，把镇压反革命运动推向前进！这是我阶级觉悟达到中共党员要求的主要标志，这是党对我耐心教育的结果。由于我父亲在抗日战争中表现较好，虽然官至营团级，但比较廉洁，我家财产不多，甚至连住房也是朋友借给暂住的。我还认为他当上镇长也是“民选”的。这一切使我对父亲的反动本质缺乏认识，总认为他与其他国民党官员不同，党组织苦口婆心地教育我不能从表面上看问题，要看到父亲的反动本质。在提高觉悟以后，我就想办法把父亲检举出来，交政府处置。此事已过去50年了，虽然对此有各种评说，但我始终认为这是一个共产党员在当时应该做的。正因为这是大义灭亲的典型，中共郾城县委同意我入党。

第二，我的学习和工作都比较突出。因为我在老师教导下刻苦学习，成绩特别优异，总是名列全校的前茅，对社会工作也很努力，在担任校学生会主席和团委委员期间，尽心尽力，出色完成各项任务。能做到尊敬师长，团结同学。如在每次期末考试时，许多同学都围在我的旁边问这问那，我都耐心地向他们解说。如在考地理课前，我想办法把山西省的山脉自编成顺口溜，很上口，又便于记忆，使他们获得较好的考试成绩。同学都很喜欢我，彼此团结得也很好，形成一个优秀的班集体。

第三，我把党作为自己的家，把党的干部看作是自己的再生父母，对党有深厚的感情。由于在旧社会未尝到人间的温暖，而到新社会，党和政府、学校校长和老师给自己很多的爱护和关照，深深地感受到新社会的温暖。这就从感情上使自己与党融合在一起了，我不入党，好像对不起自己的再生父母，好像一个漂泊在外的孩子未回到温暖的家。因而，我拼命努力争取入党，我曾在《日记》中订了个“百周入党计划”，此日记被一位同学看到，他很感动，就问我为什么要订这个计划。我说：一个青年人应有一个追求的目标，更重要的是还要有一个为实现此目标而订出一个具体的行动计划。我就是按这个一百个星期（$7\times100=700$ 天）计划行动的，果然，我的计划实现了，后来这本《日记》遗失了，真太可惜！

我之所以能在鄜城中学入党，主要是归功于学校党政领导同志的耐心教育，也是我那些可爱的同学们的帮助。在我们班上，同学们对我都是很关心爱护的，多方关怀我、支持我。在我们班主办的墙报上，有位同学写了一首诗，题名："颂毛磊同学"，我看后流下热泪。我为班上做了一点点小贡献，就获得他们那么高的赞誉，更加激发了我的上进心，要为全班争光，为同学们多做好事，成为我入党的重要动力。

一个高中二年级的学生，一个地主阶级家庭出身的学生，在1951年初就能入党，在当时全国来看是很罕见的，即令是从现在的观点来看，一个高中二年级的学生就能参加中国共产党，也是一件很有意义的事情。它反映了鄜城中学的工作做得很出色，很扎实，值得认真总结，引起今后学校工作的注意。

五、没有说完的结束语

我想最后说几句没有结束的结束语：

（1）鄜城中学的两年学生生活，是我一生的转折点，我永远也不会忘记老师们的教导。1997年我去台湾访问时参观由孙中山先生题字的《国史馆》。馆中展示出1948年在南京召开的"国大"代表签到的原始记录本。我首先想到的是寻找"周祖训"这个名字，为什么？因为1949—1951年，这两年在我人生转折的关键时刻，"周祖训"对我的影响太深了，我不由自主地立刻想到的只是要在"国大"代表签到簿中去寻找我的老校长的名字。说明我对母校怀念之深，是我永生不能忘怀的！

（2）我入党已经整整50年了，在这50年间，我虽然有过一些失误甚至错误，但是，我问心无愧的是：我为党工作了50年，而且更为重要的是我在满70岁的今天仍然健康地为党工作着，在写这个回忆时，我正在默默庆祝自己的70岁生日和党龄50年。我作为有50年党龄的老党员，要感谢老校长的引导关怀和我的入党介绍人张耳和王景汉两位同志。我再次向党旗宣誓，我还要为党再工作20年。这样，我为党工作70年，就实现了我的入党誓词：为党的伟业奋斗终生！

（3）我要感谢我同班的全体同学，他们给予我的鼓励和支持使我永生难忘。可爱的同学们，周校长说的要把诸葛亮说的话“鞠躬尽瘁，死而后已”改为“鞠躬尽瘁，死而不已”来鼓励自己，在自己有生之年发挥余热，奉献给中华民族的伟大事业！

周校长已95岁高龄，但仍然为炎黄事业而辛勤工作，愿在他老人家百岁诞辰时，即2006年时，我们都能齐集郾城，共同祝贺他老人家的百岁华诞。周校长的希望是在他百岁生日时看到台湾问题得到解决，祖国完全统一能够实现。我与大家都有此共同的愿望，如有可能，我们组团护送周校长到台湾去为他做百岁大寿，你们同意吗？反正，我是会尽全力去做这件事的。我相信你们也会这么想，这么做的。

2001年3月20日

选自2002年1月《漯河文史资料》第十辑

忆建校初期的郾中

王政祥[①]

1949 年 7 月，我考取漯河中学高中部。

开学不久，漯中高中部并入河南省立郾城中学（简称郾中）。

郾城县周围的上蔡县、遂平县、西平县、漯河市、临颍县等均没有高中。郾中算这一带的最高学府了。

郾城县辖属许昌地区。地区领导对这所高等学府非常重视。许昌地区专员公署李庆伟专员（后任中共河南省委副书记、陕西省省长）亲任校长。教育家周祖训先生任副校长。专员公署派有 10 年党龄的张耳先生任教导处副主任，派具有将近十年党龄的惠柏峰、中共党员王景汉和殷国华同志驻校工作。从领导阵容可以看出党对文化、教育工作的重视。

郾中校址在郾城县城东门里的许慎祠堂内。当时郾城县城内房倒屋塌，坑坑洼洼，行人稀少，冷冷清清。许慎祠堂同样处处显出战争的痕迹。墙上弹痕累累，垃圾遍地，满目荒凉。当务之急就是建设校园。

学校领导号召师生发扬自力更生精神，勤俭建校。当时的学生主要来自三个方面：一是漯河高中并入的学生；二是中原临中并入的学生；三是周围县城转来的学生。由于战争而停学，使许多学生得了“学习饥渴症”。大家积极响应学校的号召，亲自动手创建校园，希望尽快建设一个适宜于学习的好园地。

师生们动手打扫卫生，平整土地，清洁教室，修理教室破损的门、

① 王政祥，河南省上蔡县人。1933 年 1 月出生。中国人民大学经济系毕业，中国人民大学经济系研究生。曾任郑州大学经济系副主任，公安部郑州公安干部学院教授、马列室主任、教务处长。

窗和墙壁。

学校的北边有一片空地。师生们清除杂物，背土填坑，造就了一个操场，供早操、上体育课、集会、运动会用。

睡觉是面临的一个大问题。房屋由于年久失修，风吹雨打，野兽出没，霉气扑鼻，地面潮湿。学生无床，一般是席地而睡，极易得关节炎、疥疮等病。驻校的干部带领学生到河边背沙子，铺在地上防潮防湿。

最主要的问题是没有课桌。教师讲课，学生席地而坐听讲。没有地方写字。学生们在教师和驻校干部的带领下，担水活泥，在教室里垒起了2—3尺高长条土台，代替课桌。垒起约1尺高的土台代替坐凳。这样，放书、写字用的课桌问题解决了。

新的校园建立起来了。它土里土气，没有一点现代化的模样。但它是师生们用辛勤劳动亲手建造的，看着它心里美滋滋的。大家很爱护它，没有人破坏它、嫌弃它。

建校初期最大的政治活动就是庆祝新中国成立。庆典前学唱国歌，学习有关国旗、新中国成立的基本知识，练习秧歌舞以及做其他的准备工作。

10月1日，学生们提前起床，穿上最好的衣服。秧歌队队员认真化装。匆匆吃过早饭，就排着整齐的队伍，敲锣打鼓，高声歌唱，出校门东去。行程六七华里就到了庆祝新中国成立的大会会场。会场在漯河市区的西北角，原是一片很大的空地。会场内外人山人海，锣鼓喧天，鞭炮齐鸣，口号声响彻云霄。人们热血沸腾，忘我地欢呼、歌唱，热烈地庆祝胜利，尽情地享受着新中国成立的喜悦……

河南省立郾城中学校同中华人民共和国同年诞生。

在百业待兴、财政经济十分困难的情况下，人民政府不穷教育，加大投入。校舍得到修缮，新做的木质课桌和凳子代替了原有的土质的桌凳……

河南省立郾城中学校同中华人民共和国共生、共荣。

饱受战争之苦、连年辍学的学生，对读书如饥似渴。善于教育的周校长和老师们，谆谆教导学生要发奋读书。这深得人心。

学校虽然初建，但很快就走上正轨。早晨起床后集体到操场上早操。随后在教室上早自习。上午、下午上课。晚饭后在教室集体上晚自习。集体住宿。

学校纪律严明。离校必须请假，逾期按律处罚。有的学生因逾期被开除学籍。无故旷课，不按时完成作业，都要受批评。升级和留级制度也很严格。

学校奖励努力学习，评选学习模范。模范生的评选条件有学习条件（每门课的考试成绩必须在 80 分以上）和政治思想条件（思想进步，积极参加文娱、体育活动，团结友爱等）。

在全校评选模范班。条件是：学习条件是全班学习好，考试人均分数高，模范学生人数多。其他条件是集体文娱、体育活动开展得好，团结进步，模范事迹多。

学生们争强好胜，爱护集体，为争取模范班而努力。

每个班都有班主任。班主任同学生打成一片，努力把自己所管的班办成模范班。

在文化课学习上，校领导、教师和学生是心往一处想，劲往一处使，拧成一股绳，同心合意，同心同德。

每个班有班委会，学生自己管理自己。我曾是班委会的学习委员。我们班是模范班。第一次评选模范生时我榜上有名。第二次评选时我因有一门课是 79 分，没有参评资格。一些同学对于我因 1 分之差而不能参评耿耿于怀，原因是影响了模范班的评选竞争力。那个时候，突出集体（英雄）主义，集体荣誉被看得远远高于个人荣誉。

为了促进学习，学校还举办作文比赛、讲演比赛之类的竞赛活动。我参加这类的活动也得过奖。

学校也重视工友的文化学习。我给工友们上文化课，他们学习文化课也是评选劳动模范的重要条件之一。有几位学习好的工友被评为劳动模范，我也高兴和欣慰。

学校和同学都重视政治课。头一门政治课是《社会发展史》。讲课教师是张耳先生。他从事教育工作多年。时任教导处副主任。老共产党员，长期从事党的地下工作。建校初期他的共产党员身份没有公开。当时，只有他能讲这门政治课，所以高中部的学生在一起上大课。起初因没有大教室，只好在学校南面的广场上上课。学生席地而坐，教师站在学生面前讲课。常有小孩和过往路人驻足看热闹。

第一课讲人类社会的产生。学生们对劳动创造世界、猴子变人等说法，既感到新鲜，又有兴趣。

没有教材。学生们不大会记笔记，或者就不会记笔记。时间长，内容一多，就难以系统记忆。这为考试复习带来很大困难。张耳先生提出把他的讲稿刊印出来发给学生。印刷厂的小老板说厂内没人会写毛笔字，无法制版。于是，就请我用“油墨”抄写。就这样，我边抄写，印刷厂边印，教师边讲，学生拿着讲义复习。我抄写，算是为印刷厂打工，可是小老板不支付报酬。我不在乎，觉得解决了学习上的困难就好。那时候，不是见钱眼开，讲为人民服务。能为他人、为集体办点好事，就特别高兴；讲报酬会被认为政治思想水平低。

后来，有政治课教材了，就按小班在教室里上课。

周校长为我们班讲过短期的政治课。现在能回忆起来的就是讲帝国主义部分。抗美援朝时反对美帝国主义，这同讲课的内容联系起来，所以记忆较深。周校长口齿清楚，声音洪亮，讲政治课时富有感情，这给我留下很深的印象。

王淑琇先生给我们代过政治课。她讲皖南事变时热情、激动，边讲边掉眼泪，学生很受感动，使学生进一步认识了蒋介石的反共面目。

当时，学生的政治、思想水平低，对政治课中的许多问题一知半解，生吞活剥。但不管怎样，政治课使学生初步了解了革命的基本知识、基本问题，激发了革命热情。

日常的政治思想教育工作也抓得很紧。政治思想工作是在校党支部、团总支、学校领导下进行的。校党支部是秘密组织，后来才公开。团组织是新民主主义青年团（简称新青团）郾中团总支委员会。驻校干部中有两个团员：王景汉（共产党员）、殷国华。学生中只有我一个团员。我是在入郾中前入团的。当时我们团员的身份也不公开。后来，党团组织公开活动，并建党建团，发展了一些团员以后就组建团总支。组建团总支前，惠柏峰同志绘制出一些团员的像，配以学习、生活方面的模范事迹公开展览。在此基础上选举团总支委员。这显示的是：团员是青年中的先进分子，起模范带头作用；团总支委员是优中之优。所以，团的威信很高，要求入团的学生人数与日俱增。

我被选为团总支委员，负责少儿队方面的工作。

学校侧重于学生的品德教育。当时，违反公德、打架斗殴、迟到早退、考试作弊、小偷小摸、损坏公物等现象极少（我们班从未发生过此类事件），一旦发生就严肃处理。

党、团组织侧重于政治思想方面的教育，帮助提高阶级觉悟，划清阶级界限，增强革命热情，促进思想进步等。党团组织和学校的教育都是集政治、思想、品德教育于一体。教育形式多种多样。最常见的是周校长、教导主任在早操升旗等集会时针对存在问题即席讲话。张耳先生经常作政治形势报告，举办诉苦会、表扬先进模范、谈心活动等。政治、思想、品德教育寓于各门课程，尤其是政治课程之中，寓于文娱活动之中。班主任对本班全面负责，在这方面负有重要责任。

学生在学习、生活、思想等方面有了什么难题就分别找校领导、团组织和教师求解。

学校从建校起就废除了对学生的体罚。教师平时要经常进行政治学习（如定期在下午课后学习《学习》杂志），假期参加学习班，改造思想。教师同学生一起扭秧歌，教师和学生打成一片，既是师生，又是同志。学生乐于同教师在一起，乐于向教师求教。

在同学之间亲如兄弟。在学习上互相帮助，共同争取模范班。在思想上互相谈心，互相促进，共同进步。在生活上互相照顾，大多数学生经济困难，学校门口有卖红薯的小贩，我们往往买些红薯吃就算是午饭、晚饭。当地的学生从家里带干粮（多是烙馍，不易变质），吃干粮和喝学校供应的开水度日。同学之间互相接济，共渡饥饿难关。甚至有一阵子刮“共食风”，即把各自带来的干粮合并在一起，然后共同享用。

后来办起了食堂，每人每月交60斤小米（或等量货币），包括油、盐、柴、菜一切费用在内。基本上一日三餐小米红薯饭，且早、晚是半稀的小米饭。没有菜，偶尔有点萝卜丝，以冲淡因常食红薯引起的胃酸。有些小同学、女同学因迟到或食速慢而吃不到、吃不饱时，有的同学或炊事员都予以关照。

我体弱多病，驻校干部给我药吃。一位老师（因他没教过我，建校不久就病逝了，记不起他的名字了）写了一小条幅给我："毛主席为什么提倡身体第一？"要我注意身体。体现了老师对学生的关怀。炊事员同志听说我有病，多次给我"米糠油"喝（小米稀饭上边的稀汤，说它营养丰富，滋补身体），体现了炊事员同志的深情厚谊。

同学们说："郾中是个温暖的大家庭。"生活在这个大家庭里的人们感到温馨、和谐、快乐、幸福。

同学们说：郾中是个春风化雨的园地，园地里的"禾苗"能够茁壮成长。

音乐学革命歌曲，同学们爱学、爱唱。

体育课学各种各式的秧歌舞和腰鼓，同学们爱学、爱舞、爱打。

学校根据文娱宣传工作的需要，成立了歌咏队、秧歌队、腰鼓队，参加各种宣传活动。

当时的宣传活动很多，例如剿匪反霸，镇压反革命，开各种大会，庆典活动，参军参干，等等，学校的文娱宣传队都要出动配合进行宣传鼓动。尤其是到漯河去宣传更为频繁。京广线客运十分繁忙。部队调动，伤病员下战场，参军的，参干和南下的，参加抗美援朝的，南来北往，学校的宣传队要往返20华里到漯河车站去迎送。有时除宣传队员外还有其他学生跟着助阵。宣传队一路上锣鼓齐鸣，歌声嘹亮，口号声声，招惹路人驻足观看。观看的群众多时，或群众鼓掌欢迎时，就停下来，摆开阵式，唱呀、扭呀、打呀、讲呀（讲演）。好像有永远用不完的劲。

我参加秧歌队和腰鼓队，常常男扮女装，常常招惹老太太同我攀谈，问长问短，逗得同学笑哈哈。

我们班的得意之作是演话剧。班主任秦体仁先生领导我们班排演了《血泪仇》《思想问题》等剧，带动了学校成立话剧团，排演了《小二黑结婚》《战斗里成长》等剧。并在剧院演出。

为了宣传的需要，老师自制出幻灯和幻灯片。1950 年寒假，有几十名师生不回家过寒假和春节。他们背起棉被，到农村去宣传。我是宣传队中的幻灯讲解员。但是，第一场幻灯不是我讲解的，是张耳先生讲解的。那天晚上，去看幻灯的农民上万人。讲解词是张耳先生写的，他根据当时人多的情况，边讲解边增删讲解词。

在学生们的思想中，唱、扭、打已超越了单纯的娱乐活动，而是赋予它以政治内容和革命意义，所以，热情、主动、积极、任劳。

宣传队在十里八乡的农民、市民中甚受欢迎，颇有名气。宣传活动对学习有冲击，但那时是政治任务第一。

国家发行公债，学校动员师生积极购买。还专门召开了认购大会。开会那天，学生按班级排队坐在校院内，开展认购竞赛。各班的认购数字不断增加。给我印象最深的是高年级年龄大的一位女生把她妈妈留给她购买嫁妆的银圆（当时银圆流通）拿了出来，充分显示了学生的爱国热情。

郾中的学生被政府部门高看一眼，不断动员学生参干。有位团总支委员率先参干。

学生们急于报国，像小麻雀一样，黄嘴角没有退完就急着出窝。一批一批地投笔从干。

抗美援朝开始了，学生们急于保家卫国，一批一批地投笔从戎。当时的口号是：听从党安排，把一切献给党！

学生中的团总支委员全部响应号召参军参干了。

我因有病，不能参军，只能参干。那年（1951 年）我 18 岁。

光阴似箭，转眼间我们都成了老人。

当年这群满怀豪情、壮志凌云、冲天而飞的雏鹰和辛勤育苗的园丁，纵横驰骋，春风得意。但在半个世纪的风雨人生中，历经劫难，甚至在狂风暴雨中折翅。

最令人伤感的是张耳先生。他 1938 年入党。原名张象文。国民党追捕他时群众向他通风报信，他视群众为他的耳目，故改名张耳。他在郾中任党支部书记，他领着师生学习革命，威信极高。他曾多次同我恳谈，并在经济上予以帮助。他调离郾中时我去话别。周副校长留我参加为他举办的欢送宴会。从频频举杯敬酒中看出教师们对他的敬仰和依恋之情。不幸的是 1956 年被错定为叛徒。他在劳改农场和群众专政下度过了 20 多年，妻离子散。1980 年彻底平反，时已 63 岁，即令他离休。1981 年他到郑州大学去看我（当时我任经济系副系主任）。我同北京等地的同学到地处山区的家中去看望过他，春节我到他的家乡给他拜过年。他对他的遭遇从无怨言。他遗憾的是他没有用他的专业知识为党工作。2000 年病逝。省委宣传部写的悼词评价极高。我去慰问他的家属，表示对老师的惜别。

“四人帮”被打倒了。“左”的思想受到了批判和清算。雨过天晴，离离“原上草”，春风吹又生。当年的雏鹰虽然到了壮年、老年，但仍展翅高飞，激情犹如当年。

记忆如漏斗。少年的、青年的、壮年的许许多多的经历，好的、坏的、美的、丑的许许多多的往事，都从思想记忆的漏斗中流失了，存留下来的往往是那些印象最深的、影响最大的、最有价值的、最值得记忆的东西。郾中这一两年的经历就是属于思想漏斗没有漏掉的东西。

2001 年 7 月

选自 2002 年 1 月《漯河文史资料》第十辑

母校是我艺术生涯的起点

郭　怡[①]

离开母校已50多年，人生50年，从艺50年，走过半个世纪的风风雨雨，历尽生活的苦辣酸甜。这说长也长、说短也短的50年，每每想起母校这一方净土，心底会涌起一股冲动，扪心自语：母校，我感激您，将永远怀念您！

好像记事起就经历流离失所、战火灾难。小学就读在漯河红十字会，是所免费接纳家庭贫寒、收养灾童孤儿的学校。吃过学校对面舍饭场的小米饭。得过伤寒病几乎夺去了小命，失学半年。病后无发，复学时秃头女孩，无奈戴顶土色男帽站在男生队出操。疥疮、漆过敏、虱子、蛔虫……我吃尽了苦头。美好的童年是别人的，我没有过。

小学五年没毕业跑日本人[②]。抗战胜利后，就读于漯河私立励行中学，学习两年。在漯河多次"拉锯"的过程中，我痴迷在反动的一贯道内"修身养性"。一次偶然事件，识破天机，断然跳出苦海。一个月的补习班，考上了河南省立郾城中学高中，那是1949年的夏天，我真像一只冲出牢笼的小鸟，享受从未有过的自由自在，享受从未有过的心情舒畅。

开学不久，在南广场参加永生不忘的新中国成立庆祝大会。旗如潮，人如海，鞭炮、锣鼓、歌声、口号，心沸腾啦！跳出来啦！飞起来啦！我不会再逃难受怕，流离失学，我，解放啦！

校园里贴满激励学习上进的各种标语，劳动光荣、劳动创造世界，

① 郭怡，河南省商丘市人，1933年出生。1949年至1951年就读于省立郾中高中部。上海戏剧学院进修一年。历任许昌专区文工团，河南省话剧团演员。民盟盟员。

② 日军侵华时期，中原地区百姓把躲避日军称为"跑老日"。

是在用自己的双手劳动建设校园时，树立的观念。那是群纯真的青春少年。朝气蓬勃，像一团火，炽热滚烫，修建学校像修筑自己的家园，干着唱着，不知疲倦。想必现在这所学校里的树木、花草、道路、草坪还会留有我们当年的劳动足迹。

新中国成立不久，南方城市解放捷报频传，全体师生为每次的号外、特大号外所鼓舞，或在校园或全校出动，走上街头，敲锣打鼓扭秧歌宣传庆贺。记得当时只要听到锣鼓响，我就情不自禁地跳起来扭起来，感觉像生活在欢乐的海洋里一样。

朝鲜战火更激起保家卫国的爱国热情。面对被美帝枪弹打得断腿少臂，被燃烧弹烧得头脸蒙缠纱布的年轻志愿军战士，同学们感动得说不出话，握住手摇啊摇啊，流着泪唱着歌慰问演出。广场上还组织抗美援朝专场文艺晚会，如独幕话剧《清川江的战火》等，还写了大量充满激情的慰问信，寄到前线，慰劳那些保家卫国九死一生的志愿军大哥大姐们！

毫无疑问，我应该是学校里文艺宣传活动的积极拥护者参与者及以后的组织者，因为离开学校时，我曾是学生会文娱部部长。那时候，我没把学校当学校对待，而是当家对待，那是个可爱温暖的家，时刻让人牵挂的家。只要是学校里号召的一切活动，义不容辞，街头广场、城市农村都有我的踪影。记得学校排第一部戏《血泪仇》，里面有个老太太。我们都还是十五六岁的小姑娘，谁愿意扮演老太婆呢？别人不演，我演。回想起来，也不知从哪儿冒出来的那股傻气。在漯河演出《赤叶河》，只要是戏里需要的服装道具，我恨不得把家里所有能用上的东西都搬到剧场，损坏丢失，在所不惜。当然使我终生为之遗憾的，还是因有历史污点（参加反动的一贯道）而没有批准参加光荣的中国人民志愿军。

刚刚成立的许昌专区文工团，团长他们一行看了我在话剧《思想问题》里扮演的高洁，非要我不可。据说经过交涉商谈，于 1951 年 4 月，我终于成为一名革命的文工团团员，走进文艺这行当，直到今天。

走上文艺这条路，我常说“搭错了车”“走错了路”。当然，我也经常说："我爱上一个与自己条件极不相称的职业。"塌鼻梁，大平脸，小矮个儿，低得恨不得踮起脚尖儿与对方说话。如果不是因为新中国成立初期都不愿意当"戏子"，文工团也不会要我这个"丑八怪"当演员。话又说回来啦！我当上"戏子"，不后悔。因为我爱，我愿为它付出超常努力的几倍，不觉苦累，心里甘甜。演员得有一颗童心，如痴如醉，演戏过瘾，那是极大的享受。我可以轻轻地说一句——如愿以偿。

俗话说："饮水思源。"我岂敢忘记引我走上戏剧艺术道路的启蒙老师班主任秦体仁和老校长周祖训。新中国成立初，校园文艺活动热火朝天，班班都有演出节目，人人都参加以各种文艺形式演出的社会政治宣传活动，正是由于老校长的豁达大度，卓识远见，才有如此成效。在全省也为数无几。秦老师像是老校长组织文艺活动的智囊，他是后来校剧团的导演，学校排演的所有节目，大概都有他的出谋划策和亲临指导。

"真听真看"，这是表演艺术技巧真实感的元素训练，是戏学院学生本科四年表演课的内部技巧或心理技巧训练的基础教学课程。这个看似简单却又深奥的专业术语，我不是从业以后学到的，而是受教于秦老师。要说一个人只要不聋不瞎，谁不会真听真看呢？而面对有无数观众的舞台上，能做到这一点，谈何容易。记得排演《战斗里成长》，寇成林演地主儿子杨耀祖，我演仓婶子，仓婶子帮赵铁柱（毛磊饰）逃跑后，杨耀祖用枪逼着仓婶子说："你说，赵铁柱跑哪儿啦！不说实话，我枪毙了你！"仓婶子说："你枪毙我也不知道。"演出时，他的情绪特别好，不巧他的台词说错了："赵铁柱跑哪儿啦，不说实话我杀死你！"我随机应变说："你杀死我也不知道。"戏结束秦老师说："如果你没有认真听对方的话，而是死背台词，话就不对茬口啦！往往会闹出笑话。"我领会了平时排戏他要求同学要真听真看的含义，这也是一个职业演员应该具备的舞台适应能力。很可能是被老师肯定的这点灵气，促使我在学校演了不少戏，以至于走上文艺这条漫长的路，直至今天还在走着。

具有向心力和凝聚力的校园，是个大家庭，而我们班是这个大家庭的分支，班主任似老妈妈带领，同学们如兄弟姐妹相处真心关爱，做事心齐。半个世纪过去了，撒遍全国各地的同班同学，一直怀着思念，保持联系。怀念班长老大哥芦槐根，怀念学生会主席毛磊，怀念聪明好强的胡亚东、郝玉、宋甲珍、耿志贤……还有笑一笑睡一觉的王桂兰、李桂兰……还有春荒时我节省伙食费资助的病号王鸿宾，还有从学校参军，一走几十年没有见面的王伟……在郑的同学老念叨着他们。如有机会，真想相聚，缅怀那一片纯净的天空，重温今生不会再有的美好花季。

我，等待着!

2001 年 5 月

选自 2002 年 1 月《漯河文史资料》第十辑

忆母校

崔先鹤[①]

50年代初我就读郾城中学，虽只有两年多时间，因师生朝夕真诚相处，同学情同兄妹。今忆起往事，想说的太多太多，一时真不知从何落笔。

中学时代是人生掌握科学文化知识，形成科学人生观、价值观，塑造如何做人的重要阶段。当时新中国刚刚成立，学生生活、学习在新天地里，新旧对比十分鲜明，思想单纯，对正向道理的教育感到新颖又易接受。校领导就紧紧抓住这一特点，开展多层次的思想教育。

通过政治课进行系统的政治理论教育，引导学生提高政治理论水平和思想认识。在团课和各科的教学中，渗透人生与贡献、学习与成才、幸福与艰苦等爱国主义、理想、品德和革命传统教育。由于师生共同努力，在短暂的时间内，学校形成教学秩序稳定、严谨、团结奋进、求实的校风。

学校利用业余和寒暑假，组织学生走向社会，配合党的中心任务，结合群众思想实际宣传党的政策。校文工团深入农村多次搞大型文艺演出。师生们为了保证演出按时顺利进行，凡事亲自动手，道具自己拿和背，舞台自己搭。每天吃、住和农民在一起。通过社会实践，密切了与农民的思想感情；亲身体验到农民翻身后喜悦的心情；学到了他们与天斗、与地斗，争取尽快摆脱贫困和愚昧，艰苦奋斗的革命精神。社会实践大大激发了学生为祖国、为人民刻苦学习的精神，增强了自身的社会

① 崔先鹤，河南泌阳县人，1932年10月出生。1948年至1952年就读于中原临中和省立郾中。1957年毕业于河南大学中文系。曾任北京三十九中副校长，北京实用美术职业中学校长、书记。高级教师。1989年退休。

责任感和使命感。

中学时代正是长知识，增长能力，气质和性格形成的阶段，人人都喜欢展示自我的聪明、才能。校领导根据这种特点，充分调动学生承受集体义务和权利的积极性，培养自我教育、自我管理的能力。当时建立有团委会、学生会、班委会和伙食管理委员会。各级干部均依照条件，民主产生。大家认为这是自己的事，所以都积极参加选举活动，被选上的同学愿主动、积极为集体服务，没有选上的也不气馁。领导依每个干部德、智、体综合素质，分配承担一定工作，鼓励干部要大胆在各项工作和活动中发挥积极性。这样一来，干部的潜能得到充分发挥，又使学生有机会在集体中有领导别人的权力，同时也有服务于别人的义务。这就锻炼了干部，培养了他们自尊、自信、自爱、自强的精神，拓宽了视野。在校能把全校学生凝聚起来，增强集体的活力，为将来走向社会奠定了综合素质的基础。

我们的老师具有专业知识，敬业爱生，有些老师的音容笑貌，至今似乎还留在我的记忆里，永远使我难忘的是周校长。他以身立教，辛勤耕耘，为了教育事业乐于奉献。新中国成立后政治运动频繁，而他历经风风雨雨，坎坎坷坷，无怨无悔。在 1959 年河南省开展大规模的反右倾运动中，在审查干部时涉及以往在中原中学任职、读书的师生，是否参加了反动的青年救国团的问题，不少人受到伤害，当时我也是其中之一。经过数月调查，可能是无确凿证据，最后也没有结论。1966 年来势凶猛的“文化大革命”，一时波及全国各地，这一问题又被提出，我一夜之间就成为特务分子，停职反省交代问题，还被投入“劳改队”遭受迫害，历尽磨难。可我就记不清有发展反动青年救国团的问题。周校长为了帮助党组织弄清中原中学的问题，他当时不顾自己的安危，挺身而出，面对极“左”思潮和难于厘清的矛盾，以实事求是精神，耐心向党组织说明当时国民党有发展反动青年救国团意向，而遭到他的坚决反对，最终没有可乘之机。党组织又经过长时间的调查、核实，最终否定了此事，以实事求是的原则于 1976 年终于给我正确结论。这才使我从思想上、精神上获得解脱，放下数年背在身上的政治包袱。周校长这种追求真理、求实精神已成我的“师表”“亲其言信其道”。

我大学毕业后分配到中学任教，从教育工作的实践中，使我认识到国家要富强，需要科学家、大学教授、管理人才。可这些人才的成长都离不开忠诚于教育事业的中学教师。教师在教育的最前沿，潜移默化地以自己的言行、人格影响着学生。这种影响是任何的教科书、奖励制度所不能代替了的。学生希望自己的老师是真正可以崇拜的高尚的人。自我选择当教师的那一日，就决定以师长为榜样，不放松对自己的要求，始终不渝地追求教育教学两副重担，在教育、教学的全过程中体现我的人格，我从平凡的事业中一点一滴去做，竭尽全力去开拓属于自己的天地，来体现自身的价值。这可能就是我从师长身上学习来的一种精神的真实体现。最后汇成：

人格教育，化雨春风。诚以处世，信以为人。

祝周校长健康、长寿！

2000 年 11 月 18 日

选自 2002 年 1 月《漯河文史资料》第十辑

漯河高中

母校漯河高中赞

张云龙[①]

1953 年 7 月，我从漯河市中（初中）毕业了。当时，正是新中国成立初期，学校还比较少，漯河市就一所初级中学，许昌地区仅有三所高中，分别设在许昌市和郾城县。就在我考虑到哪里上高中时，传来了一个好消息，要将省立郾城中学高中部迁到漯河，建立漯河高中。这真令人喜出望外，我便毫不犹豫地报考了漯河高中，并被录取，从此开始了三年的高中学习生活。三年时间对于人生来说是短暂的，但在漯河高中的三年，对于渴求知识，正在成长中的我们这些青年学生来说，却留下了不少难忘的印象。

建校初期的艰苦生活环境

漯河高中的建立，得到了全市上下特别是广大人民群众的关心和支持。由于当时社会经济条件的限制，这所新建学校在初期还是很简陋的。除了新建的教室、办公室及学生宿舍几排平房，能够保证开学上课之用外，其他几乎为零。没有礼堂，开学典礼及其他集会都是在校院内露天召开；没有饭堂，同学们吃饭也是在露天地里或宿舍；学校没有围墙，出了教室和宿舍就是庄稼地。校院内长着野草，地面高低不平，可以想象到当时条件之简陋，环境之荒凉。为了尽快改变学校面貌，开学之后，除了保证正常的上课学习之外，校领导就组织全校师生，利用课

① 张云龙，河南省漯河市人，1937 年 9 月出生。1953 年 8 月考入北京俄语学院留苏预备部，1957 年 9 月入北京航空学院学习，1962 年 10 月分配到中国人民解放军空军，先后在空军院校、部队和领导机关工作。1986 年 1 月转业，任河南省文史研究馆副馆长，1998 年退休。

余时间大搞建校劳动。首先铲除了院内的荒草，平整了场地，修建了校内的所有道路，上边铺上砖。渐渐地校院整齐了，道路平坦了，师生们再也不为雨天走泥路而犯愁。学校的操场很大，面积有近两个田径场那么大，全是同学们用双手把它平整出来的，并在老师的带领下，辟出了400米田径跑道和七八个篮球场，栽上了篮球架、单双杠架等。为了改善学校的环境，学校四周修建了篱笆墙，并栽种了白杨树。学校给每个同学发一个小竹牌，写上自己的名字，将竹牌挂在各人种的树上。大家对自己亲手栽种的小树精心爱护，有着特殊的感情，课余时间经常跑去看看，不时为它浇浇水。这些树在我们三年后毕业时，已经长得很粗壮了。毕业离校时，同学们还纷纷到这些树前去看看。望着这些和我们一同成长的白杨树，心里充满着依依难舍之情。多年以后，我回到学校时，这些当年我们栽种的小树苗，都已长成高大挺拔的穿天杨了。在建校劳动中，学校领导和老师们都身体力行，和同学们一起挥锹流汗。记得当年老师们还特意把教研室门前的土地开垦出来，种上蔬菜瓜果，课余时间，经常能见到老师们在这里劳动的身影。

经过全校师生的共同努力，很短时间内学校的面貌就大为改观，大家用自己的双手和汗水，为自己创造了良好的学习、生活环境。在亲身的劳动体验中，同学们上了新学校开学的第一课。

说起建校初期的艰苦生活，我们都不会忘记当时的吃住情况。50年代初期学校较少，每个中学的学生都来自四面八方。像当时的漯河高中，同学中除有来自本市及邻近的郾城、临颍、舞阳诸县的以外，还有来自较远的郏县、禹县、周口、确山等地的。学生全都住校，宿舍是在三间连通的大房间，南北两排用木板搭起来的通铺，可以睡二三十人。每个人大多是一条被子、一条床单和一张席。热天二三十人挤在一个大屋内，空气污浊，气味难闻。寒冷的冬天，席上仅铺一条床单，常常冻得难以入睡。所以有些同学就两人互助“打老通”，将一人的被子垫在下边，两人分睡两头，合伙盖一条被子以相互取暖。

吃的方面也很艰苦。学校食堂每月仅收七八元钱的伙食费，一下能拿出来的还是少数。多数同学，特别是家在农村的，自己带点馍、红薯、杂粮等到学校吃。根据家离学校的远近，一次带够吃一星期、半个月，甚至一个月或更长时间的量。同学们一般带的是烙馍，另外带点盐和咸菜。学校备有茶炉，每到吃饭时，就自己打点开水，在宿舍里泡馍就咸菜吃。由于带的馍多怕霉了，还要经常在课余时间把馍拿出来摊开晾晒。当时能够拿着自己的馍，到街上买上五分钱一碗的丸子汤喝就算是改善生活了。由于我家到这所学校比上初中的学校缩短了近一半的距离，我才结束了带馍到校吃泡馍的生活，每天三顿都回家吃饭。一来一回路上要走半个多小时，那时不像现在中学生都有自行车，为了不迟到，都是快步小跑，紧张得很。

回顾漯河高中建校之初，环境虽然简陋，生活也很艰苦，但这些并没有磨灭和降低同学们的学习意志和信心，相反更激励了大家刻苦学习的热情。因为在当时的同学中，大多数家庭是解放翻了身的工人、农民，过去世代生活在贫困之中，失去受教育的权利和条件。像我家世代工人，父亲 12 岁就到工厂当学徒，哪有上学念书的可能？只有在新中国成立后，我才有机会上学读书。所以同学们对这样的学习机会倍加珍惜。另外，当时全国大规模的经济建设刚刚开始，各行各业一片欣欣向荣，需要大批建设人才。学好专业知识和实际本领，将来为祖国的经济建设服务，是每个青年学生的强烈愿望。在这种情况下，当时的那些困难和艰苦条件就算不得什么了。相反，经过艰苦生活的锻炼，大家进一步树立了热爱劳动的观念，养成了艰苦朴素的生活作风，培养了刻苦学习、战胜困难的信心。

校园生活

漯河高中虽说是 20 世纪 50 年代初新建的，她也只是兴建了新的校址，使用了新校名。漯高其实是一所有着较长校史的老学校，其前身就是河南省立郾城中学高中部，再往前说则是有名的中原临时中学。学校一贯校风正，纪律严，有严谨的教学与生活制度。因此，在新学校开学之初，学校的教学与各项工作很快就转入正轨，按部就班地进行，没有新建单位的凌乱无序之感。

漯河高中从一开始就认真贯彻执行德智体全面发展的教育方针，在大力搞好课堂教学的同时，积极开展各种有利于学生健康成长的活动，形成生动活泼的校园生活。这里谈几点比较深的印象。

1. 学校抓住了提高教学质量必须认真搞好课堂教学这一关键，提出要课堂解决问题。全校老师围绕着课堂教学做了很多工作，各教研组经常组织老师们进行观摩教学，每月都有一到几次。这一活动的开展，促进了老师们教学方法的交流，提高了课堂教学的效果。与此同时，学校领导经常深入课堂听课、查课，直接了解教与学的第一手情况。正是学校认真抓了课堂教学这关键问题，漯河高中在建校之初的几年里教学质量才得以不断提高，也给学校开展其他活动、促进学生全面发展打下了基础。

2. 丰富活泼的校园生活。学校在提出课堂上解决问题的同时，还提出了 8 小时内解决问题，要求当天的作业基本上要在当天做完。那时候没有填鸭式的教学，也没有题海战术。这样学生就有充足的时间和精力开展其他活动。上课之外，每天下午有两节课外活动时间，头一节是体育活动，每到这时操场上到处是锻炼的人群。打球的、跑步的、练体操的，各班都按计划的安排有秩序、有组织地进行。当时在学校里正在推行劳卫制的锻炼活动，分初级和高级两个标准，同学们更是饶有兴趣地参加。在这个时间里，也经常进行一些班级间的篮球比赛，活跃了气氛，这也是大家非常乐于参加和观看的。

另一节课外活动时间，各个课外学习小组开展活动。课外学习小组是按照当时所学的课程，根据个人的爱好，自愿报名组成的小组，如物理、化学、数学、文学等，人数有三五人或更多，由任课老师牵头辅导。内容是在巩固课堂所学课程的基础上再深入一步。其方法是由老师提出一些新内容让学生自学，然后由老师辅导；另一方面由老师出一些稍难于平时作业的题目，大家试做、交流。我当时参加了数学组的活动，由宋芳启老师辅导。通过参加这些活动，自己不仅巩固和加深了对课堂所学内容的理解，也进一步提高了思考和解决问题的方法与技巧。

每天上午的课间也是开展校园活动的时间。那时候除了全国兴起的集体做广播体操之外，学校还在同学中大力开展跳集体舞活动。每到这时，在每个教室门前，全班同学围成一个大圆圈，一边唱着舞曲一边跳。这些活动，活跃了课余生活，增强了同学间的团结友谊，提高了大家的集体主义观念。

3. 开展读书活动。学校注重正课时间教学和各种活动的开展，同时也关心课余时间同学们的生活。在课余时间，学校党团组织和校领导号召并组织同学们开展读书活动，引导大家阅读有积极向上意义的图书，陶冶思想情操。每个班还专门有一位同学负责这项工作。我们班是李贵源同学，他经常向大家介绍和推荐图书馆可借阅的书，还把同学中阅读图书的情况进行介绍交流。50 年代，青年学生最爱阅读的是描写革命斗争和战争的小说，喜欢读鲁迅、郭沫若、巴金、高尔基、托尔斯泰等中外著名作家的作品。青年学生中没有不知道中国的方志敏、赵一曼、董存瑞、黄继光，外国的保尔·柯察金、卓娅、马特洛索夫等英雄人物的。这些英雄成了青年人学习的楷模，其英雄形象甚至激励和影响着大家的一生，对青年学生正确世界观的形成和高尚思想品德的培养，起到了积极的作用。

难忘漯高的老师们

回顾漯河高中，就不会忘记当年那些为培养我们健康成长而辛勤工作的老师们。

老校长周祖训，是我省著名的教育家。他像一位辛勤的园丁，毕生都在教书育人。他的学生遍布全国甚至世界各地，真正是桃李满天下。他待人宽厚慈祥，坦诚朴实；他作风民主，对同事和广大教师团结共事，对学生谆谆教诲，关爱有加；他工作勤奋努力，认真负责，艰苦朴素，严于律己，处处以个人高尚的品格和表率作用，团结并激励着全校师生，深受历届同学的尊敬和爱戴。我们在校学习期间，每天上课前，经常能在校园里早早看到周校长的身影，直到全校师生都进了课堂。也常常能在教室里看到周校长坐在后边听课，了解教学情况。他就是这样经常深入教学实践当中，生活在教师和同学中间。50年代，校园内外的社会活动较多，党团组织常组织青年学生参加这些活动以经受锻炼。周校长对这些总是大力支持，并鼓励大家积极认真地参与。记得有一年，沙河上游修建泥河洼蓄洪区，以解决淮河的重要支流——沙河的水患问题。这在当时来说，也是这一地区一项较大的水利工程了。为了向广大青年进行社会主义教育，团市委组织全市青年工人、学生、机关干部到泥河洼工地去参观。漯河高中全校组织了一个100多人的参观队伍。周校长对这次活动非常重视。到工地去来回有近百里路程，而时间却仅一天。出发那天早上，大家5点多钟就在校门口集合，6点钟出发。这时周校长已早早来到集合地点。出发前他向大家做了动员，要求大家在这次活动中要精神饱满，遵守纪律，以良好的作风完成参观学习任务。在整个参观活动中，漯河高中的队伍以组织严密、活动认真、精神饱满、队列整齐而受到了团市委的表扬。当天夜里12点左右，当大家拖着疲惫的身体回到学校门口时，老远就看到了周校长的身影，他已让食堂准备好饭菜等着同学们呢。看着这些，同学们无不深受感动。

漯河高中另一位老校长边成武，也是大家非常怀念的老同志。据说他早在抗日战争时期就参加了革命。新中国成立后，曾任许昌地区专员公署司法科长、许昌地区中级人民法院院长。由于当时受到不公正的对待，被调离司法战线，到漯河高中当校长。边校长为人耿直，实事求是，生活朴素，平易近人，关心群众生活，体现了一位老共产党员的优良品格和作风。冬天，当他看到同学们都睡在没有铺垫的光床板上时，立即让学校购进一些草垫子让大家铺上，从此同学们就大大减少了冬季受冻之苦。就是这样一位早年参加革命的老同志，在后来的历次政治运动中，屡遭批斗，受尽磨难。直到1981年我去看他时，他的一切政治问题才得到了彻底平反。

漯河高中还有一批令人尊敬和难忘的老师。他们都受过良好的教育，有的还是国内著名大学的毕业生，文化知识基础深厚，教学经验丰富，在教学工作中勤勤恳恳，认真负责。对学生耐心教导，教书育人。

他们生活简朴，待人热诚，处处事事给同学们留下了良好印象。

漯河高中正是有这些忠于党的教育事业的校领导和老师们，认真贯彻执行党的教育方针，辛勤耕耘，才使得学校在建校之初的短短三年中，有了显著的进步，取得了很大的成绩，得到了上级的肯定和社会的承认。在1956年我们毕业离校后，漯河高中被确定为河南省重点高中。

2001年8月20日

选自2002年1月《漯河文史资料》第十辑

百道清泉入涧流——回忆漯高

胡民安

1956年，我从漯河高中毕业了。40多年来，我去过几个单位，接触过不少人，也有过不少的收获和进步。但是回忆起来，我印象最深，收益最大，最有感情，最值得回忆的还是我的母校——漯河高中。

说实在的，平时也有不少机会和老同学议起漯河高中。每当这时，我们总是怀着十分依恋的心情叙述我们三年所处的环境的变化，描绘那里井然有序的实实在在的学习生活，赞美那里辛勤耕耘、朴朴素素的老师们。提起校长周祖训，大家只有一句话：他是一位德高望重的教育专家！

1953年，当我走进漯河高中校园时，如果不是几排青砖红瓦的平房和门口挂着写有“漯河高中”字样的牌子，咋也不会相信这里是一所学校。紧靠两排教室前面是一片好大好大的荒草地，那里密集着烂砖破瓦、枯草萎树和大大小小数不清的坟头。教室后面是一眼看不到边的庄稼地。出校门三面走，没有一条平坦的路。然而，这就是漯河高中，是新中国成立后漯河市第一所高级中学。

开学了。学校提出，在不影响正常教学秩序的前提下，通过自己的劳动，改变学校的面貌。学校买来了劳动工具，安排了劳动时间，开始了平整土地、铲除杂草、移去坟头的工作。在通往市区的方向，修了一条两米宽并不笔直的小土路，两边种了树，在收完庄稼已经划定的操场周围挖沟堆土，以当围墙。操场周围五六米宽的地带上分期分层种上了不同的树苗。外层是灌木，中间是叶杨，里边是秋桃树，大概是为了防风沙做屏障用吧。每排教室的前边，还特意一线形种上了梧桐树。这意义很清楚：以喻凤凰所栖之地。今天回忆起来，整个建校劳动都是很有意义的，都是分期分批进行的，参加劳动的师生们也都是愉快的、情愿的。没有谁偷懒，没有谁厌烦，没有谁潦潦草草应付差事。然而，也没有谁说过，不好好劳动要受什么处罚之类。

就这样，一年，两年，待我临近毕业时，漯河高中已是道路平坦，校园整洁，绿树成荫，操场周围更是同学们休息、乘凉、户外读书的好地方。原来的荒草地变成了平坦的、开阔的、平平净净的漯河高中的露天“礼堂”。

记得，建校劳动这项工作是一位刘老师负责的。劳动中和刘老师打交道不少，但出于尊敬，从来没有问起过他的名字。只知道他 50 来岁，高高的个儿，朴朴实实，和和气气，整天和同学在一起。每有劳动他都亲自到场，亲自指挥，亲自下手。他好像很会种树，教同学如何挖坑，如何下苗，如何封土浇水等。他要求我们包种、包管、包活。果然，在他的指导下，我们班和全校其他班级一样种的树几乎全都成活了。遗憾的是我至今不知道他的名字，但刘老师这种踏实的、认真的、负责的工作态度，我却一直记忆犹新。

在这样的环境里创办这样的学校，劳动建校的任务肯定十分繁重。但这里毕竟是学校，它的中心任务是教学。我从学生的角度看，学校领导对这一中心任务是非常明确、非常重视的。每周除周六下午外，每天都有五六节正课，三四节自习（包括早晚自习）。在我的记忆里，三年中，没有哪位老师随便缺过课，学校也没有因为所谓“特殊情况”随意停过课，就连阴雨天的体育课，也要在室内讲理论做游戏。而且，我所听到的每节课，可以说都是踏踏实实，认认真真，清清楚楚；每位老师的教学又都是十分投入的，都给我留下了深刻的印象。其中有教语文的毕秉之老师、甘永和老师，教数学的王淑琇老师、宋芳启老师、董泰老师，教物理化学的任定青老师、王九功老师，教体育的李桂钧老师，等等。据说，他们都是当地教育界的名流，是知识渊博，态度严谨，教学有方的好老师。有幸聆听他们的教诲，我至今觉得是一种享受。代数课本上，一个自己无论如何也读不懂的概念，经王淑琇老师轻松一讲，便清清楚楚，一目了然。王老师那亲切的、清晰的、响亮的、抑扬顿挫的课堂语言是她得天独厚的优势。任定青老师的物理课就很有特色。他语音不高，但声声入耳；他话语不多，但清晰明了。他在黑板上画图，只需伸手轻轻挥，便准确无误，何曾用得着圆规直尺之类。不说别的，就这硬功夫，足以影响学生向着学业的高峰奋进。任老师不愧为当时少有的北洋大学学子。有一次，去教立体几何的董泰老师的办公室，这哪里是办公室，简直是几何模型展览室。桌上摆的，墙上挂的，地上放的，各色各样，一应俱全。据说，这都是他为方便教学亲手制作的。可以想见，董泰老师为了工作、为了学生付出了多少心血。王九功老师教化学，当学生向他询问问题时，他很少直接回答，总是在弄清你的问题后，“命令”似的说:“回去看书！”开始几次我就碰了这样的“钉子”。回去看书，一遍不行，两遍、三遍，果然奏效。后来我想，课本就是提出问题、说清问题的，如果说不清问题，何以叫“课本”。所以我至今认为，引导学生读懂课本，是最好的教法，也是最基本的教法。只有引导学生读懂课本，才能使学生举一反三，解决普遍问题，而不是相反。毕秉之老师是我的班主任，教语文课，当时，他身体欠佳，但他讲起课来却一字一板，铿锵有力。每次 50 多本作文，他篇篇都细致详批。他几乎每天都要在班上走走看看，找同学谈谈，对学生的关心可说是无微不至。你看他走路说话慢条斯理，但办起事来却也雷厉风行。当时，我是班长，和他接触最多，他对工作的热心、诚心、耐心，他的一言一行，都深深地影响着我，也影响着我们全体同学。我怀念我们的毕老师！

正是诸多优秀老师的影响，漯河高中的校风是正派的，漯河高中的学习空气是浓厚的，漯河高中的一切工作也是扎扎实实的。

漯河高中在注重课堂教学的同时，还帮助学生开辟了广阔的课外学习的天地。学校在用房十分紧张的情况下，特意在图书馆旁挤出三间房子做阅览室。那里有当时的各种报纸和杂志。每天课余饭后，只要你迟慢一步，那里便没有你的立足之地。语文教研组为满足爱好语文学习的同学的要求，在张泮老师的具体指导下，创办了双周一期的活页“漯高文艺”板报。上面除语文教师有计划地介绍语文知识外，大部分篇幅都是同学们的优秀习作选登。每期出版自始至终都吸引着不少同学的阅读和摘抄，是当时学校语文课外学习的重要园地。回忆起来，至今感到倍加亲切，从中受益匪浅。数学教研组在王淑琢老师的具体指导下，在高三组织了数学研究课外活动小组，间周活动一次，旨在配合教学，培养兴趣，提高水平。每次活动，都由王老师事先拟好题目，然后在个人钻研的基础上共同讨论，找出规律，定时定点公布答案。这给爱好数学学习的同学们一个开拓领域、提高能力的好机会，对全年级数学学习起了很好的指导促进作用。物理教研组、化学教研组等，也都组织有不同名目学科课外活动小组。这些学科课外活动小组，都有指导老师，活动场地、研究专题都安排得井然有序。它活跃了学习气氛，巩固了课堂知识，补充了课内学习的不足，对同学们影响深、作用大，深受同学们欢迎。1955 年春，学校为促进这一活动的深入开展，特别组织了一次“学科课外活动成果展示会”。会上有图表、有模型、有实作、有演示、有讲解，气氛热烈，效果明显。从下午到晚上一直吸引着本校和外校前来观看的老师和同学们。

“百道清泉入涧流”。围绕教学这一中心，漯河高中对学生的教育是全面的、深入的、有效的。每单周一次的校会，每双周一次的班会，每年一次的“三好”学生表彰会，定期或不定期的时事政治报告会，还有党员积极分子学习会，团支部生活会等，都照时不误，严肃认真。校会上，周校长每次讲话都由他亲自拟好稿子，他的讲话言简而意赅，诚恳而热烈。他那规范的话语，严谨的作风，给同学们留下了深刻的印象。

在围绕教学的诸多活动中，“三好”学生评选给同学们影响最大。“三好”学生的条件是：①操行甲等。在这一要求下，同学们学习态度到生活作风，校内校外，一言一行，无不严格要求自己。不努力学习的现象，迟到早退的现象，打打斗斗、低级趣味的现象，在我的记忆里，是绝无仅有的。②各学科学年平均成绩必须均为 80 分以上，有一科差一分或半分，便视为不合格。这一要求，鼓舞着同学们在学习上展开了无形的竞赛，比课堂听讲专心，比课后作业用心，比各科考试成绩，心想超过你，谁也不言语。在这种气氛下，谁肯自甘落后。③“劳卫制”

（当时的一项体育制度）规定的几个项目（记得是 5 个项目），考试成绩必须全部及格。这项要求带动了全校体育活动的轰轰烈烈。每天课外活动，操场上的各个场地都由体育教研组事先排定，都有相应班级的同学认真地努力地锻炼身体。哪怕天气再热再冷，操场上却气氛热烈，龙腾虎跃，且朝朝如此，日日皆然。尽管如此，仍有不少同学因某项标准达不到要求，不能成为“三好”学生。虽然他们操行甲等、学业优秀。没有达到“三好”标准的同学，没有谁气馁过、牢骚过，更没有谁拉关系，走后门，吃照顾。什么力量鼓舞着同学们为“三好”奋斗？是奖金？不！“三好”学生分甲乙两等，甲等奖金 10 元，乙等奖金 5 元。我从来没有听说谁为“奖金”奋斗，恐怕连想过的人也没有。这就是当时的校风，漯河高中的校风啊！

我就是在这样的环境里学习了三年，生活了三年！

漯高三年，终生难忘！

漯高三年，一生受益！

至此，忽一草律涌心，随录于后作了：

漯高就读短三载，至今多事刻灵台。
先生训诲浑似昨，同窗情缘依如才。
教室读书声声乐，操场炼身比比来。
最是终生难舍处，东风习习树不歪。

2001 年 1 月

选自 2002 年 1 月《漯河文史资料》第十辑

充满诗情画意的校园生活

阎振国 ①

20世纪50年代初，“漯河市中”是原漯河市的最高学府，坐落在市西澧河边，我在这里读完了三年初中。1953年初中毕业，时逢漯河高中成立，招收第一届学员，我就考入了漯河高中（当时也有二、三年级，是从郾城高中学校转来的学生），在这里我完成了高中三年的学业，1956年毕业考入高等院校，后在外地工作。30年后的1986年漯河升格为省辖市时，由于工作需要，我重返故里，其间曾多次到漯河高中校院内及四周转悠，每当此时，脑海中记忆的细胞十分活跃。1953—1956年，三年中那紧张有序的校园生活，师生的深厚情谊，同学们的相处无间；课堂、运动场、舞台上……使我似乎又回到了那充满朝气的火红年代。我心中无数次地默念着，母校，我的母校，就是在母校的三年中，为我打下了一生不断地探索知识、追求生活、认真工作的坚实基础。

漯河高中坐落的地方，当时称之谓“南菜园”。1953年招收的一年级分6个班，每班50人左右，300余人，我分在六班，直至毕业。教室在学校中部西侧，两排共18间新建的红砖瓦平房，在当时也算是宽敞明亮了，尤其是室内用上了日光灯，这对于我们经历过在市中开始点煤油灯，后来用汽灯的学生来说，已经感到是一种“现代化”了。

运动场在学校北侧，有一个环400米跑道的足球场，若干篮球场，单双杠，东侧是跳高、跳远的沙坑。学校四周未建围墙，是师生们课余栽植的花椒树苗，记得我离校时已长成了一道绿化屏障。运动场北侧还

① 阎振国，河南省漯河市人，1939年出生。1956年毕业于漯河高中，1961年毕业于西安交通大学水利系。河南省沙颍河工程管理处副局长兼总工程师。

有一片小树林，是师生亲手栽下的树苗，我栽的是一株小杨树。学校给每人发了一个小竹牌，写上自己的名字，用细铁丝把它固定在自己栽的这棵树上，我们时常去关照自己栽的树，记得毕业离校时我还去看了看，小树已长大，部分细铁丝已嵌入树干。

那时学生全部住校，学生宿舍在学校东南角，睡的是上下两层的大通铺。每天早上起床，是集体早操，多是在运动场上跑步，早操后是一节早自习、早饭。那时条件艰苦，吃饭是在东南角的一个草棚里，学生6—8人分为一组，打来一小盆菜，大家蹲在地上围成一圈就餐。上午是四节课，午餐、午休后，下午两节课，接着是课外活动，或集体或分散在运动场活动，接着是晚饭，两节晚自习，做作业，老师答疑。熄灯铃后必须睡觉，老师还经常夜巡检查，看是否安静睡觉。

那时的课堂教学是以教科书为基本内容，我记忆中，很少同学读大量的参考书，我们也没有背过沉甸甸的书包。几十年来，我常常回忆到，那时的漯河高中，确实汇集了不少优秀的教师。教我们数学的宋芳启老师、王淑琇老师，教物理的任定青老师，教化学的王九功老师等，他们治学严谨、学识渊博、教学思路清晰。我们不仅从他（她）们那里学到了课本知识，而且学到了逻辑推理的方法；教学方式也灵活多样，我们还成立了各科学习兴趣小组，在老师指导下开展活动。董泰老师在教立体几何课中采用的铅丝条焊接的各种模型教具，使我们很直观领会了空间的概念，收效十分显著。我入大学是学工科的，一年级就有一门基础课“投影几何”，这是工科学生的必修基础课。记得上第一课时，任课讲师先在黑板上写下“投影几何”四个字后，就讲，过去有的同学把这门课叫“头疼几何”。说明这种空间概念的树立是比较难的，而我得益于高中老师的教育基础，并不十分费力地就通过了这门课的学习，而且在年终考核时拿了全班唯一的“五分”（当时学习苏联实行的是考试五分制）。

从课堂教学来讲，我认为那时体现了一种“少而精”的理念，即把最基础的东西教会学生，同时要把科学的思维方式教给学生，使他们能在知识的海洋里探索时有一盏指路的灯。

除课堂教学外，那时学校十分重视集体活动，每周一早上举行“朝会”，全体师生参加，升旗仪式后，一般都是周祖训校长讲话（我记忆中大约在 1955 年以前学校只有周祖训一位校长），周校长在师生中有很高的威望，他的讲话言简意赅、条理分明、没有套话，同学们很爱听。周校长工作深入，他讲话时，不仅讲学校的大事，对有关学生健康成长的事情，也细致入微。记得在一次朝会上周校长讲了吃菜不要把菜汤倒掉的事（这大概是他在学生就餐时观察发现的），说菜汤中有丰富的营养。这件事对我影响很大，几十年来我就养成了吃菜汤的生活习惯。除全校的集体活动外，更多的是以班级为单位的集体活动，课外活动、课间休息时还经常跳集体舞；我们班还建有互助会，由我负责。就是有的同学的零用钱交给我保存，以保证急需用钱同学借用，定期归还。那时学生经济上大都十分困难，但同学们都很自觉，互相帮助，蔚然成风，直至毕业。每个班每周要召开周会，由班主任老师根据每位同学“周记”反映的情况汇总发表讲话。学校还很强调讲究卫生，经常进行大扫除。为解决宿舍铺板有臭虫问题，总务处制作了一口长方形的白铁皮大锅，把水煮沸后，各班轮流把铺板放在锅内煮，解决了问题。学校经常开展卫生检查比赛，我们的宿舍长是李贵元同学（河南医大毕业，任南阳地区人民医院副院长，主任医师），他十分负责，要求我们每天把床铺整理好，尤其被子要叠得四角四棱，摆放整齐，经室长检查不合格者必须返工，在全校的卫生检查中我们班屡屡领先，大家都有一种集体荣誉感。

学校还不定期地组织文艺节目演出，学校舞蹈队张兰英同学（北京大学生物系毕业，后在北京 721 医院工作）跳得最好；在学校文艺演出中，我还和赵晓玲同学两人合作，在秦体仁老师指导下，演出了诗朗诵，赵晓玲演姐姐，我是弟弟，内容大体是颂扬苏联社会主义幸福生活的，故事结尾是我要和姐姐一起到苏联去，表达了新中国成立初期的人们对新中国光明前景和美好生活的憧憬。

学校对体育更为重视，除课程中的体育课外，每天课外活动学生必须进行体育锻炼。当时推行的“三好学生”制度对体育也有严格的标准，如跳绳每分钟要不间断地跳多少次，开始我达不到标准，后来苦练了一个多月才达到标准；投掷手榴弹要达到一定的距离才行；百米跑我和张延教同学（南开大学毕业，后任华东理工大学研究生部主任、教授）过不了关，后来在杨法中老师指导下，从掌握助跑、中间段保持速度、最后冲刺等要领后，才得以通过。同学们十分热爱体育比赛，校篮球队在全市是赫赫有名的。大约是1955年河南省举行全省中学生运动会，我们学校在多项比赛中拿了前三名。现在记起的有雷振卿同学（新疆农学院毕业，后在新疆体委工作）的跳高，袁耀民同学（北京体院毕业，后在云南某大学任体育教授）的跳远，杨桂欣、刘四川同学的短距离跑，杨明华同学的中距离跑，周聘渭同学（北京地质学院毕业，曾获国家级登山运动健将）的长距离跑等。老师球队也常和学生队比赛。篮球比赛时董泰老师是中锋，球技精湛，很受同学们赞誉；排球比赛，教师队有一位胖胖的李老师（记不清名字了）扣球十分有力，屡屡得分；还有一次师生足球赛，宋芳启老师担任右边锋，我在球场边助威喊：“宋老师加油！”宋老师对我笑笑，说：“跳不动了。”宋老师那时已是中年人了，但充分反映了师生情谊是很深的。我那时人小个矮，体育是弱项，但通过几年的不断锻炼也打下了良好的基础，在大学我还当上了班级篮球队员，参加足球队当过守门员，取得了国家三级运动员证书。

近年来，我常常想，高中阶段是一个人世界观、人生观形成的最重要时期。1953—1956年，我在漯河高中三年的学习、生活是紧张而有序的，那时的课堂教学及许多活动把德、智、体三者融为一体，爱国主义、集体主义在潜移默化中渗入了学生们的躯体，达到“教书育人”的良好效果，使我们终身受益。1956年党和国家提出了“向科学进军”的伟大号召，我们这一届的同学响应党和国家的号召，绝大多数分赴高等院校，继而在不同的工作岗位上勤恳工作几十年。尽管在其后国家的历史走过了一段曲折的道路，但我们这一代人毕竟在特定的历史环境下为国家作出了应有的贡献，我想，这也是今天我们唯一可以告慰母校的，您的学子没有辜负您的辛勤培育。

谢谢您！漯河高中，我的母校！

2001 年 8 月 8 日

选自 2002 年 1 月《漯河文史资料》第十辑

难忘在漯河高中

胡吉祥[①]

1955年8月至1958年8月，我在漯河高中上学。那是一个不寻常的时期。头两年学习环境很好，后一年则是在疾风暴雨式的阶级斗争中度过的。光阴似箭，岁月不居，算起来离校已经41年，但许多事情仍记忆犹新，历历如在眼前。

春风桃李花开日

漯河高中的前身是河南省立郾城中学。1952年9月，我由西平县立完小毕业，同时考取省立郾中和西平县中。当时我刚满13周岁，在家长和老师的鼓励下，毅然舍近求远上了郾中。1953年8月，省立郾城中学的高中部迁往漯河，成立漯河高中，初中部改称郾城二中。1955年8月，我初中毕业，又考取了漯河高中。

漯河高中在我童稚的心灵里留下了不可磨灭的印象。它位于漯河市南郊，校园面积很大，周围全是农田。誉满全省的教育家周祖训先生担任副校长。学校拥有一批学识渊博、经验丰富、为人正直的教师；有较大的运动场，较好的实验室、图书室和阅览室。全校共有三个年级18个教学班，约900名学生。当时附近几个县市都没有高级中学，所以漯河、周口两市和郾城、舞阳、西华、鄢陵、商水等县的初中毕业生都把考取漯河高中当作奋斗目标。即使漯河一中、郾城二中这样好的初中，

① 胡吉祥，河南西平人，1939年出生。漯河高中1958届毕业生，郑州煤炭工业学院毕业。历任平顶山市委副秘书长、市政协秘书长、市政府副秘书长兼市史志办主任，2001年1月退休。

每班考取漯高的也不过三五人，顶多六七人。学生整体素质很好。

在漯高的头两年，正处于新中国成立后政治经济形势最好的时期。三大改造基本完成，党的八大胜利召开，全国人民在党的领导下斗志昂扬、意气风发地建设社会主义。这正是我们学习的大好时机。教师认真讲课，学生求知若渴，师生关系融洽，真正是教学相长，互相促进。二年级开始，语文课分为文学与汉语两门。文学课本从《诗经》开篇，依次讲了《论语》《左传》《战国策》《孟子》《离骚》《史记》，汉魏乐府、唐诗、宋词、元曲，一直到明清小说。唐代以后的文学是郑临老师所教。郑老师个子高高的，有点瘦，但很精神，他声音清脆，讲解生动，听起来如沐春风，给人一种美的享受。许多诗词名篇，我都能背诵。我今天在诗词楹联创作方面能取得点成绩，全得力于那时打下的基础。历史教师朱景镐，个子不高，略带口吃，但满腹才华，文史兼工，中外历史掌故，耳熟能详，讲课认真，待人诚恳。二年级下学期一个星期天的上午，他见我一个人在教室看书，就单独给我讲授《昭明文选》中“丘迟与陈伯之书”文。此文未选入高中课本，但文、情、理并茂，感人至深。朱老师边读边讲，一唱三叹，当讲到“暮春三月，江南草长，杂花生树，群莺乱飞”时，神采飞扬，我也为这“江南美景”所感动了。

学校在重视课堂教学的同时，还建立数学、语文、历史等课外活动小组，举行数学竞赛、作文比赛等单科教学活动。在紧张的学习之余，开展丰富多彩的文体活动，如运动会、球类比赛、棋类比赛、万米竞走以及文娱晚会等。特别值得提及的是李筱娥、窦霞仙、吴莉、关自稳等几位女同学自发的舞蹈表演。她们利用课间操时间，在教室外广场上翩翩起舞，轻盈优美的舞姿赢得数百名学生围观、喝彩，使人耳目一新。

那段时间，“恰同学少年，风华正茂”。大家精神状态极好，热爱祖国，热爱党，热爱社会主义，关心政治，勤奋学习，积极向上，力争三好。1956 年 4 月，我加入青年团（1957 年 5 月后定名为共青团），同年 5 月 4 日，出席了漯河市三好积极分子代表大会。“努力学习，报效祖国”是我们的共同心愿。回忆那段时光，真个是“春风桃李花开日”，令人神往，令人陶醉。

雪压冬云白絮飞

1957年9月至1958年8月，漯河高中经历两件大事：一是在教师中开展的“反右派斗争”，二是在学生中开展的“反坏分子斗争”。这两件事都是震撼人心的疾风暴雨式的阶级斗争。

1957年4月27日，中共中央发出《关于整风运动的指示》，决定在全党进行一次以正确处理人民内部矛盾为主题，以反对官僚主义、宗派主义和主观主义为内容的整风运动。6月8日《人民日报》发表题为《这是为什么？》的社论，立即在全国范围内开展一场声势浩大的反右派斗争。当时，学生们的感受还不太深刻。

这年暑假特别长，直到9月底才开学。原因是教职工们都集中到许昌（那是专员公署所在地）“反右派”去了。漯高第一批就划四个“右派分子”，其中包括德高望重的周祖训副校长和教过我们语文的薄言老师。进入12月份，反右的呼声越来越大，空气越来越紧张，运动逐步深入学生之中。学校组织学生到市直单位参观大字报，动员学生大鸣大放，在礼堂设论坛，鼓励学生登台讲演。有的班主任老师还找学生谈话，启发诱导学生鸣放。

1958年春节刚刚过去，教师中又增加几名“右派分子”。这里面有曾任我们班主任的杨明舜老师和历史教师朱景镐、文学教师张泮等。朱老师上午还给我们讲课，下午就被戴上“右派”帽子，勒令他挖树坑。他见到我，摇摇手，轻声说：“不要同我讲话，我是右派。”我很纳闷，如此和蔼可亲、敬业重教的好教师，怎么会是“右派”呢？太莫名其妙了。

最令人痛心的是对革命作出重要贡献的周祖训先生也难逃厄运。周1934年任内黄县楚旺中学校长时，曾经聘任中国共产党人吴芝圃当国文教员，吴以此为掩护从事地下工作，吴有被捕危险时，周曾帮助吴脱险（新中国成立后吴任河南省长、中南局第三书记）。在湖北刚刚解放，周曾带领中原临中（国民党中央教育部特设的一座中学）3000名师生从湖北回到家乡解放区。当时就有两三批 260 多人参加了四野龙江部队和特种兵干部学校。这样一位与共产党风雨同舟、肝胆相照的民主人士，竟被罗织罪名，划为“右派分子”，进行不应有的批判。1957 年 5 月底，漯河市委邀请民主人士在市政协召开座谈会，请他们给党提意见，帮助党整风，并传达了毛泽东在中央宣传工作会议上的指示：“不要围剿王蒙”，“现在不是放得过多，而是放得不够，不要怕放，不要怕批评，也不要怕毒草”。周祖训在座谈会上就贯彻执行党的知识分子政策问题做了发言。在谈到要“广开言路”时，引用了《国语·周语》一段话：“防民之口，甚于防川。川壅而溃，伤民必多。民亦如之。是故为川者决之使导，为民者宣之使言。”这段话的意思是，防止人民说话比防止河水泛滥更危险。治水的人要疏浚河道，治理人民的人要广开言路。会上对周校长的发言反映很好，有人提议报送省里去。可是时过不久，这个发言竟然变成“反党言论”，成了“借古讽今的大毒草”。这场运动使周校长蒙受不白之冤达 20 余年。薄言老师在十年动乱初期，继续遭受批斗，不堪凌辱，卧轨而死。

在教师中“深挖右派”的同时，在学生中开展了反对“坏分子”斗争。校党支部开始在学生中划 37 名“右派分子”，报请市委审批。市委根据中央精神，不允许在中学生中划“右派分子”，校党支部竟改变名义，将这 37 名学生全部划为“坏分子”，占学生总数的 4%。同学们大惑不解，大家与之朝夕相处、天真无邪的学生（一年级李杰年仅 16 岁）怎么一下子变成“阶级敌人”了呢？校党支部说他们鸣放中有“毒草”和“反动言论”，使人顿觉开展鸣放是一场预谋，大有上当之感。这些学生惨遭迫害，停止上课，整天批斗，挂黑牌，游校园，强迫劳动，改造思想。我们三（6）班被划“坏分子”的潘富根，漯河郊区人，篮球队员，精明能干，当时令他打扫厕所。二年级学生郭明堂等被送往劳改砖厂与犯人同吃同住同劳动，郭父为此自尽于火车轮下，郭母也气愤而死。这些学生被批斗之后，全部遣送回乡，监督劳动。即使是毕业生也不允许参加高考。他们在后来历次政治运动中都成了“活靶子”。“反右派”斗争中，对高中学生残酷斗争、无情打击，造成如此严重后果的，全河南省独此一家。

漯高反右扩大化，伤害了一大批优秀青年，有200余人受到党纪、团纪和行政处分。我们三（6）班的王建民同学被开除学籍，送回叶县农村管制，47岁才娶到老婆。张保德、张元庆是班里的高才生，公认的“清华苗子”，也被开除团籍。他们虽允许参加高考，但校方注明不予录取。还有一些虽未受到处分，但因反右不积极或家庭出身不好的学生，也“记录在案”，升学中受到严重影响，造成终生遗憾。这一大批身处逆境的学生，饱经风霜，百折不挠，或如种子，在贫瘠的土地上生根发芽，在寂寞中开放出清艳的花朵；或如撒落尘埃中的真金，总有闪光之日。三（2）班张国良，漯河市人，才思敏捷，聪颖过人，当年受到留团察看处分，后到漯河技校任教，但他竭力与命运抗争，发愤图强，以优异成绩被选调到河南省劳动人事厅，成为一名优秀的国家公务员，党的十一届三中全会后升任副厅长。

春蕾惊风花落去

漯高同学曾自发创办一个文艺刊物——《蕾》，很受师生欢迎。但在反右斗争中无辜受到株连，只出三期，就被迫停刊。1956年5月，毛泽东提出“百花齐放，百家争鸣”方针，我国文艺战线呈现一派繁荣景象。第二年春天，我和我们二（6）班的鲁天贞、吴铁铮以及其他班的朱玉亭、祝树华、林××等六位文学爱好者，经过充分酝酿，决定创办文艺性写作园地——《蕾》刊。当时没有分主编和副主编，大家共同负责。4月份推出创刊号。校长边成武在创刊号上题词“百花齐放，推陈出新”。董泰老师题写刊名。文章多为六位编辑的作品，少数是约请同学们写的。体裁以诗歌和文艺性散文为主，还精心搞了版面设计，点缀了题花和尾花。这个刊物受到广大师生的好评。留言簿上有很多赞扬溢美之词，普遍认为艺术水准比《漯高文艺》有较大超越。特别是几位语文教师如薄言、张泮等说：“你们（指六位编辑）默不作声，搞了个一鸣惊人，读者非常踊跃，而《漯高文艺》版前则显得冷冷清清。”准备出第 2 期时，来稿非常丰盛，并有张泮老师推荐的范文《副业大队长》，内容写了生产队副队长的不正之风，反右时即把此文定性为“攻击党的干部，丑化党的领导”的大毒草。第 2 期还发表薄言老师的小诗三首，其中一首写到学生食堂凌晨备餐的生活：利刃切断了萝卜白菜，也切碎了黎明前的黑暗（大意如此）。反右时依此定薄言攻击社会主义的新中国是一片黑暗云云。

1957 年深秋，教导主任代表学校党支部在师生大会上公布薄言所谓右派分子材料时宣称：薄言把持《蕾》刊，妄图与《漯高文艺》分庭抗礼，发表反映资产阶级情调的风花雪月的诗文，发表攻击党的干部政策、丑化党的领导、攻击社会主义制度的大毒草，等等。这个“材料”还以大字报形式张贴在校园内。我们几个编辑十分震惊：这是怎么回事？因为我们 6 位编辑谁也没有与薄言老师谈及过《蕾》刊之事，刊物纯粹是我们几个学生自发创办起来的，与薄言没有任何瓜葛，根本谈不上薄言“把持”的问题。鲁天贞等同学一起找党支部书记，要求更正不符合事实的“薄言右派言行材料”中涉及《蕾》刊的话。书记要鲁天贞等去找教导主任。主任说，目前正在运动中，不便更正，恐怕影响运动之开展，影响校党支部的威信云云。我找到校团委书记，声明《蕾》刊确属自发创办，与薄言毫无关系，却受到了严厉斥责。

1958 年春节过后不久，6 位编辑迫于形势的压力，感到有必要就《蕾》刊做一些自我批评，撇开与薄言的关系，就《蕾》刊所发文章的内容做一些自我批评。于是编辑们写出一篇《我们的批判》的大字报，计有 6—8 张白报纸之多。我本人也写了《剖析〈蕾〉刊》的小字报，实为自我检查，贴在教室学习园地上。在那样的年月里，确实是“文章信口雌黄易，思想锥心坦白难”。尽管我们上纲上线，批判自我，向党交心，却仍然挽救不了受迫害的命运：班级或小组进行批判，把写有“编辑过受右派分子把持的文艺刊物……”的鉴定材料装入档案。我家庭出身好，历史清白，高考成绩不错，却不能录取理想的大学，只能录取到并未填报志愿的郑州煤田地质高等专科学校。当时，鲁天贞受处分最重，下场最惨。他是班长，品学兼优，结果被开除团籍，取消预备党员资格，尽管他高考成绩名列前茅，但却不予录取。优秀人才，毁于一旦。后来他到武汉钢铁公司当工人，1964 年得到甄别后，曾任工程公司党委办公室秘书、主任，武钢党委宣传部办公室主任，退休前任武汉冶金管理干部学院工会主席、高级政工师。鲁天贞曾就处分问题询问过教导主任和团委书记，团委书记说："你们 6 人虽未分主编和编委，但你是党员，你就应当负责。到党支部要求更正薄言材料，就是替右派分子鸣冤叫屈，开脱罪责。尽管你们谈的是事实，也不能更正，否则将给党造成多么大的影响和损失！"走笔至此，我想说明一点：为保持历史真实，我不得不提及的几位当事人，我相信他们的心原本也是善良的，可能是当时形势使然。党的十一届三中全会后，我曾听人说，教导主任对他当时的作为深感内疚。

当我写这篇回忆录的时候，心情久久不能平静，好像又回到了那个难忘的岁月。我把自己亲历、亲见、亲闻的真人真事记述下来，既有美好的回忆，又有痛苦的体验，目的是为了存史，并为当年的老师和同学重温那段历史提供一点素材。

最后，祝愿我的母校漯河高中越办越好，成为培养人才的最好的摇篮。

1999 年 3 月

选自 2002 年 1 月《漯河文史资料》第十辑

忆漯高三年的学生生活

汪桂芳①

整齐的校园　多彩的生活

1956年秋我在漯河市中毕业后，被保送入漯高学习。当时的漯高是1953年创建的全市最高学府。校长边成武是位老干部，个头很高，操一口南方口音。作风朴实，平易近人。副校长周祖训主管教学工作，善待学生，笑容可掬。讲出话来既和风细雨又语重心长；既耐人寻味又体贴入耳。所以这两位校长都受到学生们的特别尊重。

那时漯高是在市南郊（现在是市中心）的一个乱坟岗上建成的。进校园大门的西侧是两排整齐的平房，灰墙红瓦。每三间是个教室。每三个教室为一组，和另一组有道路相通。前后两组六个教室为一个年级。全校共有18班学生。最西边是三年级，中间是二年级，东边离校门最近是一年级。刚入校我是一年级四班距校门最近。每班最多有45人。教室内每两人一张课桌，每人一张小靠背椅。坐在教室内听课既是学习知识也是享受。同学们都很爱这个学习环境。教室南边约30米处是教研室、实验室，男女教师单身宿舍和女生宿舍。

和教师单身宿舍并排的两个女生宿舍很大。它东西排列着，门开在东西山墙上。全校的女同学约100人全住在这两个宿舍内。有位负责女生生活的女教师，就住在对面的教师单身宿舍里。

---

① 汪桂芳，女，漯河市人，1939年6月出生。1956年至1959年就读于漯河高中。河南医科大学医疗系毕业。曾任中国人民解放军核试验基地某部军医，平顶山市委卫生所主治医师。

进校门东边是8排小平房。离校门最近的一排是教务处、会计室、医务室、校浴室。再往南一排是校党支部、校团委及小会议室等。其他的几排是男生宿舍。全校的男同学都集中住在那里，一个班的男同学住一个宿舍。宿舍外围墙以南是庄稼地，用来做校围墙的是铁丝网，墙外透绿，我们在校园内很早就能感觉到春天的气息。

学生们睡的床是用木板支起来的大通铺，每人一溜。冬天大家挤得紧紧的，也不觉得冷，夏天被子放在一边也不感到太热。每人的牙具都整齐地放在床板下的洗脸盆里。校园内有一口水井，是唯一的水源。夏天用冷水洗脸，冬天下雪时每班才有一桶热水。每周可洗一次澡。

刚入校时吃饭还没有饭厅，大家都在院子里吃饭，天下雨就搬进教室吃饭。很快我们便有了个礼堂。说是礼堂，实际上很简陋，里面并没有桌椅，它是全校师生开大会及学生就餐共用的场所。有时为了表示对它的爱，还在礼堂二字前边加一个“大”字称为“大礼堂”。虽然是“大礼堂”，全校师生要在里面开会时仍然坐不下。伙食也很简单，早饭一人一个馒头约4两重，似开水一样的面汤随便喝，一点少得可怜的炒青菜。中午仍是一个馒头，有时还可能再加一个小馒头，4—6人一盆菜，也都是些白菜、萝卜之类的粗菜，油水不大。晚上大多是杂面条，每人两碗。偶尔可以吃一顿油条或有肉的菜，肉当然是星星点点。那时每人每月的伙食费才只有10元钱。

学习内容是全国统一教学大纲和统一教材。早自习60分钟全校同学无一例外的都是在读语文或外语，距学校很远都能听到同学们琅琅的读书声。上午四节全是讲课时间，下午除三节讲课外，还有两节课外活动。课外活动时间同学们全都去操场锻炼，操场在校门外，它很大，四周不是围墙而是五排的杨树，闲暇时同学们常常三三两两地在这个小树林里走走玩玩，谈谈心，非常惬意。同学们也常美滋滋地赞誉自己可爱的校园。

学校每年举行两次运动会。体育教研组经常利用课外活动时间组织体育比赛活动。有时组织校体育代表队参加市里的体育比赛，都能取得好成绩。我是校篮排球代表队队员。漯高的竞争对手是漯河师范，两个学校经常互比高低，互不相让。

秦体仁老师多才多艺，他教我们语文。他对古文的讲解声情并茂，讲解诗经：“关雎”和“氓”时的神态和声调一直在我脑海里不能泯灭。课余时间总带领全校的文艺骨干排演些文艺节目，或者在学校的晚会上演出，或者去市里演出。而且每次演出都能受到好评。

学校每逢节日都开文娱晚会。全校师生一起或演节目，或唱歌，或跳舞，其乐悠悠。

轰轰烈烈的反右派运动

刚过完 1957 年的“五四”青年节，学校党支部命令我们暂停书本学习。全校师生一起学习毛主席的文章《正确处理人民内部矛盾》，一直停课半个月，要求深刻认识国内形势，学会辨别香花和毒草的七条标准。同时还学习《人民日报》社论等。

半个月学习完后，校党支部书记张敏，在全校师生大会上做了帮助党整风的动员报告，说是新中国成立这么多年了，我们党内需要整风，要广泛听取党内外同志的意见。号召全校师生，都要积极参加，积极向党提意见，帮助党改正错误，等等。有什么提什么，不要保留。当时党在人民心目中是最伟大、最神圣、最崇高的。党员便是党的化身，党支部权力至高无上，党支部书记的话便是党的话，既要绝对相信他又要绝对服从他。于是轰轰烈烈地帮助党整风运动开始了，一夜之间大字报贴满了学校的各个角落。校园内专为贴大字报而扯的绳子上也无一处空闲。用“忽如一夜春风来，千树万树梨花开”的诗句来形容当时的情景一点都不过分。

我当时 18 岁，年龄在同学中是比较小的，比我大四五岁的也不少，最小的比我小两岁。我幼稚活泼，但非常听话，党让提意见，想想没有什么好提的。因为喜欢看电影，就提了本市电影院太少，票价太贵这类无关痛痒的意见，很多同学也都提不出个关键问题。此时校党支部决定组织全校师生去开展鸣放运动最好的单位——市粮食局参观学习。看到他们的大字报真多，但提的意见都比较笼统，如 ×× 有官僚主义；×× 有贪污，都没有事实证据。有同学便在人家的意见簿上写了提意见要有证据的话，回来后却遭到张敏的严厉训斥，吓得同学们面面相觑，噤若寒蝉。

1957 年的暑假没有放假，大家都在学校一面参加整风，一面补习被耽误的课程。写大字报还在继续，开始大字报不留底稿，以后的大字报都得留底稿（到我们毕业时，每人两个档案袋，其中一个袋子是大字报底稿）。大字报的内容也由原先的无关痛痒逐渐上升，涉及党的方针政策上来。有少部分农村年龄较大的同学，提意见说："农村农民粮食不够吃""统购统销搞糟了"；还有为校教导主任马庆登写列传的。同时还写了些顺口溜，反映农民生活很苦，工农生活差别大，等等。辩论会也逐渐升级，由口诛笔伐到唇枪舌剑，由各个班的小辩论会，到全校师生的大辩论会，由课余时间辩论到完全停课辩论。形式越来越大，言辞越来越激烈，气氛也越来越紧张。

七八月份，全国范围内的反右派运动开始了。"打退资产阶级右派分子向党猖狂进攻"的大字报、大标语随处可见。又是一夜之间，教师中就出现了"右派分子"，以后还有了"白旗"。周校长及边校长都在这之列，他们的言论学生们一点不知道，这两位校长成为右派白旗，同学们都很不理解。

这时学校的政治空气紧得很，特别是平时说过"错话"：贴过对党的政策不利的大字报的同学；贴过校教导主任马庆登及屈伯云大字报的同学心情更加紧张，有的就放弃了学业，甚至自己的被褥都不要了，半夜趁大家睡熟以后悄悄地离开学校，再也不上学了。

1957 年秋季，老师中的右派分子都打完了，停止了他们的教学工作，开始了劳动改造。学生中开始打坏分子，开始我被抽到市体育集训队参加排球集训，20 天训练结束回校，便知道全校学生中共打出 30 多个坏分子，每个班都有一至两个，我班的坏分子叫刘泮忠。

学生中的坏分子和右派分子是一样待遇，他们的行动完全受到了限制。白天有同学寸步不离地跟着，晚上也有两个积极分子分别睡在他们的左右两侧，甚至夜间起床小便也有积极分子紧跟，他们绝对失去自由。学校让我们利用下午或晚上批斗他们，经过相当长一段时间的批斗后，我们就认为是彻底打败了他们猖狂向党的进攻。于是学校开除了他们，并让派出所的人将他们押送回家继续劳动改造。

右派老师的处境也不妙，他们除了定期挨批斗外，还要参加繁重的体力劳动，有时劳动量之大几乎超出了他们体力所能承受的强度。我印象最深的一次劳动是：1958 年大办钢铁期间，漯河市要在当时的牛行街南头，澧河外堤内建一座钢厂，漯河高中的全体同学都去参加过义务劳动。有一天晚上，右派老师也去了，抬土给他们用大筐，土装满了，再上去踩踩，然后再加土，一直把土装得很满很满，足足有 200 多斤一筐。有几个年轻学生轮流和他们中的一个抬，学生累了可以休息，右派老师则不能休息，他们实在太累了，恳求少装点，有时恰恰相反，越说让少装，装得则越多。有幸边校长和教俄语的刘桂林老师同抬一个筐，装土量一点也没少。晚上 9 点多钟，不知是谁喊了一声什么，接着便听到了锣鼓声，学生们忙放下手中的工具，“轰”地都跑向堤外去了。我班的学生干部指使我：“你留下监视他俩劳动。”工地上就剩下我们三人，刘边两位老师见此情景也放下了抬筐，大胆地坐在一旁休息去了。我认为他们太累太累，应该休息一下。加上他俩平时和我都很熟，我虽有很大的同情心，也不敢表达。此时我将身子一转，背对他们，默许他们休息一阵。大约 20 分钟后，看热闹的同学陆续回来了，我才低声低气地说：“赶快干吧！你看他们都快回来了。”真的是太累了，在我一连说了好几遍之后，他俩才慢吞吞地起来，又接着抬土筐，一直劳动到很晚才收工。

还记得周校长为我们烧洗澡水时的情景。学校的澡堂是男女生轮换使用，反右运动前有一名工友烧水，反右运动后便由右派来烧。有一天是女生洗澡，我刚一进门，有同学说水凉，让我出去说说，来到灶前一看，有一个熟悉的背影映入眼帘，魁梧的身体穿一套旧蓝布衣服，皮肤由于太阳晒而略显得有些黑，该理的头发还未理去，两只有力的大手握住铁锹正在往灶膛里加煤，这人正是周校长。此时的我有点傻眼却一声不响。他大概感觉到有人站在他身边，抬起头看看我说：“同学，水凉吧？别着急，一会儿就好。”说完就又认真地烧火了。此情此景我脑海里立刻闪现出小说《红岩》里华子良的形象……是喜是悲自己也说不清楚。40 多年过去了，每逢想起这两件事心里仍有一种酸楚，眼睛也便湿润起来。

大跃进和勤工俭学

反右派运动以后，全国范围内掀起了大跃进、大办钢铁的高潮。学校同时掀起了勤工俭学运动。学校也有自己的小高炉、细菌肥料厂、电镀车间、木工房等。

为适应大跃进形势的需要，我们每天上午和晚上上课，下午劳动。每个星期的周末还去农村参加大办水利——挖水塘。好多个星期日变成了星期七。每周只有星期七的下午半天时间休息整理个人卫生。

我们的小高炉炼钢铁不用矿石，而用废钢铁。为了寻找废钢铁，同学们跑遍了全市的各个角落。有一次在附近农村的一个臭水坑里发现了不少废铁屑，如获至宝。几个同学脱去鞋子跳进臭水里七手八脚把它弄出来运回学校，扔进炼钢炉内烧呀烧呀的，结果炼出些什么用处也没有的烧结铁，小高炉也因此而停止使用。

一方面大办钢铁，一方面我们还要勤工俭学，自己劳动挣钱来养活自己。于是学校办起了细菌肥料厂。为生产细菌肥料，我们将学校操场的地皮起掉一层，因为细菌肥料需要生长层的土，把土用筛子筛一下，再到烧砖窑去筛些炉渣，到农村食堂再筛些草木灰等，加上自己培养的固氮菌一掺和，装进麻袋就成了细菌肥料，把它卖给近郊的农民，赚的钱充作学生伙食费。

电镀车间为一些小工厂加工电镀一些自行车前叉子等小件物品，也能赚些钱。木工房则为学校做了一辆大马车，它真为学校出了大力，凡是需要运输的全是用它拉。当时党支部书记张敏曾在全校师生大会上说这辆马车谁弄坏谁得赔，所以大家都很爱护。马车的动力是学生，不论哪班学生用它时都特别小心。记得有次一班的同学用它拉东西时，一不小心弄断一根车把，全班同学吓得坐在教室大哭。

勤工俭学虽然挣了些钱，而学生的生活仍然很差。一日三餐都是红薯，笼里蒸的是红薯，锅内煮的还是红薯，中午最多加碗菜汤，吃得同学们看见红薯都想吐酸水。期末考试有位同学随便说一句："能不能改善一下伙食，本来就吃不下饭，考试紧张就更吃不下饭了，改善一下使身心都得到些补偿。"这句话不知怎么传到屈伯云耳朵里，他便在全校学生大会上狠狠地批评了一顿，此后谁也不再提伙食的事了。

在黄泛区农场劳动

大约在 1958 年的 5 月底，学校组织我们一、二年级同学到黄泛区农场参加"三夏"劳动。三年级因面临毕业就免去了这场劳动。

出发前由校党支部书记张敏做动员报告，讲了劳动的意义和要求。团委书记沈忠良做领队，在一天早上 400 名同学一起背上行李步行向黄泛区农场进发。

黄泛区农场在漯河市的东边，距市区大约有 80 华里的距离，出发那天阴得很重，过了沙河没有多远，天便淅淅沥沥地下起了小雨，越走雨下得越大、越紧，大家的行李都没有防雨布，领队让我们就近休息，三三两两的同学都找一农家的大门底下休息一阵后，雨逐渐停止，大家都又急忙赶路去了。

傍晚到达黄泛区农场二分场，算是到达了目的地。虽然我们平时也参加过不少劳动，却都没有走过这么远的路程。一天的步行之后，同学们也累得汗冒气喘。我们的住处被安排在农场废弃的猪棚里，棚子虽然有段时间不用了，却仍然散发出一种牲畜圈特有的气味，地上铺一层干草，我们一个挨一个地睡在上边。棚子比较低，进去站不起来，所以进去就得坐在铺上。休息一夜之后，次日清晨便参加了劳动。

劳动的第一天我们跟随农场的师傅们学习拔稻秧、插稻苗，一天下来累得腰酸腿疼，三天之后逐渐适应了，也感觉不到太累了。早起晚睡，有时晚上还加班，反而乐呵呵的。

稻子没插完，麦子一片片的熟了，有拖拉机收割，在麦田的拐角机器达不到的地方也留下大片大片已成熟的麦子，这些麦子由女同学拿镰刀收割，由男同学将割下的麦子装车运回打麦场去打晒。

割完一片麦子向另一片麦地转移的途中，我们高唱着歌曲:“青青的山，蓝蓝的天，青青山上野花鲜。青山下绿一片，麦浪滚滚望不到边。看一眼走半天，再走还是社里的田。”歌声嘹亮，响彻农场上空。

在农场劳动期间饭可以吃饱，每顿饭都是新麦子面做的馒头，菜比较少，主要是红萝卜，有时还有粉条，油水不大，能吃饱饭同学们也都很知足了。

劳动 20 多天后，农活基本上干完了，晚上和农场的工人们一起开了一个联欢会，我们还临时排了些节目，很受大家欢迎。次日到别的分场参观一天，晚饭后农场用大卡车把我们送回了学校。

6 月底我们参加农场劳动的同学每人发给 28 元钱作为报酬。这是同学们都没有想到的，后来才听说，农场把我们当临时工对待，农场其他临时工每人每天工钱一元二角。我们学校认为学生主要是劳动锻炼，金钱是次要的，所以我们每人每天按八角钱计算。钱虽不多，也帮了同学不少的忙，它可以说是一个人三个月的伙食费，我的钱全部给了母亲，全家人也很高兴。

毕业生为学校留纪念

到 1958 年秋季，我们的学习生活稍有正规，星期天也可以休息了，每半个月都有一次学生发明展览。说是发明其实不过是些小制作，多是些模仿的东西，没有什么发明创造，而且反复展览，互相参观模仿。劳动课还不少，有时甚至白天全天在农村劳动，晚上回来上课，9 点半后再搞点“发明创造”，11 点多才能休息，早上 5 点多钟起床再去劳动，只是同学之间的批斗少了些。

过了 1959 年春节，我们面临着毕业，学习时间逐渐增多，这时学校要求毕业班要为学校留纪念。因为1958年毕业生为学校留下口机井，位置在操场的西侧南头，它确实为我们在操场上种地出了不少力。那时全省学校掀起学习长葛的办学经验：学生一边学习一边务农劳动，自食其力。学校令同学们把操场西半边全部开垦起来，分给各班去种。我班也种了麦子和玉米，1958年的跃进提倡密植，每亩地有种200斤麦种的，待麦苗一出土齐刷刷，毛茸茸，像新生儿的胎头发，稠得密不透风，到成熟时打的粮食不够种子。种的玉米叶大杆粗穗多而小，果实粒更小，甚至有穗无籽，收成可想而知。

前届同学留下一口井，我们决定留给学校两个大鱼塘。在操场的北头，西东两侧各挖一个面积约百十平方米，深两米多的大坑。于是课外活动变成了挖塘劳动，甚至星期天也在挖呀挖的，挖坏了不少铁锹镐头，抬坏了不少柳条筐。高考前夕，塘终于挖成了，至于学校用不用我们是不管了。这便是有名的漯高“五届井”“六届塘”。

高中三年值得回忆的事很多，偏就这几件事印象最深，也最难忘。高中三年的学生生活有欢乐，也有烦恼，有甘甜也有苦涩。由于1957年的反右斗争，同学的关系也很紧张。毕业时也曾想，这一辈子也不想再回漯高，不愿再见这些同学了，还是忘却高中时期生活的好。但是人的记忆有时也不是那么随人愿的，上大学以后又想回去看看。多少年以后，随着年龄的增长，怀旧心理又悄悄地爬上心头，闲暇时总还是想起青年时代。特别是“文化大革命”运动，把人际关系搞得更紧张，反而愈加怀念起高中时期的学生生活；愈加怀念起朝夕相处的高中老师和同学们。回忆下那时的生活在心灵上仿佛得到了很大的慰藉。思念啊，漯高母校！怀念啊，三年的高中学生生活。

1999年4月20日

选自2002年1月《漯河文史资料》第十辑

难忘师恩

我的国语老师张松峰

冯宗义[①]

舞阳解放的前一年，我在县里城厢第一中心小学读四年级。校舍原是清代的书院，建筑古朴规整，环境优美清静。学校的规模虽然不大，但师资力量相当雄厚，是一所很有影响的学校。

我们的班主任兼国语老师张松峰，是省立师范毕业不久的优等生。他高高的个子，文雅中带着和蔼与朝气，说话诚恳有趣，课内课外总有讲不完的道理和故事，学生们都愿意亲近他。

学校的西墙外边隔一条便道，就是全城最大的水塘西湖景坑。塘里水面清澈宽阔，还长有一些水草和莲藕。下午没有正课的时候，我们经常翻过操场土墙的豁口，到塘边一棵大皂角树下嬉戏玩耍，有时也到水边洗手观荷。但谁也不敢下塘游泳，听大人说，小孩子一跳到水里就出不来了。

一天，我们正在塘边玩得起劲，张老师突然来了。开始大家有些紧张，害怕他会对我们擅离校园加以申斥或进行驱赶，结果他却微笑着问我们，“知道这里为什么叫西湖景坑吗？”大家怔了一会，没有人回答上来。接着有人调皮地喊，“张老师又该讲故事了，咱们鼓掌吧！”他笑着摆手叫大家安静，讲起了西湖景坑的来历。他说，根据县志记载，明朝末年，闯王李自成率领义军攻打舞阳县城，一个名叫潘虹的县令，指挥守军进行顽强抵抗，结果城池久攻不下。后来通过一个同情义军的秀才说服把守东关的士兵，夜间放下吊桥，打开城门，迎接义军冲

---

① 冯宗义，舞阳县人，1938 年出生，开封师范学院（河南大学）汉语言文学系毕业。先后任漯高语文教师兼教研组长，教导处副主任、主任，市教委教研室主任，市教委副主任兼党委副书记。河南省人民政府教育督导室督学。漯河市政协第一、二届委员、常委，兼教科文卫委员会副主任。

入城内。随后开仓济贫、惩治劣绅，杀了县令潘虹。那个帮助义军的秀才，就是景家少爷。没有多久，明朝军队反扑回来，景家满门斩决，并且挖地五尺，从此一处望族名宅成了水乡泽国。因为水塘处在城内偏西一隅，原址是景家大院，所以称为西湖景坑。然后他又指着塘中莲藕，说到《老残游记》里写的济南大明湖“四面荷花三面柳，一城山色半城湖”的典故。大家听得神驰魂销，十分惬意。

张老师的国语课很少讲课本内容。所教诗文，大多由他选定，加上简短的提示和注解，让一家石印馆印成活页，发给学生做教材。一些优秀的古代诗文和现代名家名作由他讲起来，亲切轻松，如数家珍。张老师从来不要求学生刻意默写背诵，因为老师讲课如坐春风，学生对脍炙人口不太长的诗文，几番咀嚼以后，就自然印在脑海中了。很多年以后，经他教过的律诗绝句，还能朗朗上口，就连冰心、朱自清、许地山等一些现代作家优秀短文里的许多名段名句，也能脱口而出。

然而，还没到第二年暑假，大概是期末考试前不久，张老师突然不见了。对此校方没做任何解释，但有学生在私下传言，说是与校长不合，愤然离去的；也有说是某个老师嫉贤妒能，散布了张老师很多流言，无奈出走的。此外还有别的一些说法，总之都是模棱两可、不明不白。但无论如何，失去了这样一位好老师，学生是感到十分惋惜和不快的。在以后的日子里，我们仍经常说起他，也非常想念他。

1947 年隆冬，舞阳解放了。不久，有可靠消息说张老师原来是地下党员，离开学校是接受上级指派到某个解放区工作了，现在已经在一个刚解放的县里担任了行政方面的负责人。消息一传开，了解张老师的人尤其是崇拜他的学生们，都非常高兴和庆慰。

再过一年，又听说他调到省城工作了。又几年后，我离开家乡去外地上学、工作，关于张老师的消息就听不到了，但仍旧时常想念他。

20 世纪 60 年代，一次我回老家探望，一到舞阳，就打听张老师，可得到的竟是噩耗。原来，“大跃进”运动开始不久，他就因言论“不当”和家庭出身问题，被定为现行反革命，开除党籍，撤销职务，遣送到一个水利工地劳动改造，其间得了暴病，很快就去世了。

“文化大革命”中，一次偶然的机会，我在北京见到人民日报社的一位领导干部叫王泽民，他是张老师初中时的同窗好友。他们一块闹学潮，又先后加入共产党地下组织，但后来干了不同性质的工作，彼此失掉了联系。得知我是张老师的学生，开始他非常激动，等我把张老师的遭遇和结局讲完之后，他长时间黯然无语，最后叹息道:“世事难料啊！”

十一届三中全会以后，张老师终于沉冤昭雪，他地下有知，该可以瞑目九泉了。但我仍然觉得，张老师曲折跌宕的人生，就是一场奇怪的梦，亦真亦幻；只有他教国语时，那种热烈和蔼的性情仪态、行云流水的教学风采，才是最真切、最值得记住的。

选自 2010 年 9 月《漯河文史资料》第十八辑

我和申凤梅老师的“母女”缘

陈解民①

1989年的盛夏，我有幸和申凤梅老师相识。舞台上，她以“活诸葛”闻名全国；生活中，她却是那样的质朴、温厚、谦和。她让我为她创作一个剧本，作为她告别舞台的最后一个剧目。能为她写剧本，我当然高兴。那天，我们谈了很多，从艺术到生活……最后，她温和地望着我说：“解民，我喜欢收女儿，做我闺女吧！”我感到惊喜，同时也伴有几分酸楚。

我了解申凤梅老师的身世。这个把诸葛亮扮演得惟妙惟肖的老艺人，对舐犊之情虽然有着美好的企盼，但却与之无缘。既然她收我做女儿，我愿在她晚年的生活中给她送去一份做儿女的温情。

自此，她对我总是以“闺女”相称，而我仍习惯于叫她申老师。因为我的父母也都是老师。在我的心目中，“老师”的称谓是最圣洁、最伟大的。

之后，我开始了剧本《诸葛父子》的创作。在此期间，我几次到周口去看她。她对我十分亲昵，总是把好吃的全都拿出来。她每次来漯河演出，也必须到我家来吃顿饭，我也总是为她准备一瓶她最爱吃的辣椒油让她带走。

她高风亮节，淡泊名利，为人宽厚，乐于助人。她对艺术有着执着的追求，常常拖着病躯演戏。她做人做戏都是那么认真，那么一丝不苟。我从她身上学到了许多。

1994年的夏天，我在市蓝天宾馆举行婚礼，邀请她参加。她表示一

① 陈解民，女，1951年7月出生，原籍河南遂平县。1968年漯河市技工学校毕业，曾在漯河柴油机厂工作，后调任漯河市戏曲创作工作室主任。

定来助兴。结果前一天晚上，她去项城演出，直到深夜才归。可第二天上午，她一大早就来到了我家，并带来了乐队，还自己出钱给乐队封了礼金。

那天，她穿着枣红色的上衣，白色的筒裤，外束腰，精神矍铄，神采奕奕。那风姿那气质，怎么也不像一个年及七旬的老人。我望着她说："这身打扮，真雅！"她朗声笑着说："闺女结婚，我当娘的不得给闺女搂搂脸！来前，团里几个演员帮我选衣服，觉得这身效果最好！"

婚礼上，在优美的、欢快的鼓乐声中她一连演唱了《收姜维》等两个唱段，以表达对我们美好生活的祝愿。她那精彩的演唱把我们的婚礼推向了最高潮。

送她回去时，她告诉我，她很快要到郑州去拍摄舞台电视连续剧。我望着她瘦弱的身躯，担心地问："天气这么热，您的身体能行吗？"她爽朗地回答："不要紧，你娘的身子骨熬个十年八年的还没问题。"我诚挚地对她说："拍完片子，来闺女家里住些日子养养身体。"她欣然应允。

我没忘记她应允的话。这期间我曾几次打电话催她来家。可是，她每次的回答总是顾不上。她一直在忙演出、忙事务。她还在为她的越调剧团颠簸往返于郑州和周口之间。

这年春节，我和丈夫去看她，给她买了一双漯河产的"雪地靴"，并送给她我新出版的《黄埔魂》等三部小说。她没有试鞋，先接过书，神采飞扬地说："好！这比啥都好。俺闺女有本事……"

万没想到，这竟是我们最后的一次见面！

1995年7月20日凌晨，神明有知，倾盆大雨从天而降。在天公的哭号声中，我国优秀的表演艺术家申凤梅溘然离世了！

噩耗传来，我悲痛不可自抑。往事历历，令人肝肠寸断。我怎么也不相信她就这样匆匆离我而去了！

我和丈夫急急赶到周口，只见她安详地躺在透明棺里。灵堂内外，是花圈的海洋。挽联在凄风中抖动着，天又落起了那漫天的雨……

那漫天的雨滴，是千万人的眼泪呀！

申老师，您还不满70岁，您不该走得这样早啊！您操劳一生，把自己的生命无私地献给了人民，您应该给自己留下一点时间，享享人间的清闲……

申老师，您不该走得这样匆忙！您看，各级领导都来看您了！爱戴您的群众川流不息地涌来了。小小的灵堂，怎盛得下许多的哀河悲海！您的去世给人们留下了太多的遗憾！

我看到，我送她的长篇小说《黄埔魂》还摆在她的枕前。我为她创作的剧本《诸葛父子》，至今仍放在我的桌案。

申老师，您清清白白地走了！无怨无悔地走了！在您生前，我不曾唤过您一声母亲。今天，让我含着呜咽的泪水，轻轻地叫您一声："母亲……"

选自 2005 年 7 月《漯河文史资料》第十三辑

回忆我的父亲李心正

李明堂[①]

我的父亲李心正，1991年11月12日去世，虽然他离开我们已经22年了，但他的为人处世、言行举止，反而越来越清晰地在我的记忆中鲜活起来。我作为儿子，这几年工作不太忙，有了闲暇时间，一直在整理有关他的资料，查看他的笔记和教案，翻阅他编写的书籍、论文和爱读的书，回顾他平凡而有意义的一生。

早在中学时代，他就在河南省最早的乡村中学——青年中学（今漯河市召陵区实验高中）上学，师从于我国著名乡村教育家、中国同盟会早期会员、著名的爱国进步人士、青年中学校长王拱璧，受王拱璧进步思想的影响，接受了马克思主义，树立了共产主义理想，先后加入了中国共产主义青年团和中国共产党，成为一名有理想、有抱负的进步青年，并立志为共产主义事业奋斗终生。

到了高中时期，在漯河高中与曹刚川成为同窗挚友、学生干部，共同接受著名教育家、良师周祖训的言传身教，既获得了丰富的文化知识，顺利考入重点高等学府，又锻炼了处事能力，养成了良好的道德品质。

他自大学毕业后留校任教，与教育工作结下了不解之缘。他忠诚党的教育事业，一生兢兢业业，辛勤耕耘于三尺讲台，倾心于教学管理，为党的教育事业奉献出了毕生精力，直到生命的最后一息，倒在了工作岗位上。1992年1月14日，《人民铁道》报公布“全国铁路优秀知识分

① 李明堂，漯河市召陵区人，1952年出生。1969年参军，历任战士、文书、班长、排长、连长，团、师司令部参谋；北京军区作战部参谋、处长，军事研究室研究员，《华北军事》杂志社主编，兵种部副部长等职，大校军衔。

子”，他榜上有名；当年5月14日，《中原铁道》报头版报道了他的先进事迹，称其为郑州铁路局37万职工中的“科教明星”，号召全局职工向他学习。

刻苦求学　树立志向

李心正，郾城县万金镇贾姚村人。1931年10月1日出生于雇农家庭。他自幼聪颖上进，勤奋好学。1939年，八岁时入小学上学，那时正值抗日战争时期，当时的国内形势非常恶劣，国无宁日，民不聊生，学习环境、学习条件可想而知，但由于他学习刻苦用功，在同敌人和饥饿做斗争的同时，抓紧时间勤奋学习，仅用了三年时间就基本学完了小学课程。

1942年（即民国31年），遭遇连年大旱，中原大地，赤地千里，庄稼几乎颗粒无收，人民群众饿死者不计其数。此时，他也无法继续上学了。失学后，因生活所迫，他先在原籍给地主家当童工，混口饭吃。不久，地主家也没活干了，就跟随我祖父外出逃荒要饭，一去几百里，一直逃到河南唐河县源潭镇等地。因为那时受灾面积很大，到哪里都没粮食吃，要饭也很难要到，所以，几天也难吃上一顿饱饭。但尽管如此，他仍不忘学习，千方百计找书、借书读书，就是在逃荒要饭途中，哪怕是看到一张纸片，只要上面有字，也要捡起来看看，假如有用，就如获至宝，如饥似渴地学习、记忆。加之祖父也是知书达理之人，对父亲言传身教，使他很早就养成了喜爱学习、刻苦学习的好习惯。在恶劣的环境中，既巩固了学习成果，也培养了吃苦耐劳的精神，立志要克服万难，学业有成，为中华民族的解放和富强多作贡献。

1949年，新中国成立了，他也就有了重新上学的机会。1949年9月，他进入河南省商水县立青年中学（后划归郾城县管辖）上初中。尽管他当时小学未毕业，中断时间又长，但由于基础扎实，平时不忘学习，因此，他入初中后，学习成绩不但跟得上，而且很优秀。由于他思想进步，道德品质好，又热心为同学服务，一入学就担任学生会干部。

而碰巧的是，他的班主任朱学焕是共产党员（全校当时只有两名共产党员，另一位是葛玉怀），经常给学生讲党的性质、纲领、宗旨，以及最终要实现的伟大理想。他作为学生干部，跟班主任接触机会比较多，自然是受其影响大，思想进步快，很快就加入了学校首批发展的共产主义青年团。

校长王拱璧是著名的爱国人士、五四运动的先进分子、抗日战争的积极分子、共产党的亲密朋友、青年人的楷模，经常给学生灌输先进的思想，教育学生树立远大的志向，树立救国救民、实现中华民族振兴的理想和抱负。王拱璧的进步思想对他的影响尤其深刻。那时发展党员，包括党组织开展活动还不公开，学校秘密组织了积极分子学习小组，李心正是小组成员之一。学校两名党员组织他们学习共产党章程、党的基本知识，讲解为什么要入党，使他们加深了对共产党的了解和向往，认识到只有共产党才能救中国，入党才能实现自己的抱负，于是坚定了入党信念。经过党组织一年多的培养教育，1951 年 2 月 27 日，李心正光荣地加入了中国共产党，这也是解放后青年中学发展的第一批新党员，全校共三人，另两人是郝顺兴和刘鸣琴。

1952 年 9 月，他初中毕业考入河南省立淮阳中学读高中。由于家距淮阳有 160 里，路途遥远，加之生活困难，缺吃少穿，背的窝窝头很多时候都是酸着霉着吃的，其艰辛程度不言而喻，但他仍然矢志不渝，一如既往，刻苦学习，始终保持优异的成绩。1953 年暑假，省立郾城中学高中部迁往漯河，与从商水中学、郾城青年中学迁来的高中部合并，成立了省立漯河高中。9 月，他转入河南省立漯河高中学习。因漯河距家较近，来往背干粮也方便些，艰难情况有所好转。与此同时，曹刚川也从郾城中学转到了漯河高中，他们同为学生干部，成为真挚的朋友，互帮互学，共同完成了高中学业。以致离开漯河高中、走向社会后，他们还一直保持着联系。

在漯河高中期间，他得益于治学严谨、育人有方的教育家周祖训和优秀班主任李介祉的培养教育，继续保持优异的学习成绩。1955 年 8 月，他如愿以偿顺利考入了北方交通大学（今北京交通大学，20 世纪六七十年代曾叫北京铁道学院），开始了大学生涯。在该校经济系主要学习和掌握了铁路运输经济、财务、会计、统计、基本建设和工业生产等专业知识。至1959年7月大学毕业，学习生活结束，历经二十载，终于完成了他的求学夙愿。

忠诚党的教育事业

大学毕业后，李心正留校任教，先任北方交通大学经济系助理教师，担任课程为《财政信贷》和《铁路财务》，所用教材除《财政信贷》有些简单的参考书外，《铁路财务》等全由他自己编写。由于他从教工作扎实，教学质量高，所以一直担任毕业班课程，每年都带领学生到铁路一线实习，指导学生毕业论文，所指导的学生论文质量高，研究探讨的问题多被铁路系统采用。

他自留校起就一直任经济系教工党支部委员，1964年任党支部书记。1963年任经济教研室副主任，主持教研室的工作（教研室主任李守洪教授常休病假）。1966年初，任经济系党总支书记，并主持经济系的工作。他带领全系教工严谨治学，灵活教学，培养了大批优秀人才，取得了突出的成绩，他也因此被评为优秀教师。

1966年6月，史无前例的“文化大革命”开始了，学校受到了冲击，广大师生停课“闹革命”，李心正也不可避免地受到了批判。课上不成，学教不成，他心中异常苦闷。但在那个年代，任何人也都无计可施，也只能顺其自然了。1967年底，为了“避乱”，他索性带领部分教师和学生到当时相对安定的上海铁路局和济南铁路局，做了9个多月的调查研究，撰写了不少有价值的调查报告。但这些都是在秘密中进行的，所写调查报告也只能锁在抽屉里，派不上用场。

返京后，动乱仍在进行，无法上课，他干脆学起了安装收音机。据后来他对我们讲，那只不过是掩人耳目而已，而真正更多时间他还是用在了研究学问上。因那时不能明干，只能偷偷地进行，他对“闹革命”不感兴趣，常常一个人躲在屋子里，桌子上放着收音机零件，而桌斗里放着书籍，有人了就假装安装收音机，无人时就看书，苦心研究学问。这样直到20世纪60年代末期，学校“复课闹革命”，他才又回到了三尺讲台上。由于他坚持不懈学习，停课几年学业不但没有荒废，而且还有了很大的提高，教起课来更加得心应手。

1971年5月，为照顾年迈的父母和子女，他依依不舍地离开了学习、任教十多年的北方交通大学，调入漯河铁路中学任教员。当中学教师，本不是他的特长，但他潜心研究、积极探索、大胆实践，很快就适应和熟悉了新的工作，一年后提升为教导主任。

1977年，国家恢复高考制度。为提高教学质量和升学率，他不辞劳苦，呕心沥血，抓教学，抓管理，使漯河铁中逐步发展壮大，在校学生由建校之初（1971年）的两个年级4个班，发展到初、高中六个年级36个班，学校高考升学率在漯河市仅次于漯河高中而排名第二。至此，他又成了一名优秀的中学教育工作者。

1982年4月，为了恢复所学专业，发挥自己的特长，他调入了郑州铁路局党校（本来是调郑州大学，但铁路局不放人），继续从事他的高等教育工作，先被聘为讲师，后晋升为副教授。曾任郑州大学、河南大学、河南财经学院特邀教授，中国铁道学会会员、中国铁道财会学会理事、郑州铁路局企业管理协会会员等。

他酷爱运输经济专业。大学时代，就撰写了《铁路基层运营单位流动资金定额查定方法的探讨》一文，发表在《运输经济问题》上，文中所提建议被铁道部财务局采纳。到党校后，他结合铁路运输实际，先后撰写了《铁路实行大包干的原因及其必要性》《完善铁路多种经营成本核算》等十几篇论文，分别在报刊上发表。编撰了《铁路运输企业管理》《中国铁路集体企业经营管理》等著作。多次参加有关学术研讨会。

1990年初，他担任国家“七五”重点科技攻关项目，即大型系列历史丛书《当代中国丛书·河南卷》——《当代河南的交通事业·铁路篇》的主要撰稿人，并举荐抽调骨干力量——郑州大学中文系毕业、具有较高写作水平的郑州铁路局干部冯建堂，共同承担这项艰巨任务。他们接到任务后，制订了撰写计划，列出详细的提纲，夜以继日，不分酷暑严寒，查阅了500余万字的资料，无数次深入现场实地查看，走访老领导、老同志进行回忆，重新计算核实了近千个数据，不到一年时间就完成了长达15万多字的初稿。

1991年11月11日，这是李心正生命的最后一天。上午他给学生辅导企业管理课，下午校对学校《论文集》，晚上，他又一次动手修改“铁路篇”概论，直到深夜。等到第二天人们发现他的时候，他已经永远地离开了我们……

《当代河南的交通事业》的编撰工作，始于1990年3月，1993年2月定稿，1993年5月出书，此时李心正已经去世一年多了，他没能看到这本书。但是，此书仅有500多字的“编后记”中对他有一段专门的记述：“郑州铁路局党校经济管理室副教授李心正是铁路篇的主要执笔人。他以高度的事业心，带病坚持撰写工作，直到最后一息。1991年11月12日，辞世于撰稿过程之中，值得我们纪念。”是对他的褒奖和肯定。

由于他的突出表现，1991年10月被评为全国铁路优秀知识分子，1992年1月14日，《人民铁道》报予以公布；当年5月14日，《中原铁道》报头版报道了他的先进事迹，称他是郑州铁路局37万职工中的“科教明星”，号召全局职工向他学习。

品德优良　乐于助人

祖父母给他起名叫心正，这名字真没起错，名副其实，他的为人、他的处事、他的品德，同这名字一样：心正、诚实、善良。从小到大，从学校到工作单位，从北京到郑州、到漯河、到老家，不管什么时候，在什么地方，凡是他工作过的地方，接触到的人，没有人说一个“不”字，都说他道德品质好，心地善良，为人处世厚道，从来不会玩心眼、算计人、搬弄是非。

李心正慈祥和善，教子有方。他共有三个儿女，对我们关心爱护，不打不骂。我可以自豪地说，他一生从未碰过我们一指头，骂过我们一句。对我们的教育都是通过言传身教、身体力行、做出表率，让我们从潜移默化中受到教益，养成良好的习惯，懂得做人的道理。这为我们日后长大成人，走向社会，成为对国家、对人民有用的人打下了坚实的基础。因此，了解我们的人都说，我们姐弟三个很像父亲，继承了他许多的优点和好传统。他对我们关爱有加，但又严格要求。尽管他不打骂我们，但只要有做得不对的地方，绝不放过，总是耐心说服教育，让我们及时纠正。由于我们各处一方，所以与他相处的时间并不多，大多是通过书信或电话交流。同时，他还常嘱咐母亲要教育好子女，对此，我们受益匪浅。

我1969年参军后，先在河北服役，后又到北京，离他越来越近，但由于各忙各的工作，见面并不多，他总是通过书信和有限的见面机会了解我在部队的工作和生活情况，对我进行思想品德和为人处世的教育，鼓励我做好工作，使我受到很大的教益，在部队进步很快。

他对工作勤勤恳恳，一丝不苟。参加工作几十年来，无论是在顺境中还是逆境中，无论是在困难时期还是境况好时，无论是在北京、在漯河，还是在郑州，他时时处处以工作为重，事业为重，兢兢业业。他因工作劳累，积劳成疾，1980年就患上了高血压、冠心病。可以说从此至临终的十多年中，他都是带病工作，但他始终坚持不缺勤，不影响工作。1981年农村实行家庭联产承包责任制，土地分包给了各家农户，我们家分得6亩地，由于我们几个都在外地工作或学习，祖父母年迈，这样我们家责任田的耕种、收打基本都落在了他的肩上。他为了不影响工作，麦收期间，白天在漯河铁中上班，晚上骑车30多里回家割麦。看到这些，学校师生都很感动，劝他请几天假回家收麦，但他坚决不同意，说:“现在正是高考前的关键时刻，我作为教导主任怎么能离开？”就这样，一个麦天他硬是两头忙，学校未缺一天班，地里的麦子也颗粒归家。

李心正对人热情，乐于助人。他天生就热心肠，事事处处为别人着想，无论谁都有求必应，有忙必帮。他常想着别人，却很少考虑自己，谁家有困难都热心相帮，经常为灾区和困难群众捐款捐物。他平易近人，接触过的人都愿意和他交朋友。他从小学到大学一直都是学生干部，为学校为班级做了许多工作，为同学做了很多好事。不夸张地说，他既是桃李满天下，又是朋友遍中国。在漯河铁中工作时，每年高考录取期间，他基本都奔波于高招办与高校之间，为参加高考的学生查分，指导填报志愿，托同学、找熟人帮忙做工作，千方百计使达到分数线的同学得以录取。甚至连有些学生毕业后安排工作、介绍对象、成家立业也还找他帮忙。1980年高考，本校文科考生王林生平时学习成绩很好，正常情况至少能考上本科院校，结果考分一公布连中专线也不够，大家都认为不可能，肯定是哪个环节出错了。因当时高考规定不让查分，但李心正下定了决心，一定要设法查清，不然就可能断送了一个学生的前程。于是他不辞劳苦，不厌其烦，不怕碰钉子、不怕闭门羹、不怕难看的脸和难听的话，功夫不负有心人，经过不懈的努力，终于查清是在登分环节出了问题，登分时少登了40多分。最终王林生如愿以偿考入了河南大学，如今早已是漯河高中的骨干教师，历史学科的教学权威。

李心正生活简朴，清正廉洁。因为他是从旧社会过来的，讨过荒，要过饭，给地主家扛过长工，深知幸福生活来之不易，因而倍加珍惜。平时自己省吃俭用，但对别人却很大方，家里来个亲戚朋友总是热情款待，哪怕自己少吃点，他常说“自己吃了填坑，别人吃了传名”。他一生清廉，不吸烟，不喝酒，不贪不占，充分体现了一个共产党员的高风亮节。

选自2013年12月《漯河文史资料》第二十辑

民国时期舞阳县创办教育事业的名人何清沦

何振远[①] 胡德周[②]

在舞阳历史上，有一位把自己的终生精力和家业都投入办学和教学上的名人，叫何清沦。他从清光绪三十四年（1908）先后在澧河北岸祖师庙、南岸关帝庙创办澧泉小学各一所，并在火神庙创办女子小学，还在县城开元寺创办甲种蚕校，在姜店开办乙种蚕校。何清沦办高小是县城以外第一个，而第一个办男女合校的也是他。一提起何清沦，无论县城或乡村，大都知其名、知其事。下面是根据何清沦生前所撰办学经历以及他的学生陈莲芳、蔡镜清、郭书印、王学文、蔡寿如、周声远等所整资料，他的孙子何振远所述情况，整理出的有关何清沦创办教育42年的基本情况。

何清沦，字漪亭，舞阳县姜店乡焦庄人。生于同治十年（1871）二月初四，兄弟四人，他排行老四。12岁入蒙学读书，学习勤奋刻苦。冬季无柴取暖，他把双脚插在麦秸篓里，夜以继日，勤学不息。1902年他31岁，去南阳中考县试，名列第一，后又考入舞阳师范传习所。那时，凡经过本省各级考试取入府、州、县学的，通名生员，即习惯上所谓秀才。

清末，政治腐败，列强入侵，内忧外患，交相煎逼，何清沦抱醒民强国大志，矢志办学。他于师范毕业后，到开封单级教授学校深造。毕业后回县，到县教育行政机关劝学所任劝学员，时间四年。在此期间，

① 何振远，汉族，1932年出生，舞阳北舞渡镇西魏庄村人，中共党员。曾任中共漯河市第一届委员会委员、市轻工业局局长、医药局局长，后调任许昌市政协秘书长，党组成员。

② 胡德周，汉族，舞钢市人，大专文化，中共党员，曾在北京军区某部服役，1985年转业至舞阳县史志档案办从事地方党史研究工作。

他走遍全县，费尽口舌，劝导地方兴办学堂。为开乡村教育之先河，1908年（光绪三十四年），他回乡依就姜店澧河北岸祖师庙（又称琉璃庙）创办初级小学一座。1909年（宣统元年），在澧河南岸关帝庙创办小学一座。以后又在姜店火神庙创办姜店女子小学。他成了一名非常可敬的开拓者，在那样封建的时代里，他竟然敢破除迷信，大胆地推倒“祖师爷”神胎，建立“洋学”。他又依照清朝办学章程，准提各种庙产作为办学基金，遂将关帝庙、祖师庙地各40亩呈请知事批准作为办学基金。但当时舞阳乡村人们的思想还很不开放，庙里道士串通附近寺庙僧道，联络地方劣绅，掀起反对借寺庙兴学的风波。以18张状纸，指控何清沦假办学之名，行欺神污庙之实。何清沦据新颁办学章程，严词批驳，据理力争，同绅首们打官司。所幸知事热心学务，经大堂审谕，不准绅首把持庙产，将80亩一并批准归庙产作为学校基金。后来学生增加到200多名，县城、北舞渡、吴城等地不少学生纷纷到姜店求学。

何清沦一面取得了庙产作为办学基金，使学校顺利发展，一面确实也得罪了不少人，有人专门编言辱骂他。如天一打雷就传说“何清沦（被龙）抓了！”吃饺子时，有的说“何清沦家下的饺子成驴屎蛋儿啦！”无论什么谣言及咒骂袭来，何清沦均处之泰然。正月十六神会，老太婆们吵骂厮闹，亦在所不顾。他顶着封建势力的巨大压力，为办学腾出了房舍，赢得了师生和广大群众的尊敬。

1911年辛亥革命爆发，何清沦受到极大鼓舞。他借当时国民政府提倡实业教育的有利时机，大力协助县府，在县城开元寺创建了甲种蚕业学校。1915年在姜店创办乙种蚕校一班，1916年又招生一班，沿河各地栽培湖桑，渐至20多亩。初建时蚕校半工半读，半天上课，半天养蚕，学生每学期每人发两双袜子。乙种蚕校开办后，何清沦派曹泉五赴南京金陵大学蚕科学习，并将家中蚕具、桑叶支援学校养蚕。曹泉五自江、浙带回先进仪器及蚕桑优良品种，在校内实施科学栽桑、养蚕，并推广到社会，促使舞阳的蚕桑事业得到蓬勃发展。姜店乙种蚕校养蚕多至数百匾。何清沦组织师生将蚕茧剿成丝，再行出售。学校收入较丰。师生员工商定年终提成四百串钱，作为何清沦的酬金，但他坚决不要，所有收入尽归蚕校。

蚕校除设有普通学校所设的课程外，还设有农业、栽桑、养蚕等专业学科，主张学以致用。蚕校还设有军事操、武术课，提倡尚武精神，标榜爱国主义。在当时条件下，蚕校已拥有显微镜、温度计、风琴、足球等先进设备，所以，叶县、西平、郾城等县就读于蚕校的学生不断增加。至 1926 年，蚕校先后培养出技术人员 500 余名，前后毕业共七班。

当各地都办起“洋学”后，他为保留古典文化，除开算术、常识、语文等课程外，又开一门文言文课。

1929 年秋，乙种蚕校改为完全小学，何清沦辞校长之职，郭子敬接任，何清沦担任国文教师。

1947 年 12 月舞阳解放前夕，学校停办，何清沦遂辞职返家务农。1948 年舞阳解放初，解放军与国民党地方反动武装处于拉锯状态，人民民主政权在乡村还未普遍建立。在十分混乱的情况下，77 岁高龄的何清沦冒着生命危险，日夜守护在学校，受到人们的尊敬。直到今天，姜店一带的群众都传说，曾是礼澧学校学生的董茂亭，1946 年前在舞阳是很有名的塘澧乡乡长、地方武装团长，在姜店地区是谁都不怕的人物，出门都是坐轿骑马，不可一世，而见了何清沦则及早下马拜问恩师。何清沦置生死于度外，视学校的存在高于一切，保住了学校没有被匪徒毁坏。直到 1949 年恢复教育，人民政府派来了新的校长，他才离校还家。回家时，除携带原来用的一砚台、一墨盒及毛笔数支外，一无所取。

何清沦一生清贫，世代以种地为生。他为人耿直善良，终生喜爱菊花。他不争名不争利，自家住宅在村东北角出入最不方便的位置，从不向集体要求分划一块地势好的宅基。他从不涉及政治，不求官职，倾尽所有办教育，在河南教育界也是出了名的。1935 年他 64 岁生日时，学生们特意为他立了一块碑，撰文镌刻竖于学校门前，名为“春风时雨”，以志不忘。还为他盖了三间瓦房。省教育厅委员前来致贺说，这位先生的毅力、刻苦真是少有的。

1954 年，县里举行各界人民代表会，何清沦被选为县人民代表。此时他虽年事已高，但仍表示要为培育下一代发挥余热，把自己的全部心血倾洒在祖国的花朵上。

1949 年何清沦 78 岁时照了一张相，1957 年将其放大，留于后世。1959 年 88 岁时特意写下嘱辞，简略叙述了自己从事办学教书的经历，始终如一共 42 年，以期子孙对自己有所了解。

1962 年 1 月 13 日（农历腊月初八）91 岁病逝。

选自 2008 年 9 月《漯河文史资料》第十六辑

一代师表郭子长

马洪奇

漯河教育界，曾有一位德高望重、治学严谨、诲人不倦、乐育英才的长者。他从事教育工作五十多个春秋，为教育事业倾注了毕生精力。他的品德才智，影响了一代又一代园丁，培养了一届又一届学子，深受广大师生敬重与爱戴。他就是被誉为一代师表的郭子长先生。

郭子长先生，原名郭庚午，1903 年生于河南省西平县大郭村。中学毕业后，以优异成绩考入蜚声中外的北京师范大学历史系，毕业后又考入该校研究生院，荣获硕士学位。1931 年，他怀着教育救国的崇高理想，投身教育事业，历任北京师范大学教员、研究员，省立安阳高中、省立开封初中教员，郾城县立中学、私立励行中学校长。解放后，任漯河二中教师、副校长等职。

鉴于地方教育落后，1933 年，郭子长先生受家乡父老敦促，放弃了省立中学教员优厚待遇，毅然回到家乡，就任郾城县立中学校长。该校系郾城县唯一的中学，从清末创办，数十年来一直被科举出身的一些乡绅所把持。历任校长多思想守旧，纪律松弛，重文学，轻科学。影响所及，人才滞后，全县有识之士，深为不满。因此，特邀郭子长先生回来出掌县中。当时先生虽然感到弃就为难，但是，出于教育救国的理想和各界热诚相邀，遂欣然就任。

郭子长先生接铃视事之初，首先整饰校容，以新耳目；严格纪律，以正校风。招收学生不仅注重学习成绩优劣，更着意选拔俊秀英才；聘请师资，他竭力向省立中学看齐。由于经费所限，郭子长先生采取重点聘请教师的办法。把重点学科数学、英语、体育教师薪水标准定为 100—120 元，和省立中学相等。而一般课程教师的薪水只有 60 元左右。

他聘到的一批学有专长的优秀教师，有力地保证了教学质量的提高。

当时学校经费十分紧张，教师的薪水往往不能按时足额发放，更无力购买图书、仪器。郭子长先生为了办好学校，经千方百计筹划，终于向驻军军官（二十路一位旅长范龙章）募捐到三千多元，得以购买急需的图书、仪器，并建立了学校图书馆，为学生观察、思维、阅读创造了良好条件。

当时校长薪水无定额，郭子长先把自己的薪水定为60元，略和低额薪水的教师相等。在为学校图书馆购买图书时，书店惯例按七折实收书价，其余三成作为学校负责人的“外快”。对此，郭子长先生处理办法是让会计以实支记账，回提的“外快，补助学校不足”。此事，当时曾使不少人为之惊讶。

在郭子长先生任郾城县中校长期间，县教育经费一度亏欠，学校经费只按七成拨发。为了稳住优秀教师，郭子长先生想方设法按原薪照发，结果一年多时间，经费亏空达二千多元。不得已，郭子长先生便以个人名义向外借债弥补。后来每忆此事，都不免有冒失之感。但在此时，先生的心情是豪迈而坦然的。

旧社会接办一个学校，照例是由校长自带总务主任和会计。而郭子长先生在接办郾城县中和以后接办私立励行中学两任校长都是继用前任。这在当时，也是颇为别致的。也从一个侧面折射出郭子长先生光明磊落、不谋私利、清廉高洁的品德。

经过郭子长先生将近三年的辛勤努力，大胆整顿，郾城县中逐步走上健康发展的坦途。一时人才辈出，学风、文风、校风为之一振，得到社会各界的肯定和好评。

1940年底，漯河私立励行中学学生闹风潮，抬校长，学校一时陷于瘫痪。当时郭子长先生正在迁往内乡的省立开封初中任教，妻子儿女也随在身边。这时，励行中学校董杨靖宇（漯河商会之长）恳切邀请郭子长先生回漯河接办此校。先生临危受命，再次返乡。不久，日寇出动上百架飞机，对漯河狂轰猛炸，闹得人心惊慌不定。尽管如此，郭子长先生还是坚持到校任职。当时，学校只留有总务主任潘天山和一位工友，原任教师都已星散。经与总务主任商议，选定郾城县西北二十五里府君庙作临时校址，并把原任教师请回，于次年4月初开学。

学校迁址后的困难首先是地方狭窄，容纳不下那么多师生。再就是地处郊野，很不安全。郭先生不得不请当地文老出面，借各村民房暂作学生寝室，又请求郾城县政府拨给一朋（即一班）民团，驻校守卫。同时移动庙内神胎，修葺破旧房屋，建起一座校门。经过惨淡经营，师生大体得以安顿，教学活动转入正常。在府君庙一个学期，因校舍实在困难，暑假后，又迁回漯河原校址上课。而将府君庙校舍交当地小学使用，留作纪念。这一举动，深为群众赞许。

励行中学是一所私立学校，没有固定经费，全靠学费维持，入不敷出。身为校长的郭子长先生，除处理繁忙的教学工作外，还要为筹措经费而苦心焦虑。

这里特别提到的是郭子长先生对进步师生的关心照顾。进步教师李鸣皋、杨璧臣为国民党当局所不容。当郭子长先生得知他们有被捕的危险时，迅及协助他们转移。

1944年春，日寇进犯中原，漯河沦陷，励行中学停办。1945年初，应已迁往宝鸡的大新面粉公司经理、原励行中学校董杨靖宇邀请，郭子长又在宝鸡成立励行中学。抗战胜利后，该校交给宝鸡县接办。

1944年漯河沦陷，郭子长先生避难内乡，被聘任为河南育幼院保育组长。该院是为收容战区无家可归的难童而设立的，由第五战区司令长官孙连仲的夫人担任院长。院内有警卫排和无线电话。1945年初，日寇向宛西进犯，育幼院奉命迁往陕西。师生行到陕南时，忽接电台消息，日寇进犯甚急。当时院长恐慌万状，意欲带领年龄大的难童和警卫排逃走，把年龄小的一千多人抛弃不管。对此，郭子长先生极力反对，为了保护无依无靠的幼小难童，他不顾个人安危，让院长带年龄大的难童先走，自己领小难童随后。急行军百十里，夜半安抵商南县，赶上了前站，保护了一千多名小难童的生命安全。到达西安后，郭子长先生受聘宝鸡创建励行中学。直到日寇投降，才又随育幼院回河南。

解放后，郭子长先生于1949年回到家乡漯河，被分配到漯河市立中学（后改名为漯河二中）任教。他看到，解放后的新社会，各项事业蓬勃发展，自己也有了一个安定的生活和工作环境，很受鼓舞。本就公而忘私、乐于清淡的郭子长先生，主动把个人的几十间房产献给国家，自己则专心致力于教育事业。

1956 年，郭子长先生被任命为漯河二中副校长。党的信任与重托，使得先生更加严于律己，勤奋工作。1963 年，二中被列为重点学校，先生立即协助时任校长张胜彬同志，制定了《三年规划》，并成立了教学顾问组。一时学校大有起色，而在“文化大革命”中却被诬为推行修正主义教育路线，先生也屡被批斗，蒙受不白之冤。虽然如此郭子长先生对党依然信赖如初。

粉碎“四人帮”，特别是十一届三中全会以后，党组织为郭子长先生恢复了职务。先生深感党对知识分子的关怀、爱护，精神大为振奋，决心再振雄风，继续为党的教育事业奉献力量。他回到学校，首先整修学校大门，绿化校园，创建优美环境，改变学校的面貌。强调按照中央指示，认真贯彻德、智、体全面发展的方针，反对片面追求升学率。郭子长先生的主张和做法，使“劫难”后的二中很快得以恢复。

1998 年 3 月 22 日，几与世纪同龄的郭子长先生，走完了他 95 岁的人生旅程，与世长辞。

郭子长先生生前没有干过轰轰烈烈的“大事”，没有留下振聋发聩的豪言壮语。他忠于职守，无私奉献，从一件件实事做起。而正是这些实事，孕育着先生的伟大与崇高。他的精神，如春风化雨，无声地洒进广大师生的心田，成为大家学习的榜样，效法的楷模。

选自 2005 年 7 月《漯河文史资料》第十三辑

郾城一中原副校长王士奇

胡民安

我认识王士奇是在1962年秋天。那时，我刚从南阳地区唐河高中调郾城一中教语文，王士奇也刚从许昌地区早我三个月调郾城一中任教导主任。从此，我们就在一个单位工作了，并且一干就是22年。

记得，那是一个课外活动时间，我信步来到王主任办公室，看见偌大的桌案上，放着一摞一摞大小不一的被剪下来的报纸零片。王主任见我进来，忙放下手中的剪刀，让我坐下。几句寒暄过后，我们的话题便转到剪报上来。他说，他很喜欢剪报，也算一种爱好吧！他说着，我一摞一摞翻看他剪下来的内容，几乎全是有关学校的材料：有学校管理、教学管理、如何教学、如何当好班主任等。这时，我明白了，原来他的剪报不是什么爱好，而是一种工作，是为借鉴外地经验抓好教学自己给自己规定的一项必须进行的工作。

随着时间的推移，更因为工作的关系，我对王主任的了解越来越多，也越来越深。他是沈丘人，1924年生。自幼聪颖敏慧，勤勉好学。他的小学和中学虽然都是在内战与外患的动乱中度过的，但他仍以优异的成绩于1948年秋考入河南大学文史系。在那里他努力学好专业知识的同时，还接触了不少马列主义的新知识。因而，对共产党对新中国有着积极的明晰的认识。毕业后，被分配到河南省叶县中学教书。他凭着满腔的热情和丰富的知识努力地工作，受到了学生的拥护和领导的器重，很快地被提升为学校的副校长。1953年，许昌地区第二高中成立，他又以业务领导的身份调该校担任教导主任。由于他工作积极，能力突出，成绩显著，1956年，就晋升为教育行政第16级。不久，便与当时许昌一高教导主任王文澜、漯河高中教导主任王九如齐名，成为许昌地区教育界的“三巨头”，人称“三王”。

然而，风云突变。正当王士奇奋力拼搏施展才华、一路攀升、大显身手的时候，一股“极左”的风暴呼啸而来，席卷神州大地。一场扩大化的“反右派”斗争开始了。王士奇虽然清楚自己出身地主阶级，父亲有罪于人民，但他凭着对共产党的一片热心和真诚恳挚，相信自己绝对没有半点有损共产党的言语和行为。果然，经过大鸣大放，深挖细查，王士奇平安无事。谁料，1958 年夏天，一场“补课”性的“反右派”斗争又开始了。王士奇认为上次没有问题，这次更不会有什么。就这样，在王士奇觉得经过考验，自身清白、准备甩开臂膀大干工作的时候，他却猛地一下被推到了众人面前。经过指手画脚、恶声恶气、七嘴八舌、七斗八斗，王士奇终于成了和“右派”没有丝毫区别的“反党分子”。接着是解送西华农场劳动改造。从此，他的没有经过法院判决的“无期徒刑”开始了。但王士奇心里仍然清楚，共产党是唯物的、是实事求是的，决不冤枉一个好人。于是，他积极劳动，静心养性，等啊，盼啊……这一天终于来了。1962 年春天，许昌地区“右派”甄别小组的人员来到农场，当即宣布王士奇无罪无过，予以平反，恢复工作。王士奇回到许昌，地区人事局又当即派令他为郾城一中教导主任。直到这时，我才悟出我第一次见王主任时他认真剪报的更深层次的原因，那就是补充自己，充实自己，做好工作，挽回四年“劳改”给国家、给自己、给教育事业带来的损失。这才是王士奇主任当时所说的“爱好”剪报的真实思想。

王士奇主任来到郾城一中面对的现实也实在不容乐观，当年毕业的 6 个班 181 名学生只有一名考入高校，还是一个专科生。这是当时轰动全校乃至全县的 1/181 的一个让人寒伧的数字。但是王主任没有抱怨，没有退缩。他认为，学生学习的好坏，关键是教师。教师教什么，教到没有；教师怎么教，教会没有。只要教到了，教会了，就没有学不好的学生。基于这种认识，在学校党支部的领导下，王主任帷幄运筹之后，协同校长一起连续召开了三个会：

1. 全体教师会。会上，王主任高屋建瓴地提出要统一教学思想，严肃教学秩序，提高教学水平。并依据党的教育方针和国发《教学大纲》以及学校工作计划，向全体教师提出了具体的切合实际的要求。要求从各教研组到各任课教师，每学期伊始必须写教学工作计划，学期结束必须写教学工作总结；各学科每学期必须至少有一次观摩教学活动；教师必须实行在个人钻研基础上的集体备课制度，每节课都要认真写出课时教案，认真进行课堂教学，认真批改学生作业；每个教师对自己所教的学生必须做到心中有数，从而认真地进行因材施教。

2. 全校学生会。会上，王主任从国家经济建设和学生个人前途的高度，要求学生明确学习目的，端正学习态度，探索学习方法；每个学生每个学期都要有自己的学习计划、学习目标、学习榜样；要开展学习方面的比、学、赶、帮活动。

3. 各班班主任会。会上，王主任以强烈的事业心和高度的责任感向班主任提出四点要求：①要以满腔的热情去关心学生，关心学生的思想变化，关心学生的学习动态，关心学生的生活状况；②对学生的学习状况、学习意见、学习要求要及时反馈有关教师，以求有针对性地进行教学；③要运用多种形式鼓励学生努力学习，要抓好先进、敦促后进、求得整体进步；④每学期都要有包括上述内容的班级辅导工作计划和总结。

上述“三会”，可以说是专题会。这样的会，每学期不是只开一次，而是从实际出发定期不定期地要开3—5次。上述三个方面的内容，每学期王主任也不是只讲一次，而是利用各种机会三番五次地讲，不厌其烦地讲。目的很明确，那就是要调动全校教师的积极性，千方百计把书教好；就是要调动全体学生的积极性，刻苦努力把学习搞好；就是要在全校制造一种既轰轰烈烈又扎扎实实的以教学为主的浓厚气氛。他常说，教学是学校工作的中心，学校的各项工作都要为这个中心服务。

“三会”下面，王主任带领教务处全体人员对上述各项要求进行了实实在在的紧张而有序的落实工作。这些工作是：

1. 学期开始和结束，限时收取各教研室、各教师、各班主任以及教务、总务等各部门、各人员的学期工作计划和总结。对于这些计划和总结，王主任都要一个一个、一条一条地进行仔细的审阅。对于计划中潦草从事、不切实际的地方，他要亲自发回有关人员重写或修正；对于总结中做得优秀的部分，他要把它作为经验、作为业绩写进全校工作总结中去，并在散学或开学典礼上给予表彰。这种做法，不但培养了教师认认真真、实实在在的工作作风，而且鼓舞了教师在平时的工作中更加努力地去进行创造性的劳动。

2. 印制《教室日志》。王主任一直认为《教室日志》是反映学生学习情况特别是教师教课情况的重要手段。所以，他特别重视这一工作。他要求学生每天必须认真填写《教室日志》，包括学生出勤情况、教师讲课情况、班级当天要事等。重点要填写学生对教师讲课的意见、要求和建议。《教室日志》每周由教务处收发一次，检查一次，汇总一次，然后交王主任审阅摘要，作为指导教学工作的参考。

3. 印发各学科观摩教学活动安排日程表。对于观摩教学王主任情有独钟。他始终认为这是提高教学质量、改进教学方法、促进相互学习活跃教学气氛的一种特有的手段。所以每次活动除该科教师、教务人员必须到场外，王主任自始至终都要参加。参加课题研究，参加课堂听讲，参加课后评议。王主任常常在课后评议中显现出他的独到见解和非凡才智。他常常别出心裁地提出高人一筹的意见和建议。而这些意见和建议又常常是别人意料之外而又情理之中的，因而也常常给人以豁然开朗、别有洞天的感觉，常常让在座的人包括主讲老师折服钦佩、赞羡不已。

4. 分年级、分班级、分学科定期不定期召开关于教师教学情况的学生座谈会。学生的学习思想被发动起来以后，对教师教课的要求非常严格，常常直言不讳地提出 ×× 老师讲得不清楚、×× 老师批改作业不认真，要求 ×× 老师这样讲或那样讲。凡此种种，王主任都要在进一步广泛地征求意见后，亲自找到 ×× 老师提出问题，交换意见，直至学生满意为止。实在不行，王主任在这方面决不迁就，或换位，或停职，或调出。数学组、理化组、语文组都曾经有过这种现象。当然，这都是经学校领导集体研究决定后执行的。王主任只有提出意见的权力。

5. 抓备课、抓听课。王主任常讲，备好课是上好课的前提和关键。他要求各学科同头课教师在集体备课中要做到五个统一：统一教学内容，统一教学进度，统一作业练习，统一编写教案，统一研究教法；要做到周前备课，即提前一周把课备好，把所讲的问题搞清楚；要突出重点，弄清难点，消灭疑点。同时，他还提倡和鼓励青年教师实行课前自我试讲或相互试讲。他要求各任课教师必须在备课讲课中、在学生的作业练习中体现和逐步实现各科《教学大纲》的要求。他说，《教学大纲》是国家制定的编写教材的纲领，也是各科教学的纲领，是教师教学必须达到的基本要求。每个教师必须反复地深入地学习领会所教学科《教学大纲》的精神实质。只有这样，教师才能教好，学生才能学好。

与此同时，王主任还非常重视同学科教师之间的互相听课。他要求每星期每个教师在本学科范围内至少听两节课，教务处人员要有计划地每周至少听 4 节课。听课教师要认真填写教务处印制的《听课记录》，听课后还要及时地认真地与授课教师交换意见。王主任这样要求别人，他自己更是这样做的。他的《听课记录》就整天不离手。这个教室出来，那个教室进去。他一周到底听几节课，恐怕谁也说不清。

王主任对教师备课听课的要求和做法得到了全体教师的一致认同和称赞。大家认为集体备课、互相听课，既能帮助教师提高教学质量，又能促使教师互相学习、自我提高，让大家在教学相长的过程中受到锻炼。因此，同志们对王主任的良苦用心甚为敬佩，对他本人也很尊重。

在学校每周日晚上的例会上，王主任总是依据上周《教室日志》中学生反映和教务人员以及自己听课观察所得情况，提出问题，找出经验特别要找出教师讲课中的突出优点和特点进行汇总、分析，形成文字，然后交由校长通报全体教师。每当这时，常常有不少同志因自己的劳动得到领导的认可而高兴，从而转化为积极工作的动力；也常常有一些同志因领导提出的问题对号入座，从而鞭策自己千方百计地做好教学工作。大家认为，这样的会议、这样的做法，每次都能给同志们以鼓舞、以力量、以促进、以提高。

王主任为了深入实际，了解学生，了解教学，在做好自身工作的同时，还亲自担任一个班的语文课。有一次，我约语文组几个同志去听他讲毛泽东主席的一篇论文，题目是《一个极其重要的政策》。一上课，他以活泼隽秀的字体板书课题后，抓住“极其重要”四个字，讲了文章的写作背景，讲了论述的几个方面，讲了当时一些同志对这一政策的模糊认识。接着又抓住论文的特点，讲了文章的结构。最后讲了主席善于用典的语言技巧。1000多字课文，50分钟的时间，他讲得清清楚楚、明晰爽朗。同学们听得神采飞扬、喜笑颜开。几个教语文的老师无不为之叹服钦羡、自郐以下！同志们说，别看王主任平时说话有点慢腾，但在会议上、课堂上，却总是利汤利水、珠珠相连、牵魂动魄！

王主任还教过生物课。他学文史教生物岂不有点风马牛了吗？不，也许这是偶然。快上课了，生物老师突发急事怎么办？王主任说，决不能因为老师让学生耽误一节课。于是，他找来课本，问及进度，边走边看，进了教室。50分钟过后，教室里像炸了窝一样，同学们欢欣雀跃，啧啧称赞，围着他、追着他探索究竟，并要求他继续讲下去。大家说，这“偶然”吗？不。俗语：一通百通，一能百能。王士奇主任大概就是这样的人。

王主任为了让学生学好，为了补充教师课堂教学之不足，还让学校在教学楼前的一片空地上设立了一个高约2米、长5米有余的木质的正反两用的框架式学习园地。上面除学校要事公布、报纸阅览外，其余全部分配给各学科使用。要求各学科每周至迟双周必须公布一次优秀习作、难题解答、专题讨论以及与教材相关的知识。这样一来，学习园地就成了同学们课余饭后奋力争夺的阵地了。每逢这时，那里总是里三层外三层、挤挤扛扛、水泄不通。有的读，有的抄，有的看，如蜂采蜜，紧盯不舍，成了当时郾城一中最亮丽的景点。

正是由于上述种种，王士奇主任的工作得到学校领导乔松书记和孙殿启校长的高度认可和全力支持。教师在王主任的带动影响下，力耕不辍，认真负责，每天必至夜半而后休息；学生在班主任和全体教师的带动影响下，发愤学习，积极向上，人人必日有所得，日有所进而后快乐。这时的郾城一中，学习空气浓厚，教学秩序井然，形成了以教学为中心各项工作突飞猛进的良好氛围。

功夫不负有心人。1963年，18位同学考入高等院校，占毕业生人数的10%；1964年，50多位同学考入高等院校，占毕业生人数的25%；1965年，考入高等院校的学生占毕业生人数的40%多。1966年，正当全校师生为80%的毕业生考入高等院校奋力拼搏的时候，“文化大革命”汹涌而至。接着是规模庞大的工作组进校了，接着是雪片似的大字报铺天盖地，接着是把全校教师分为革命的、不革命的、有严重错误的、反革命的四类，接着是乌云翻滚、杀气腾腾的大批判、大斗争。所幸的是在30多个教师被划的6个反革命（当时叫“黑帮”）中，没有王士奇。王士奇被划为“有严重错误”的一类，那就是忠实地执行了全国最大的修正主义分子刘少奇的反革命修正主义路线。具体说，就是追求升学率，鼓励上大学，并且为此曾经批评过几个懈怠教书的老师。说来也巧，在30多个教师被划的6个“革命教师”中，就有3个受到过王士奇的批评，而且现在他们又都是学校“革命委员会”的成员或“革命教师”。这样一来，王士奇就不是“严重错误”了。工作组按照“上级指示”撤离学校以后，“革命委员会”就当家了，王士奇很快地升级了，成了反革命的“黑帮”。又一次被推到众人面前，又是指手画脚、恶声恶气、七嘴八舌、七斗八斗……但这回王士奇始终昂着头，据理以争。他坚持鼓励学生升学没错，老师懈怠教书忒错。由此，王士奇受到了极大的人身攻击和精神摧残。1968年，鄄城一中被“革”掉了，王士奇也和全校教师一样被下放到农村接受贫下中农再教育。1973年，邓小平出来工作后，鄄城一中恢复了，王士奇又被请回来，重新宣布为鄄城一中教导主任。1976年，粉碎“四人帮”以后，王士奇感到浑身轻松、精神振奋。于是，第二年春天，就在县教育局的支持帮助下，在鄄城一中又组织了一次大型的空前的全县性的语文教学观摩活动。这次观摩教学由我主讲鲁迅先生的《为了忘却的记念》一文。王主任认为，这次观摩教学非同寻常，它是对“文化大革命”的有力批判，是对反革命“四人帮”的有力批判，是具体的实际的拨乱反正。为此，学校领导非常重视，语文组全体动员，王主任亲自指导。指导备课，指导试讲，指导教法。两天六节课结束以后的评议会上，同志们给以很好的评价，教育局领导给以充分的肯定。同时，也得到县委、县政府领导的高度认可和赞扬。学校以此为契机，努力开创新局面，各项工作很快纳入正轨。1981年，王士奇主任被任命为郾城一中副校长。

说到这里，我又想起，在“文革”阴影的笼罩下，真乃怪事咄咄。自1974年到1982年短短八年时间，郾城县最高学府郾城一中的“一把手”换了四任，除一任为公社书记外，其余全在其次，再其次。王士奇1956年就是行政十六级——副县级，至今仍是一个副校长。如果今天王士奇的副校长恰如其分的话，那么以往的不就是“怪事”了吗？当然，从“文革”的角度看，也还是很正常的。不然，何以称“文革”、称“灾难”、称“浩劫”！

然而，十年流毒决不会一朝肃清。20世纪80年代初的郾城一中，“文革”余孽仍不时泛起。1983年，在这里经历“文革”全过程教书20多年的几个老同志被调出了，刚当上副校长不久的王士奇也被调任郾城县政协副主席，并很快地被吸收为中共党员。为此他打电话向我“报喜”：他入党了……我一时非常惊讶。在叶县中学、在许昌二高、在郾城一中几十年十几次要求……今天终于实现了他的愿望！那真是“踏破铁鞋无觅处，得来全不费工夫”。不过，我并没有向他祝贺，因为在我看来，他的这一天实在来得太迟了！也有点蹊跷！

现在的王士奇已是八秩有零的老人了。且因伏案日久辛劳过度，多病缠身，生活不能自理。所好的是，他的四个儿女，四个党员，忠孝仁爱，四德俱全。这才是他一生特别是晚年最大的安慰！

选自2006年7月《漯河文史资料》第十四辑

尽职尽责的好校长——张清银

张栓根[①]　刘春亮[②]

张清银，男，汉族，1932年6月出生，源汇区大刘镇西刘村人，中共党员，中学高级教师，郾城县政协委员。1952年2月至1957年8月在郾城县大刘小学任教，后任教导主任；1957年8月至1969年8月在郾城县空冢郭乡杨店学校担任教导主任；1969年8月至1970年8月教师“三下放”时回本村西刘学校任教；1970年8月至1986年8月调郾城县大刘乡问十学校担任教导主任，次年任校长；1986年8月至1992年6月担任郾城县大刘乡中校长，1992年6月累倒在工作岗位上，再也没有醒来。

张清银教学生涯40年，先后被授予县优秀教师、优秀教育工作者、优秀共产党员、优秀校长等荣誉。20世纪70年代末，当时任县委书记的白保松亲自将一面鲜艳的锦旗交给问十学校校长张清银，庄重宣布问十学校是全县教育战线上的一面红旗。如果撰写一部郾城县的教育大典，定格在20世纪50至90年代，这位祖籍大刘乡西刘村，连续在郾城县教育战线上孜孜奋斗40载，呕心沥血，鞠躬尽瘁，把毕生的精力献给了他终生酷爱的教育事业的张清银，注定要留下浓重一笔的。

张清银终生献身教育事业。为了教育他勤于思考，善于钻研，精心辅导，爱生如子，以精湛的教学艺术，取得了累累硕果；他担任校长以校为家，励精图治，充分调动师生两个积极性，使学校各项工作走在了全县的前列。知道他的人都说：张清银是一位尽职尽责的好校长。

---

① 张栓银，男，1948年出生，中学高级教师，曾任问十中心校校长，问十中心校党总支书记。

② 刘春亮，男，1956年出生，源汇区大刘镇西刘村人，漯河职业技术学院副教授。

教法精湛　埋头苦干

张清银是从一名教师走向学校领导岗位的。做教师时就是一位好教师，论他的学历在现代人看来并不高，只是高中毕业，但在那个知识极其匮乏的特殊时期，这个文凭，实在不低。这位初出茅庐的教育新兵，走进校园，凭着对教育事业的一腔忠诚，他默默无闻，埋头苦干，而得到了领导赏识，委以班主任的重任，并先后担任数学课和语文课。不论担哪门课，他都潜心钻研教材，注重教学研究，他说："要给学生一碗水，自己必须有一桶水，甚至一缸水。"授课是一门学问，更是一门艺术。仅有热情远远不够，更需要扎实的基本功。他对人常说，授课就好比做一锅面条，只下面条加盐，这锅面条就寡淡无味，如果再滴些小磨香油，调些五香八大味，点缀些碎葱花、荆芥、芫荽什么的，这锅面条就变得香味扑鼻，耐人寻味了。清银就是往面条内添味加油的人。他在教学中逐步形成了自己的风格，提倡启发式教学，与学生一起互动，以学生为主体，以教师为主导，充分发挥学生的积极性、创造性。他的课像磁石一样吸引着学生，学生爱听、同行爱听，领导也爱听。大刘乡原有一位主管教育多年的教育干事常说："我爱听清银老师讲的数学课，他能把苦涩乏味的数字深入浅出，点拨得透彻明白，听他的课，就像是一种艺术享受。"学生们也说："一听张老师讲课就来劲，想打瞌睡都难！"他渊博的学识，并不是凭空获得，而是靠钻研靠勤奋打造而来的。晚上，别的老师休息时，他在伏案探学；早上，别的老师还没有起床时，他已经起床，伏案设计板书，思考着如何将课讲得生动活泼；在杨店学校，他教小学毕业班的数学课，由于劳累过度，结核病经常复发，几次口吐鲜血，晕倒在三尺讲台上。领导和同事们把他抬到医院，病还没有痊愈，他就悄悄离开医院，返校给学生上课，他说："学生是大事，决不能耽误他们的课。因为他们是毕业生啊。"

工作上他就是一颗钉，钉在什么地方，就要在什么地方起到应有的作用。无论是在杨店、西刘学校，还是在问十、大刘学校，他精湛的教法，循循善诱的导拨，引人入胜的比喻，恰如其分的点化，大大激发了学生学习的积极性、主动性和创造性，他辅导的毕业班，考试成绩在全县名列前茅，当时杨店学校成为全县升学的“小宝塔”。

爱生如子　苦心浇灌

怎样爱学生？张清银在自己多年的教学实践中，总结出这么几句话：要使学生德、智、体全面发展，必须关心每个学生平时的点点滴滴。不求学生人人升学，应求学生人人成才。了解学生的个性特长，因材施教，才能使每个学生健康地成长。即是在乱象横生的“文革”时期，他仍注意到培养学生的兴趣爱好。

20 世纪 70 年代，教师实行“三下放”政策。张清银回到本村学校任教，学校要求每生每天完成一页大楷字。有个叫张松银的学生是班上有名的“调皮鬼”，常常完不成这页大楷字。张清银开导他说：“字是人的门面。写手好字，用处大。”并一笔一画手把手地教他写字，边教边鼓励：“你的字下笔很有力，坚持下去，定有收获。”后来松银进校当了教师，在回忆清银老师时动情地说：“我的字如今写得工整，拿得出手，跟俺张老师的耐心辅导分不开呀！”

大刘乡中有个学生，父亲是哑巴，母亲是残废，家境贫寒，生活困难。他知道后，伸出援手，鼎力支持。在学习上鼓励他，在经济上资助他，帮助他树立信心，放下包袱，努力学习，使这位学生倍受感动，学习发奋刻苦，一鼓作气，1988 年中招考试，被武汉铁路运输学校录取。现在工作在漯河铁路系统。在张清银的追悼会上，他披麻戴孝，烧“五七”纸时，他又前往，跪在张清银的坟墓前，大放悲声，感激涕零。张清银资助的学生不仅此一例，还有很多很多。

在问十学校工作期间，先担任教务主任，后当校长。在他眼里学生没有好坏之分，只要因材施教，都能成为有用之才。在教学工作中，既抓好尖子生的培养，又注重后进生、特长生的转化，推动学生德、智、体全面发展。不仅从正面树立起像梁飞、张鹏飞、张宪稳、张宏恩等一大批品学兼优的学校典型，还培养出一大批后进变先进的专业人才。王付圈，上初中时酷爱文艺，吹拉弹唱无所不能，但文化课赶不上，张校长对他关爱有加，既表扬他发挥特长，又鼓励他学好文化课，在他的关爱和教诲之下，王付圈加紧文化课学习，成绩有了很大进步，初中毕业即留校当了民师。梁春生，整天抱个篮球玩，上课心不在焉，下课比谁都欢，张校长亲自与他交朋友，一手鼓励赞美，一手批评教育，硬是把这个不爱学习的学生引上正道，后顺利考上高中，毕业后被张校长召回学校当了民师，成为教学骨干。问十学校在他培养的学生中选拔到学校当民师的比比皆是。

教学相长　求进互帮

俗话说：同行相轻。但张清银从来不这样认为，他认为同行相重，教学相长。教师之间只有相互交流，相互探讨，取长补短，才能推动教法改新，提高教学质量。他与同行闲谈莫过三分钟，把心全操在了教学上，他把备教案与备学生紧密结合起来。他不守窠臼，大胆创新，善于在教与学中“充电”“吸新弃旧”“吐故纳新”，古为今用。

他授课，不分时间，不加条件，欢迎同行、领导去听。不过，听后他有个要求，一定提出宝贵意见。对于来自同行的建议，他认真吸纳，进行比对、反思，切实改进自己的不足之处，努力提高自己的教学水平。

在同行中间，他是兄长，又是益友。对于青年教师，更是爱护有加。每听完年轻教师的课，他总是会坐下来，一枝一瓣地给他们剖析，点拨恰如其分，论理分寸得当，让人口服心服。他对同行讲：一道数学题，你讲罢，10 个学生有 7 人不会，你就得重讲；10 个学生有 3 人不会，你就得个别辅导，开开“小灶”。有位青年教师曾向他寻招：班里百十号学生，抽查背书，效果如何总是拿不准？常常心中无底。他哈哈一笑，递上一招：10 个人一组，站在你面前，齐声背，你对口形……一句话使这位青年教师茅塞顿开。事后这位教师说：“张老师的‘点子’管用，好使，活像杆秤，立马能称出学生的斤两，犹如醍醐灌顶，使俺非常佩服。”

良好的情感交流，融洽的同事关系，既有相得益彰的效果，又使同事的教学艺术、辅导水平如鱼得水，游刃有余。

以校为家　全心投入

张清银无论是在问十学校当校长，还是在大刘乡中当校长，从来都是以校为家，在他的时间表里，没有节假日、星期天，一年四季，吃住在校。他说：“喝了问十水就是问十人。”一次儿子有病，捎信让他回去，几个副校长知道后也催他回去，他说学校正在建校离不开他，孩子的病，家人代看一下就行，他硬是没有回去，气得老婆几个月不理他。1982年家中盖新房，他一共回家两次：盖房前回去一次是安排人；盖好房又回去一次，是酬谢帮助他盖房的人。他说，盖房也不是教书，咱不会，回去咋着？不回去咋着？家人自己知道怎样去盖，回去说不定还是个累赘哩！他就是这样舍小家为大家，把学校当成自己的家。

校规校纪，他首先遵守，带头执行。早上，他第一个起床，转操场进教室，看师生的操做得好不好，看学生读书热情高不高。晚上，他最后一个休息，转校园查寝室，看校园有没有不安全的地方，看学生们睡得香不香。从早到晚每时每刻他都在思考着学校的发展、教师的工作和学生的学习。在他的影响下，问十学校的老师们，无论公办教师，还是本村的民师，一律自觉住校，严格遵守纪律，不迟到、不早退、不旷工，有事请假。学校领导班子团结，教师相处和谐，比学赶帮，校风文明，学风向上。

学校有个不成文的规矩：教师不论何家婚丧嫁娶，他带领学校领导班子必去，教师因病住院，他们更要前往慰问，从不怠慢。用他的话说是“有喜同欢，有难同帮”。他善解民意，会解民忧，对人“实打实”，没有半点虚心假意，他常说：“师生无小事，解决老师们的困难，就是我校长分内的事。既当好教书匠，又做好教育家。若是当校长，连老师的事情都不晓得，那还当谁的校长？只有我想着他们，他们才真正想着学校。”校长以校为家全心投入，使得老师们心往一处想，劲往一处使，汗往一处流。老师们都觉得：张校长一个外地人，为了学校做到这份上，我们不好好干不仅对不起学生，更对不起我们的张校长。

和谐为人　融洽处事

俗话说：“和为贵、和生财。”张清银非常重视人际交往，他不仅对学校内部管理是个行家，对处理外部关系也是一把好手。但不是无原则的“通融”，更不是庸俗交往，沾着铜臭。用张校长的话说，办学离不开各级党委、政府、社会的大力支持。学校姓“公”，后盾就是各级党委、政府、社会，离开了他们便成了无源之水、无本之木。

张校长站得高、看得远、想得透。他常跟人说：“学校你有啥本事，啥能耐？说穿了不就是年年招几百名学生！”年年招生，少不了有人打招呼，领导批条子，遇到这些情况，他就开诚布公地说：“学校是恁支持办的，有名气靠恁，砸牌子由恁，孰重孰轻，俩钱掉盆里——恁最清楚。”他无论在问十当校长，还是在大刘乡中当校长期间，县里、乡里、村里领导介绍学生一般他没有拒绝过。反过来各级领导介绍学生，都自觉坚持一个原则，叫做学生不好不介绍。有位乡里领导说，咱是门朝外人，给张校长介绍学生，要是学习不咋着，到时候（升学考试），咱还得丢面子哩。不过，清银不是铁石心肠，必要的面子还是给的。招进来几个学习差的，经过良好的育人环境熏陶，也会变好，叫作浪子回头金不换！

拾起来领导、朋友、同事的面子，反过来他们支持学校的力度大增。问十学校建校，10 亩大的校园扩大了 6 倍，村支部书记当场表态：盖房需要木料，村林场场长立即支援；需要砖瓦，村窑厂负责；运砖需要车辆，无论到哪个生产队，队长都满口答应。在大刘乡中，一说学校急需用钱，乡党委、乡政府、乡教育办就特批特办，一路绿灯。每逢教师节，乡党委、乡政府、乡教育办，还有村上都会伸出援手慰问老师，支持学校。张清银说，这就叫“人气”。以心换心，遍地生金；人气旺，样样强。

他和谐的为人，融洽的处事，给学校赢得了信誉，添足了后劲，带来了发展。

培养队伍，狠抓质量

他常说，办教育需要团体艺术，仅靠我校长一人，就是一块混钢，能打出几个火镰？几颗铆钉？

身教重于言教。他特别注重培养有知识，懂教法，会辅导能讲课的师资队伍。以老带新，以新促老，相互学习，共同提高，培育比、学、赶、帮浓厚氛围，形成良好的校风、教风、学风，推动学校各项工作良性发展。他说：“学校就是培养人的地方，人才培养得合格不合格，不是咱自己说了算，自己得分多少要靠别人评判。咱要力下到平时，汗流到平时，成绩靠平时的努力，好钢用在刀刃上，一口吃不了个胖子，功到自然成。”

他是资深内行，他懂得：教学质量是一个学校的生命。没有质量，不出人才，学校等于白办。为提高教学质量，他思维独到，竞争意识强烈，在学校举行各类知识竞赛，组织各种比赛活动，树立学校形象，提升学校品位。每当回忆起张清银同志，现在有的老师还历历在目：“俺多次做梦梦见张校长，工作上就是累死也没埋怨过他半句。宁肯累死牛，不让打住车。”那时期民师转正，问十学校转正的最晚，为什么？是因为俺们都把心扑到了学生身上，哪还想自己复习考试的事情啊！他教导师生，什么事不干则已，干就要干好。只要比赛、竞赛，我们只要第一，不要第二。不仅文化课，就连文艺表演、体育比赛在全县也是名列前茅。

硕果累累　不浮不躁

梅花香自苦寒来。一分耕耘，一分收获。张清银的心没有白费，他所到过的问十学校或大刘乡中，校园内如今道路宽阔平坦，草坪绿篱交相辉映，花坛花带错落有致，乔木灌木郁郁葱葱，学校楼房造型别致，校园文化点缀其间，教书育人、环境育人的氛围，蔚然形成。他无论在问十当校长，还是在大刘乡中当校长，无论是县里举行各科知识竞赛，还是乡里举行各类体育比赛，总是排名第一。奖状、奖品、锦旗、奖牌挂满校会议室、校门口两侧。中招考试上线率、录取率在全县总是遥遥领先，问十学校每年升入全县最好高中的学生数占到全县 40 多所同等初中的十分之一，升入普通高中的学生数占到全乡六成以上，当年县委书记白保松亲手将一面锦旗授予问十学校，使问十学校名副其实地成为教育战线上的一面红旗，他也因此被选为县政协委员。辛勤四十载，桃李满天下，在张清银任校长期间，问十中学为国家培养了大批优秀人才。问十中学 1977 年恢复高考后张鹏飞率先考上百泉农专；1978 年张梅香考入河南中医学院、王天星考入百泉农专；1979 年梁飞考入郑州大学；1980 年张风军、李永安考入开封师院、张宪稳考入华中师范学院；1981 年梁志杰考入西南政法学院；1982 年后姜风丽、张玉海、王魁、张玉花、张桂双、张淑敏、李国华、师明甫、师翠华、师书华、师国欣、师喜良等近百人先后考上全国不同大中专院校。1986 年调入大刘乡中后又为国家培养了大批优秀人才，他在大刘乡中工作七年，学生考学年年喜获大丰收，每年培养的中专生、重点高中生高达 100 多人，上线率、录取率在全县名列前茅。从大刘乡中校门走出，如今已成为各行各业的排头兵，如陈志勇、周国峰、康志浩、马伟涛、师京广、梁书英、曹芳、徐军华、徐雪萍、潘振彦、王世杰、严春志、王全安、陈进才、赵海南、王德华、王洪磊、张洁春、李晓箐、王军华、刘晓芳，等等，成才者比比皆是，不胜枚举，数以千计的优秀学子以无以争辩的事实印证，大刘乡中是一所好学校，大刘乡中校长是一位德高望重的好校长。

在成绩和荣誉面前，他总是不骄不躁，谦虚谨慎，每当领导表彰和同志夸赞时他总是那句话：“我不过尽自己职责罢了。”张清银同志高风亮节，公而忘私，严谨治学，谦逊大度，以他的执着，以他的大气，以他的涵养，以他的作为，圆满完成了“人民教育人民办，办好教育为人民”的时代使命，以无可辩驳的实干和业绩，向全县、全乡人民交上了一份满意的答卷。捧着一颗心来，不带半根草去。雁过留声，人过留名。回忆张清银的一生，他的确是一位尽职尽责的好校长！

选自2014年12月《漯河文史资料》第二十一辑

艺苑园丁刘诚甫

马洪奇

刘诚甫先生，是我省著名的艺术教育家。早在抗日战争时期，就以创办“私立大华高级艺术职业学校”而闻名省内，新中国成立后，“大华”改校名为“省立漯河艺术师范学校”。1953年，漯河艺师奉命迁往开封，与“开封艺师”合并。先生任副校长，直至晚年，他以毕生的精力，教育英才，提携后进，把全部心血倾注在艺术教育事业上，为我省培养大批音乐、美术人才作出了历史贡献。

青少年时代

1907年，诚甫先生生于河南省孟津县扣马乡，自幼家境贫寒，后过继给三婶母始得勉强读书。长兄刘作人，毕业于省优级师范，任小学音美教师，由于诚甫对大哥音美教学耳濡目染，并有机会接触学校唯一的乐器——风琴，幼小的心灵就种下了将来也像大哥那样做一名音乐教师的种子，后来就学于孟津国民师范（初师）和洛阳第四师范，以“学习成绩优异，音乐、美术尤为突出”的评语脱颖于同学之间。

师范毕业以后，大哥想让他报考师范大学，这样将来可以当校长，有机会还能以大学资历走向政界，考上个县长，荣耀门庭（那时有考县长的制度）。可是他对从政根本没有兴趣，倒希望到上海美专深造，专攻艺术，母亲是位20多岁就守寡的农村妇女，对过继儿子言听计从，就把手中的“体己”拿出来，让诚甫于1927年奔赴上海，考入了我国美术界前驱刘海粟先生创办的上海美专艺术教育科。20世纪20年代的上海，半封建半殖民地的社会，一些守旧余孽因为刘海粟在人体素描中大胆使用模特儿，进行了猖狂的攻击，进而发展到操纵学生罢课闹风潮。这时一部分家庭经济困难的河南籍学生，深感学习机会难得，唯恐时光无端流逝。于是，几个孟津学生：刘诚甫、焦端初、雷吻虹等，发起护校，拥护热心培养学生的刘海粟校长，提出尽快复课。风潮平息后，刘海粟校长对富有正义感、学习刻苦的刘诚甫十分器重，亲书“白云浮黄鹤，碧落跨青鸾”对联一副和中堂一幅赠“诚甫弟指正”。校长的关心和勖勉，激励着诚甫在学业上更加勤奋。这期间他除坚持正常课程学习外，还以惊人的毅力编撰《中国音乐概论》《中国器乐常识》，并着手编纂《音乐辞典》等书。后来这几部著作由商务印书馆、中华出局出版。

步入艺苑

1928 年至 1940 年，刘诚甫先生由上海回到河南。先后在信阳省立三师、三女师、汲县省立五师、洛阳省立四师、省立百泉乡师、淅川国立一中二分校、省立洛阳中学、省立沁阳中学（当时在鲁山）[①] 等八所学校任教。1939 年，先生受沁阳中学焦端初校长的嘱托恢复了河南艺术学校，并任校长。在此期间，他一方面从事音乐、美术教学，一方面继续致力于《音乐辞典》的资料收集与撰写工作。1935 年，经过十年的辛勤努力，中国第一部《音乐辞典》终于问世。该书收罗宏富，结构严谨，古今中外，尽融于中，对我国音乐事业作出了重要贡献。刘海粟先生欣然题词“兼贯中西、融汇古今”，著名文学艺术家丰子恺先生也高兴地为之题写书名。但是，旧社会体、音、美教师在一般人心目中，不过是“三等”教员，既不被重视，待遇也最低。不少人劝先生改行，他非但不改初衷，反而穷且益坚，坚信我国著名教育家蔡元培提倡的“德智体音美”五育方针，认为美育是对学生进行品德教育、陶冶情操、培养审美能力的重要手段，对提高国民精神具有非常重要的意义。自己身为音

① 刘诚甫在沁阳中学任训育主任，见《我在（旧）省立沁阳中学就读时的一些回忆》一文，选自《沁阳文史资料》第五辑。

美教师，更应身体力行。同时，他看到当时学校音美教师奇缺，学校时有停开音美课程的现象，他为此深感痛惜和遗憾。这一切，使他萌发了办学的思想。

创办“大华”

1937年，抗日战争全面爆发，人民音乐家聂耳的《义勇军进行曲》、冼星海的《黄河大合唱》以及贺绿汀的《游击队之歌》像号角一样，使亿万人民觉醒。一批又一批热血青年为报效祖国，纷纷奔赴抗日前线。所有这些，强烈地激发了诚甫先生的民族责任感和爱国心。1941年夏季，酝酿已久的创办艺术学校、让青年拿起艺术的武器去打击日寇鼓舞民众的心愿终于实现了。在他的学生刘荣德、魏向轩的协助下，在上蔡县洙湖乡袁庄寨国民小学校址，办起了私立大华艺术学校，先生自任校长。布告贴出，学生踊跃报名，招收了高中毕业生120名，分编为“敬”“诚”“勇”三班。“敬”“诚”“勇”三字也就是先生的校训和倡导的校风。

由于袁庄寨位置偏僻，交通不便，校址又太狭窄，不利开展活动，经学生柴保荣及其父柴子慎联系，于当年10月1日，再迁学校到郾城县五沟营镇的济渎庙（现属西平县管辖）。这里是三面环水的河湾，远眺田畴弥迤，近处桃李夹岸，环境幽静，风景秀丽，是一处办艺术学校的理想地方。在当时外寇入侵、战火纷飞的祖国大地，这里可谓是世外桃源。可是，这里除几间破庙外，无教具、缺师资、经费无着，困难重重。面对这些难题，先生说：“武训是个乞丐还能办学堂，我们为什么不能？”于是以“苦斗必生、苦干必成”的口号激励自己和师生，他带头推倒十殿阎罗及狰狞的小鬼小判泥胎，打扫庙宇为校舍，平整庙院为操场，修筑土台当桌凳，自己动手做教具，经过不到一个月的“苦斗”“苦干”，一所整洁有序的艺术学校诞生了。与此同时，他陆续聘请了王抚东、李聘卿、童伯良等挚友来校任教，先生则既当校长又担音、美理论教师。诚甫先生的夫人马毅，是任教多年的音乐教师，也被动员出来教授声乐和唱游课。琴少，就把琴键画在纸上，让学生练习，有人风趣地说：这叫“纸上弹琴”。从此，庙内琴声袅袅，歌声飞扬；庙外写生绘画，摹山范水；体育场上田径球赛，龙腾虎跃。

为了给学生开辟游艺室，庙内有一幢大戏楼，因年久失修，楼脊飞檐装饰的鸱吻和兽头都已倾颓，既从上面漏雨，又看起来十分破烂。先生请工人整修，工人只修楼顶破瓦处，却不触动兽头部分，原来是兽头内有猫头鹰窝。过去人们迷信，把此益鸟视为不祥之物，认为触了它的窝会招灾生祸，因此，敬而远之。先生为了破除迷信，于是让工人递泥，自己爬上数丈高的楼顶。还风趣地说：“我来也！刘诚甫在此，诸神退位！”全校师生都为他捏一把汗。但他沉着、敏捷，把脊瓦鸱吻修得整整齐齐，十分美观，大家见此情景都不禁鼓起掌来，连泥瓦工人也都竖起拇指称赞：“刘校长真是好样的！”从此，这个戏楼成了学生排练节目、练习乐器和演出的大舞台了！

艰难窘困　不改初衷

学校唯一的经费来源，就是学生交来的学费。由于日寇入侵，国民党政府腐败无能，物价飞涨，货币贬值。因此，学费都以小麦计算。学生每学期交小麦 100 斤，教师的薪水（工资）也发给实物小麦。最高的每月 800 斤，以下 600、500、300 斤不等。刘校长及其夫人马毅，往往拿最低一级，他们说：“够吃就行，省下钱购买图书教具，改善办学条件，维持教学工作的进行。”因此，他们家往往平时够吃，假期则生活无着，要向学生家长或洪河上的船家借粮，下学期开学再还。可是，尽管他们自己生活困难，但对人民疾苦依然十分关心。1942 年河南发生严重灾荒，先生即从仅有的学费中提取十万元捐献给河南省救灾委员会，表达了一个正直的艺术家的忧国忧民之心。

这一年，先生一家和全校师生吃糠咽菜度过春荒。想不到秋季蝗虫遮天盖地而来，秋粮颗粒无收，饥饿又一次威胁着人们，学生人数为之大减，好在教师们都能体谅当时困难，工资虽仅能维持最低生活，而无怨言。到1943年暑假后，招了新生，老生全部复学，学校又有了新的生机。

1943年秋，大华第一期学生毕业，为得到社会承认，他提前只身冒雨赶赴迁往鲁山的省教育厅为学校备案。途中恰遇山洪暴发，亏他幼年生长在黄河岸边，稍习水性，才幸免了一场灭顶之灾。此行不仅学校得以备案，还根据教育厅长鲁荡平的意见，将校名改为“私立大华高级艺术职业学校”，学校的等级也提高了。

五沟营无印刷厂家，先生为便于教师讲课，又节省学生讲义费用，特购置了石印机，请工人专为全校印刷讲义、课本及其他教学上所需要的印刷品，改善了办学条件。他看到学生为买一张绘画用纸，增添一点颜料和文具用品，都要徒步到四十里外的漯河市购置，往返跋涉，浪费时间，便又开设了小卖部，专售师生所需要的各种物品。由于是批发进货，售价低于市面。既便利了师生，又可获微薄小利以补充办公费用之不足。

大华高级艺术职业学校所在的五沟营镇，地处郾城、上蔡、西平、西华四县交界，当地豪绅勾结乡公所称霸一方。1943年初冬，大华师生为宣传抗日，在庙会上演出活报剧《捉汉奸》和禁烟禁毒等音乐节目，触到了那帮地头蛇的痛处。他们借口学生扰乱庙会，大打出手，并开枪打伤学生黄道德。先生怒不可遏，当即决定，开展宣传，印发传单，向社会呼吁，揭露这些人的罪行（当时的《河南日报》曾予报道）；同时，劝阻了学生陪同，独自冒着遭暗算的危险到郾城县要求惩办凶手。县里迫于众怒难犯，只好让肇事者赔礼道歉，付医药费用等搪塞了事。

1944年，日寇铁蹄踏进中原，郾漯相继沦陷，学校被迫停办。为了保护学校，在学生和教师先后离去后，先生坚持留下。没有学生，经费失去来源，生活更为清苦，全家人每天下地挖野菜、烤红薯、摘芝麻叶糊口。营养不良，又无钱请医用药，一百天内病饿死了两个儿子，境况十分凄凉。

一天，盘踞在五沟营的伪绥靖军特务队队长李耀东窜入学校，妄图霸占学校唯一的钢琴。先生挺身而出，以高大的身躯护在琴边，怒目相对，厉声喝道：“谁动我们的钢琴，我就用斧子劈了！要我的命可以，要我办学的钢琴决不给。”话说得斩钉截铁，正气凛然，那帮汉奸特务被镇住了，只好自我解嘲地狞笑着说：“你老兄很有气节，佩服！琴是你的心爱之物，我不要了……”

此时，国土沦丧，妖魔横行，先生失去爱子，生活窘困，特别是亲手辛勤创办的学校开学无期，看不到朝夕与共的师生，使得平日人们戏称之为“美髯公”的诚甫先生，不多久就须发灰黄，面容憔悴，他们夫妇在悲痛之中，不禁想起了为报国耻家仇的伍子胥过昭关一夜急白了胡须的故事。感到古人尚且有如此坚强意志，我们更应振作起来，决不能被一时的黑暗与悲痛把身体压垮。时隔不久，五沟营镇内一些学生家长，为怕孩子荒废学业，加上镇内常去日本兵骚乱，不安全，纷纷要求先生夫妇收下他们的孩手，当时收了二十来个青少年住在校内，教他们写字、绘画、读古文、讲乐理、识乐谱，生活依然清苦，但能教孩子们一些知识，精神有了寄托，古庙中也有了笑声。以后成为作曲家的善肖艺，就是这些孩子中的一个。

一天，我国飞机到敌占区的漯河轰炸，先生正喝着稀粥，听到飞机马达声，马上端着碗爬上梯子，望着漯河方向呼喊道：“炸吧！把日本鬼子全炸光！！”兴奋地把饭碗一下甩在墙外，因为急切地盼望胜利，先生给小儿子取名刘凯。遗憾的是这个孩子没有等到凯旋就因病饿而夭折。

不久，新四军一二八团攻克五沟营镇，该团政委赵天舒，原是诚甫先生的学生，他和县长侯杰得知老师生活困难，当即设法给予了救济。并深情地对先生说：“等天亮了，一定给您安置个好地方，让您好好办学。”这些话给先生留下了深刻的印象。他真诚地盼望这一天快些到来。

黎明前夕　再临危难

1945 年 8 月，日寇投降，大华艺术学校恢复上课。为使学校日趋完善，更好地培养艺术人才，先生购置图书、增添仪器、订购教材、补充教具，并聘请有名望的教师来校任教，张耀辰、梁季仁诸先生就是这个时期请到的。

1947年，人民解放战争在中原大地展开了激烈的斗争，五沟营时常处于解放军和国民党反动军队的拉锯地带，乡公所、乡保丁趁地方混乱，蒙面持枪夜晚闯进学校，将学校财产抢劫一空。还声言要放火，烧毁图书室和躲在楼上的师生。先生面对此情此景，临危不惧，独自出来和那伙强盗周旋。向他们申明："要什么，我自己的东西、学校的东西，你们可以尽量拿，教师有小孩、家属，不要吓着他们……""强盗"们不容先生说完，就用刀背、木棒把他打得死去活来，并恶狠狠地说："要你的东西，还要你的命。"说着举着枪对向先生后脑，并让先生跪下。先生气愤之极，毫不畏惧，大义凛然地说："让我死，我不能跪！我还要给你们讲讲道理，教书办学是为大众办好事，为国家培养人才，你有什么理由杀我？！"强盗们自知理亏，有的灰溜溜地星散开去，先生乘机借助暗夜蹚河逃出魔掌。在群众的帮助下数月才把伤养好。事后，梁季仁先生对师生们说："刘校长太好了，任凭自己受苦受罪，冒着生命危险保护了我们大家！"

经过上述劫难，学校元气大伤。师生们为免受国民党兵痞流氓的再次摧残，纷纷投亲靠友，离开学校。先生一家生活又面临绝境，于是，先生决定带长子刘炎要饭回孟津老家，安置好再接妻子儿女，途经漯河，被许多学生挽留，先生只好决定把学校迁到漯河。这期间，当地群众和西华县吕哨村的农民兄弟争相给予帮助。特别是该村的程合成夫妇，在先生遭劫后，他们把先生全家接到家中，使先生得以渡过危难。1948年1月，学校迁往漯河时，他们知道先生无钱无粮，程合成把存放在红薯窖中的两布袋好麦子取出，又去菜园剜了一背篓菠菜，放到车上让先生带到漯河食用。家在吕哨村的学生吕文学动员全村出了八辆大车拉上校具，钢琴、风琴，并且都自带干粮，一路上不让先生管水管烟，没花一分钱，顺利地把学校迁到了漯河南大街郭子长老师的宅院内，暂借郭宅办了个临时初中班。因在战争期间学生不多，收入甚微，先生家徒四壁，仍然十分困窘，连水桶都无钱购买，只好用瓦罐和儿子到河里挑水。后来儿子病倒，一度吃水、买柴都是在一位名叫娄英豪的学生帮助下才得以解决。

迎来了曙光　焕发了青春

1948 年 8 月初，漯河解放，大华得以新生。在先生处于断炊的情况下，党和人民政府及时给予救济，并让其参加了 1948 年 12 月举办的第一批知识分子学习班。人民政府成立后，又为大华选定校址，拨专款添置设备，购买乐器，让先聘请教师，扩大班次，学校如久旱逢甘雨，蓬蓬勃勃发展起来。先生也一扫往日的愁容，焕发了青春的活力。在党和政府的领导下，先生率领大华师生用各种艺术形式，宣传党的方针政策，开展支前活动。1949 年，先生率慰问团慰问淮海战役参战部队，亲自拉提琴伴奏，夫人马毅以高亢圆润的歌喉演唱《没有共产党就没有新中国》等歌曲，深情地表达了先生热爱共产党、向往新中国的炽热思想感情。以后，他们迎送南下大军渡江，慰问伤员和在漯河休整的部队，为各大会演出，军民联欢、修铁路、抬伤员……每次出动，都是载誉而归，成了一支十分活跃的宣传力量。

当时人民政府虽给大华艺校部分经费，但还有许多困难需要先生设法解决。道具不足，音响要配都需他亲自动手自力更生，他看到南下大军文工团打腰鼓，感到是一种鼓舞士气、节奏力强的宣传工具，就昼夜琢磨，想出了用旧暖瓶壳改制的办法，他用油漆、金粉仿照鼓形的颜色式样，漆出朱红鼓。“金钉”的腰鼓，配上大鼓、铜钹敲起整齐的咚！咚！咚！腰鼓点的节奏，别有滋味，一支腰鼓队很快组织了起来。学生在他的鼓励下，积极性很高，一天学会六七个鼓点，又自己创作了几个舞蹈动作，反复排练。学生束腰的彩绸不够用，先生把给小孩做衣服的花布拿出来。撕开发给学生，这一支当地以往未曾见过的腰鼓队，一走上街头，就轰动了全市。市领导和群众都高兴地称赞：“大华真会想办法。”

那时，几乎每天都有迎送大军的任务，昼夜出动，每次都是轰轰烈烈。成千上万的人群争相观看，南下大军热烈鼓掌欢迎。战士、学生、车上车下，口号声声，齐呼：“打过长江去，解放全中国！”那种热烈气氛，震撼了每一个人的心扉。

在开展歌咏活动中，为了加强音乐气势和歌唱效果，使歌咏更好地发挥宣传鼓动作用，学校仅有的几件乐器（两把小提琴、两把二胡）伴奏，不能为上百人的歌唱烘托气氛，先生让做了大小不等的几个喊话筒，由几位声音较好的男同学掌握，当唱有气势的歌曲时，配上男声话筒歌唱，发出的声音远处听起来，简直像铜管乐的大号效果。第一次使用它是在学生大会上演唱《青年团之歌》配唱副歌时，大话筒响起来，加之有两位男同学按强音节奏伴唱，效果很好，当时全场为之沸腾。尤其在演唱《渡长江》时，一声$\underset{\text{渡}}{\underline{66}}\ \underset{\text{长}}{5}\ \underset{\text{江}}{-}$，会场上马上掌声雷动，群情振奋。在唱欢快的歌曲时，配上打击乐，如《运盐歌》，当唱到“去到那三边把盐驮，哎嘿哟，把盐驮……”打击乐配起来气氛十分热烈。所以，只要大华学校宣传队一上街宣传，群众都争相观看，热烈鼓掌欢迎，有的干部说：“看戏有什么意思，还是听大华学生唱歌好！”

每次演出后，都有许多工人、学生、干部围上来问长问短，请大华教歌，指导他们的文艺活动。当时漯河市的几个烟厂，都曾热情邀请大华师生去他们那里帮助排节目，教演唱，和群众关系亲密无间。一次演出，马毅因急于给工人化妆，顾不上吃饭，女工刘惠敏把做好的鸡蛋一口一口地送到马老师口中。

这期间，还排演了大型歌剧《王秀鸾》，慰问部队和大会演出。有一次，适逢河南省人民政府副主席牛佩琮同志来漯河视察，观看后非常赞赏，当即批赠一套幕布，奖励粮食三万斤，说大华学校办得好，将来一定改为省立。

大华学校受到奖励，办学的心劲更足了。先生抓紧时间到武汉“波一也”琴行购置风琴。由于是初解放，铁路运输还未恢复秩序，风琴托运无保障，先生决定自己携带。车厢内拥挤得无立足之地，车顶上也坐上了人。此时，先生不顾个人安危，请人帮助用绳子将两架风琴系到弧形的车顶，自己也登了上去。正当他把后一架琴挪到一比较平展处时，一脚踩滑，连人带琴从车顶上摔了下来。“琴决不能摔坏！”他把琴死死地抱在怀里（是箱式琴），用全身力气护住了琴身，而自己的背部狠狠地摔在地上。幸亏当时开车不准时，他在地上挣扎了一阵，车站上的旅客帮他把琴从身上拉开，扶他起来，再一次帮助他把琴送上车顶。他看到风琴完好无损，身上虽受点苦而心里却十分宽慰。当他艰难地回到学校，老伴马毅看到他背上大块大块的青紫伤痕，心痛地说：“怎么摔成这样？人要是摔坏了怎么回来？”先生幽默地说：“没事，也不过是痛点！过两天就会好的。幸亏穿得厚，我的肉也厚，成了琴的好垫子，不然摔坏了琴可就事大了。一架琴买来不容易！”先生顾不上到医院去治疗，腰痛了一个多月才渐渐痊愈。

1951 年 2 月 17 日，“私立大华高级艺术学校”经省教育厅批准，正式改为“省立漯河大华艺术师范学校”。喜讯传来，全校师生奔走相告，先生更是激动不已。新旧社会截然不同的遭遇，一起涌上心头。在欢庆大会上，这位在外寇入侵时创业，历尽兵荒马乱、颠沛流离，几经危难而毫无畏惧的创业者，禁不住热泪夺眶而出，千言万语汇成一句：“在中国共产党的领导下，艺术教育彻底翻身了！”

1950 年，在抗美援朝的热潮中，大华艺师有 50% 的学生提出申请，要求参军，保家卫国。诚甫先生高兴又放心地为革命输送了第一批艺术人才。

先是 1948 年私立大华高级艺术职业学校迁漯河时，在南大街借住在郭子长宅院，筹办两个初中班。1949 年迁往市人民政府拨给的校址——杨家花园后，招收艺术班一班、初中班三班。1951 年改为省立漯河艺术师范后再迁至短工市街田公馆，同时在许昌地区招新生三班 159 人左右。学校共有六个班 300 来人（剧音、劳音、音美各两班）。1952 年暑假，解放后招收的第一届学生结业，共三个班 150 余人（美术、音乐、美音各一班），这是大华艺师为新中国培养出的第一批音乐、美术人才。

这期间，省教育厅为学校拨专款在火车站南端兴建的新校舍也已竣工，占地十余亩，建房四十四间，新打水井一眼，办学的条件在逐步改善。诚甫先生干劲十足，决心把学校办得更加有声有色，欣欣向荣，为孜孜求学的学生在艺术的天地里展翅翱翔安上有力的翅膀。

从1941年创办私立大华艺术学校以来，先生以培养中小学教师为目标，至此已有11年的历史，其中八年是在旧社会中挣扎的。1946年在校学生达到高峰，八个班400余人，中间虽几经波折，终以坚强的毅力撑持了下来。先后送走了六届毕业生（解放前五届，解放后1952年一届），为我省培养艺术人才1000余名。

大华开设的课程，解放前主要开设了音乐课：包括声乐、键盘、第二乐器、基本乐理、唱游等；美术课：包括国画、西画（素描、水彩）、实用美术、透视学、色彩学等；手工劳动课：包括小学教材及实用工艺。此外，还开设艺术概论以及国文、教育、体育、军训等方面的课程。

解放后开设的主要课程有：声乐、器乐、美术、戏剧、舞蹈、政治、语文、体育、教育心理学、教学法、历史等。当时除政治、语文、历史采用全国高中试用课本外，其他学科均系自选自编的教材。

1953年暑假，省立漯河艺术师范奉命迁往开封，与开封艺术师范合并，带去学生六个班，先生被任命为副校长，继续为国家培养艺术人才。

先生的辛勤劳动和出色工作，赢得了党、政府和人民的信赖和尊敬，先后被推选为漯河市人民政府委员、市人民代表、市抗美援朝协会副主任和市中苏友好协会副会长。

为艺术教育事业奋斗终生

先生为人正直，执教严谨，廉洁奉公，尊贤爱能，终生奉献给了艺术教育事业。他常说："得天下英才而育之，一乐也！"可见他的胸襟。

先生造诣极深，复善讲学。1938年在淅川滔河百泉乡师任教时，一堂课讲得国民党教育厅督学王某刮目相看，连称"老兄音乐理论造诣很深，佩服！明日一定登门求教。"第二天王督学果然专程拜访，倾谈终日，直到晚饭后清兴不减，最后告辞说："老兄知识渊博，今天得益不浅。”

先生勤劳诚朴，实干力行，一双灵巧的手什么都会干，建校中木工、泥工、勤杂工处处内行；教学中书法、绘画、弹琴样样精通。平时口袋里装满钉子、糨糊、粉笔头以及万能锤，遇到墙壁有钉眼或污损，桌凳有损坏，他随时掏出工具修理。在家属院里，他对孩子们的要求也有求必应。他可以在很短的时间里，用一团泥土或一张纸片做成许多精美的小玩具，孩子们拿到以后，往往高兴得爱不释手，同事们戏谑地说：“看老刘那双大手，粗糙得像‘猪脚’，想不到还这样灵巧。”

先生精于育人而昧于权术，长于治校而不善理财。许多师生说：“刘校长常把数字 1、2、3 读作简谱多、来、米！”买东西不会算账，往往把身上所有的钱都掏出来，让营业员算好，留够，然后再把剩余的钱装进衣袋，好在他有一位精明贤德的好内助马毅同志，妥善地料理着里里外外的一切，使先生得以勤奋攻读，刻苦钻研技艺，给后人留下了丰富的遗著，先后出版了《音乐辞典》《音乐古赋》《中国乐器常识》《中国音乐概论》《中国古乐器图考》《小学手工劳动教材与教法》等，本来还有不少写作计划，只因“十年浩劫”中他珍藏的书画和大量资料、卡片以及几十年来从未间断的珍贵日记全被抄掠一空，而本人也被批斗得重病在床达十年之久而未能如愿。即使这样，在他已全身瘫痪、不会讲话的情况下，还用不听话的手给老伴马毅写道：“我还要修改《音乐辞典》，我还要再干几十年……”一个对人民的艺术事业无限深情的赤子之心跃然纸上。

1983 年 10 月 9 日 21 时，先生因脑血栓久治无效，在北京逝世，终年 77 岁。临终遗嘱：不开追悼会，丧事从简。这些都照办了。

先生生前是中国音乐家协会河南分会会员，中国民盟盟员，开封师范专科学校副校长，开封市第三届政协委员、开封市文联委员。他像一个辛勤的园丁，在音乐、美术园地里，耕耘了半个多世纪，他培育的“桃李”可以说是满天下了。其中不少人在“四化”建设中，在教学或专业工作中有着突出的贡献。如现在武汉歌剧院的作曲家肖善艺，湖北艺术学院的姜德顺、姜宝成等，都很有成就。他的几个儿女受其熏陶和培育，也都在不同的文艺岗位上工作，有的已成专家，如为群众喜爱唱的《妈妈教我一支歌》的曲作者，就是在解放军总政歌舞团工作的他的大女儿刘虹创作的。次子刘奇为中央乐团首席巴松，还是我国唯一参加“世界双簧协会”的会员。

1986年，先生在漯河的原大华艺师的学生和同事，经过上级批准和积极筹备，已于是年9月恢复了“大华艺术职业学校”。先生的夫人马毅，也专程来校慰勉并予资助，大华艺术学校的恢复和新生，必将为社会主义国家培养艺术人才作出新的贡献。如果先生地下有知，也可笑慰了。

选自1988年12月《漯河文史资料》第二辑

我在（旧）省立沁阳中学就读时的一些回忆

段曙光

河南省立沁阳中学原名河南省立第十三中学，校址在沁阳县（今沁阳市）城内。抗日战争初期华北沦陷，战火波及沁阳，沁阳中学（以下简称沁中）奉命迁至郏县。1939年，又迁到鲁山县赵村。

1941年，由赵村再迁到鲁山张良镇。1944年日寇进犯中原，沁中继续南迁到淅川县李官桥。不久，又迁至陕西凤翔县蔡家坡。1945年日寇投降，沁中本应迁回沁阳，然沁阳距解放区较近，学校当局认为“不安全”，所以迁至洛阳，借白马寺为校址复课。1948年春洛阳解放，学校又迁至开封，在济汴中学上课。未几，开封解放，校长焦端初又率部分师生到南京，被国民政府教育部安排到浙江兰溪。

1949年4月，解放军渡江后，兰溪解放，部分师生参加解放军，部分师生星散，沁中由此解体。我是沁中在张良镇、白马寺设校时的学生。今日忆及母校，觉得有许多回味的事。

沁中在赵村：1939年沁中迁到鲁山西部深山区赵村。当时校长陈绍武，字允青；教务主任乔景楼；训音主任张幹三。学生大部系温、孟、沁、济的人。他们因家乡沦陷，生活无着，都享受公费待遇，学生每月发给粮食三斗六升八合（一斗十四斤）。1939年招收初一新生，因赵村系山区，学生来源少，所以在赵村和鲁山县城各设一个考点，各招一班，学生均50名。

赵村地处鲁山、嵩县、汝阳、南召等县的结合部，所以这几县的考生较多，尤以嵩县为最。1940年又第二次招生100名，赵村考点的嵩县考生无一人落榜，且占有前5名，群众赞誉："嵩县文化水平高。"当时沁中教师，很多是河南教育名流。如音乐家刘诚甫，美术家叶铜轩等都在沁中执教。

沁中在张良镇：如上所述，赵村处于深山区，师生学习、生活诸多不便。加之省政府迁至鲁山县城，1941年，沁中也遂迁至张良镇。我于1942年由陆阳高小考入沁中，对学校当时情况比较了解，兹详述如次。

1. 学校人事安排：原校长陈绍武后来调国立中任职，遗缺由焦端初继任。焦校长那时40多岁，孟津侯马人，为人持重、稳健、严肃、有教养，不苟言笑，善用权谋。1941年任校长直到1949年学校解体为止，共9年。据说他当上海半习时，有八大结拜弟兄，他主校政后，"大弟兄"来校任教者不少。教务主任张觉民，洛阳人，北平某大学化学系毕业，在校兼化学课，教课认真，工作细致。训育主任先是刘诚甫，他为人和气，联系群众，著有《音乐大辞典》，声乐、器乐兼优；后是纤孝本，孟津人，河大生物系高才生，兼动物、植物、生理卫生，后到南阳蚕业指导站工作，解放后在洛阳农科所工作，遗缺由马信忱接任。马先生上海示亚体专毕业，由教育厅调来，他为人宽厚，作风正派，有能力，有魄力，在师生中享有较高威信（解放后任洛阳师专体育教师），兼公民课。总务主任薛琬，会计孙九如。

军训教官刘寇勋，系部队营级干部，工作认真，态度严肃。童子军团长焦秀印，孟津人，黄埔军分校毕业，个性外向，健谈，机敏，有魄力，工作负责，热情，诙谐，爱打球，好美术，在同学中威信很高。

2. 学校规模：学校迁鲁山张良镇后，以该镇山陕会馆为校址，校院很大，有两个大堂，两个房，两所厢房辟为三级六班教室，其他厢房则为教务处、训育处。原戏楼改过后，校长室设楼上。因是名牌学校，招生广告总是先其他学校一个月发出，以鲁山为圆心，周围十几个县学生纷纷步行几百里到校报考。考试分两次，进行初试从1000名考生中录取200名，待试卷评定后（约三天）再复试，最后录取100名（高中招生也分初试、复试）。

从徐玉诺老师的“怪”看他的品质

李守成[①]

徐玉诺先生是名诗人，鲁山人，鲁山人为有一位诗人而津津乐道，并传说他很多怪事。我上小学时就听说他的一些轶事，在我幼小的头脑里早有“徐玉诺，诗人，怪人”的印象。

后来，我在鲁山城内上简易师范。1933 年秋季的一天，忽然学校通知排队去城东关迎接徐玉诺！我真是兴高采烈！在街上看到欢迎的标语:“欢迎文学泰斗徐玉诺！”到东关，就接到他了。我集中神奇的目光看他，他身着藏青色呢子大衣，发型是大背头，举止文雅，面色和蔼，对欢迎他的人应对自然，彬彬有礼，看不出有什么怪气。

到学校后，在礼堂里，他发表了讲话，题是“我与鲁山”。这是一篇内容丰富、情感真挚、热情而又悲伤深沉的讲话。语调不高，但随着感情的发展，语言快慢高低，扣人心弦。他首先简要叙述了他的家庭。父亲是农民，父母劳苦一生，他小时也参加劳动。而后深情地怀念他的老师徐佛老。他说跟徐佛老上学，每天老师指多少，他能读多少，老师很喜欢他。他说:“徐老师饱学，很会讲书，徐老曾对我说，他讲书，如我不在，他讲书就没味。”说到这里，他停顿下来，约几秒钟，而后声音低沉，且词与词之间拖长距离说:“大概——我也——姓徐——吧！”接着说:“我去开封上学，临行徐老师给我钱，叫给他买三部辞源……”说到这里，又停下来，而后若有所思地说:“辞源只须一部，何须三部？这不是老师给我送的路费吗？”他讲这些话时，目光凝聚，头微下沉，似在回忆徐老师，是在对已故老师的祷念！最后他着重叙述了他叔父的

① 李守成，河南鲁山人，先后在许昌完中、三中和漯河高中、漯河二中、漯河四中任教师。1988 年 11 月病故。

惨死。民国初年，鲁山土匪四起，他的叔父进城办事，恰遇鲁城被土匪攻陷。叔父未归，家人进城寻找，仅找到叔父的一只破鞋。故事梗概大致如此。徐老师叙述得非常形象，在场听众无不潸然泪下！这就是他的名小说《一只破鞋》的内容。鲁迅先生看过此文，写了《赠玉诺君》一文。我是听其言，观其色，体其情，感受更深。按说，讲话结束，应该说几句希望鲁山人民将来幸福的话，但他没说，大概是他对当时社会失望，没有人民幸福的信心吧。听了徐老师的讲话，对他为人“怪”的认识就一扫而光了，从哪些话能说明他“怪”呢？

想不到他竟教了我们班的国文课，真是喜出望外！他教得真好，但在教学中有不少地方显出他的“怪”来了。

教我们一学期课，只讲了两篇小说。他总是引导学生沉浸在故事情节之中。他对《红楼梦》等古典小说，非常熟悉，结合所讲情节，一结合就是好长时间。他讲的课像是文艺理论课，也像是创作方法课，都是他的亲切体会，纵横捭阖，一放难收。这对开展学生思路，扩大视野，确有大益，但对课堂教学，确不适宜，有时下课了，他像没听到。他讲得非常有味，他说：“有些场面，情节复杂，人物较多，反而有些重要人物没有说话，但会使读者想到他的无声话语。”他举《红楼梦》中的一些例证。又曾说：“描写重要。吃一个杏，看一个杏，听说一个杏，都会使人口中流酸。不信，我现在描述一个杏。”他描写之后问同学：“口酸了吗？”同学们都口流着酸液笑了！

他讨厌无意义的形式。上课从不点名，有时下课把点名册往教室外地上一搁就走了。

他对学生没有道貌岸然的教师架子。一次，他站在讲台上了，值日同学才去擦黑板，粉末飞扬，他大笑不止。“徐老师，你笑啥呢？”同学问。他说：“我想起有些大地主早晨睡懒觉，别人找他，他一面起身，一面拿起布袜子啪啪地摔，臭气扑人，别人也不好说什么，因为他是表示热情欢迎的。到客房屋，一面擦着桌上的灰尘，一面骂长工懒，别人也只好尴尬地听着。”引得同学们大笑。仔细想，他的话里很有别味。

一次，他引我们到南沙河上课，同学们围着他坐。扯到国民党政府要大办国民小学。他说：“办得越多越糟糕。”他也没作解释，可见他对当时的教育很不满。

听说有天深夜，徐老师独自去坐到沙河的中心沙地上。问他为什么，他说：“我想领略一下到底能静到什么程度。”

他还说过有艺术修养的人精神不寻常，一个拉着弦子要饭的乞丐，也不同于一般人。

此后，他任私立鲁阳中学校长，校址在文庙，他在大殿西头筑个大台子演戏。那时曲剧流行，曲剧在台上唱着，他眯着眼拍着拍子细听。新年到了，他自编了一出话剧——《穷人的新年》。我去看了，一个农民抱一只鸡子去集上卖，准备过年，并不住骂：“玉保，你派款，敲诈，不叫俺活呀！”（大意如此）“玉保”，是县里一个伪区长的名字。随后，此人找徐老师大闹。徐老师说：“讽刺剧，古今皆有，不犯法。”

一天，他骑着驴子往城西，别人问：“往哪去？”他说：“我也不知道。”

我在二郎庙当小学校长时，徐老师到了，我请他看曲子戏，他不看，说：“公子小姐，有些话有伤风化。”可见他虽然爱曲子戏，终因内容不健康不满意了。

他离鲁山前，又当过一段时间县教育馆长。我看见他在教育馆厕所的门口墙上亲笔写的一个字：“圊”。问他什么意思，他说：“要让厕所没臭气。”

徐老师的行为，确实有些“怪”，有些不解的人，当作笑料，也无恶意，真正理解他的人，会体会到他愤世嫉俗的精神，冰清玉洁的品质，都从他的“怪”里透露出来。他一生创作反映他希望的《将来的花园》理想，他到处教书诲人不倦，表现他对下一代成为高尚的人的期望，都表现得那样纯真。他是一个有名望的人，但一生穷困潦倒，家徒四壁，为旧社会所不容。他的“怪”有时触犯了污浊的当权者，当权者也狡猾地抓住了他的“怪”，说他是“徐疯子”“徐神经”“徐怪人”，鲁山的劣绅就是以此为口实，轰他出了鲁山。

今天应该对徐玉诺的“怪”有正确认识了！

选自 1988 年 12 月《漯河文史资料》第二辑

回忆我的老师曾次亮

李守成

1941年至1944年，我在淮阳师范读书，受曾次亮老师的教育；虽只三年，他却影响我一生。我现年已73岁了，是一个身经两个时代的人。解放前，有许多人和事，解放后在我的脑海里，有的彻底否定了，有的部分否定了。而曾次亮老师的形象在我头脑里却与时俱新！因此我常想：一个真正有道德学问的老师，对学生的影响多深远啊！在我的住室、座旁，也没挂曾老师的像，而他的音容、言行，在我的心上像一块磁石一样，常吸引着我。在我一生的教学中，常很自然地联想起他，他成了我当教师的榜样。

他并不是一个相貌魁梧、议论风生的老师。他寡言语，少笑容，身体削瘦，高度近视，步履缓慢，衣着朴素，夏季常穿一件旧长衫，没见他穿过新衣服。但他学识渊博，特别是对学生有一颗火热的心，我在淮师三年，听到的都是同学们赞扬他的话。我毕业至今已44年了，老同学见面谈起他，也都是怀念敬仰的。

他教我地理，讲义是他编写的。但讲课，不限于讲义，常有一些恰当的引申。他上课，只带讲义和粉笔，在黑板上边讲边画图，既准确又快捷，他对天文历法有精湛的研究。他的记忆力惊人，天文数字，小数点后很多位数能熟练地写出。但他决不卖弄知识丰富，所引材料都是紧贴讲义内容阐述的。他的文学修养很深，语言朴实而形象。讲地理课，使听者毫无板直枯燥之感。他的语言里饱含着政治观点和深刻的哲理，使学生自然地认识到自然地理与社会发展变化的关系，寓理论于实际之中。他的教法是“满堂灌”，一讲到底，从不提问，但他的话里有一个连一个问号，随讲随自提问题，随解决问题，学生随着他的思路和语言听下去，从无人倦怠。他的声调不高，喜怒也不大形于色，但他娓娓而讲，学生侧耳倾听。铃声一响，他缓步走出教室时，学生们总是以敬爱的目光送他而去。他的教学，知识性、逻辑性、政治性、形象性熔于一炉。我一生教学，很想学他，但愧无他的修养。

曾老师也很注意课外辅导。回忆在星斗满天的夜晚，他给我们指点能够目击到的星座，绘形绘色地解说。师生翘首蓝天，心融在一起，至今思之，余乐犹存！同学们常说，仿佛天上、地上的知识，都融化到曾老师的脑袋里了！

他很珍视学生的点滴进步。学校迁到西华时，一天，他去上课较早，在路边墙报上看到我写的一篇文章——《论偶象》。上课时，他说："《论偶象》那篇文章，很好。"只此一句，未加议论，但我也受到很大鼓舞。那时，我爱读《独秀文存》，受其影响，并目睹国民党统治的现状，有些感触，因写此文。实际上，我当时对此问题的理解并不深刻。而曾老师对此标题非常敏感，很欣赏，足证他当时对现状的不满。

当时，先生年近五旬，生活相当艰窘，瘦骨嶙峋，但他的政治立场非常鲜明，正气凛然。淮师在西华时，河南教育厅长鲁荡平曾去视察，声势赫赫，各校学生冒雨排队迎接。他到淮师，要召集教师谈话。曾老师说："流氓，跟他没什么可谈的，我不去。"他到底没去。而他对学生严肃而和气，从没批评过学生，给学生谈话情意殷殷，使人感到温暖，对行为污浊的权贵却敢于横眉冷对。

当时淮师实行军训，军训教官不学无术，装模作样，有监视师生言行的特权。有些人对教官违心地表面上说些恭维话。曾老师对教官总是不理睬。这种冷漠对抗的态度，学生默识于心，有很大影响，试想：一个学生敬爱的老师，对教官迁就附依，那会对学生产生什么影响呢？曾老师的无声反抗，实际上对学生起到了指导作用。我们班的有些同学就骂好给教官打小报告的学生是走狗。因此，有些同学受到学校的警告，我也因此记一大过。

曾老师酷爱书，拼命读书，除上课外，终日伏案读书，视知识为生命，淮师迁西华后，他动员老伴回原籍太康取他埋在地下的书。当时太康是沦陷区，老伴冒险犯难回去用篮子给他挎书。他能不心疼与他风雨同舟的老伴吗？但为读书，就不顾一切！老伴也真够体贴理解他了，深知他视书如命，也就不惜一切。同学们也为曾老师的读书精神所感动。当时淮师学生大多喜欢读书，曾老师是有潜移默化作用的。

汉语中有一个词叫“亲炙”，这个词是专用来形容直接受到老师的亲切教诲的。有的人一生没有受老师亲切教诲的幸运，看到别人受老师教诲的故事，也就“快同亲炙”！我是受曾老师教诲影响很深的学生，我对“亲炙”一词有亲切的体会。曾老师对学生的爱很深，他一看到学生有点滴进步，就不遗余力地支持。很多同学都有这个体会，我的体会似乎更深些。

1943年，淮师迁到周口。全豫东高中生举行讲演和论文比赛。淮师在预选时，我参加了。曾老师是评选委员之一。我讲的题目是“青年在抗日战争中的责任”。我的基本论点是：抗日是中华民族抵抗外来侵略的事，是全民族的事，凡积极抗日者均属爱国力量，应予团结。青年应在这个基点上，做自己能做的工作。大敌当前，一切不利于全民族团结的事都是错误的。曾老师给我划了高分，我中选了。后来在正式比赛时，我得了第一名。当时，正是蒋介石大唱“攘外必先安内”积极反共，消极抗日的时候。曾老师给我高分，正是他对蒋介石反动政策的反抗。正式比赛时，有些学生大段背诵蒋介石的《中国之命运》中的话，我倒一字未提，也可见当时人们都是反对蒋的滥调的。

学校预选时，讲演和论文只能参加一项，恰在正式比赛时，淮师预选参加论文比赛的同学因故不能参加，曾老师又提出让我参加。比赛的题目是“青年与新年”。我从“新”字立意，结果又获得第一名。当时《周口日报》用大红字标题：“讲演、论文比赛李守成双获冠军”，并开会发给我奖金。

我写这个事，主要是为了说明曾老师爱憎分明，爱护学生，决不是炫耀自己。其实，当时我的思想很杂乱，薰莸同器，我既读鲁迅、邹韬奋等的进步著作，也读《曾国藩家书》等反动书籍，只是在比赛时没反映出来。此次我双获冠军，实质上是曾老师政治思想的胜利。当时全豫东高中生讲演、论文比赛，也算一次大的活动，曾老师借机参与取得胜利，是对当时甚嚣尘上的《中国之命运》的一个否定。曾老师当时的思想是纯粹的，是随着时代发展的，我的思想决不能等同于曾老师的思想。

1944 年，我要毕业了，我去曾老师家，请他临别赠言。曾老师说："好，说两点：一、学习要专。我一生喜爱的知识有十一门，太多了。人的精力和时间有限，贪多了，就不可能门门精。你以后要专某一门去钻研；二、不要吸烟。我一生受吸烟的亏不小，费钱又伤身。多次断，断不了。吸烟人断烟像出门人回家一样，不管时间长短，总还是要回家的。吸纸烟不像吸鸦片，不吸不影响吃饭睡觉，就是着急，影响工作学习。不要吸第一支。最初别人让时才吸，有客才买烟，到不让也吸，没客也买烟时，就成习惯了。"

我辜负了老师的期望，所嘱两事，未能完全做到。回忆他当时说话时的热情劲，心里还是热乎乎的。曾老师，您太爱学生了！

开封解放后，我想去中原大学学习。到开封后，听说曾老师在河南大学住，我去见他。他面有喜色了，和以前判若两人！他劝我参加革命，努力学习和工作，并主动要给我写报名介绍信，举笔写时，并说了一句很诙谐的话："解放了，写字也不该那样拘谨了，写字也要流畅些。"他的心情多么舒畅，连写字也要流畅了！我跟他学习三年，从没听见过他这样的开心话！我去中原大学报名，说条件与一、二期不一样了，有了年龄限制，25 岁以上不收了。我因超龄也没得如愿。但也没再去见他，听说他当时很忙。这次见面是今生的最后一次！后来又看到他给中央教育部编的中学地理课本，他研究地理的成果，终于贡献给全国亿万青年了！心里深感欣慰！

曾老师，一生大部分时间是教书，桃李满天下，他的师德教风，堪称教师典范！这不是我一己之见，他教过的学生有口皆碑！祝愿曾老师的师德教风，能成为教师的榜样！

选自 1988 年 12 月《漯河文史资料》第二辑

我也回忆我的老师曾次亮

巩守志[①]

我在《漯河文史资料》第二辑上，读了李守成同学写的“回忆我的老师曾次亮”一文，触动了我的回忆，也想起了曾老师，今撰此文，作为对该文的增补。

曾次亮老师，河南太康人，是我在河南省立淮阳师范学校上学时的老师，也是全校师生中最受尊敬的一位德高望重的老师。在所有教过我的老师中，他给我的印象最深，终生难忘。

我是1940年暑假考入淮师的，那时是抗日战争时期，豫东沦陷，学校由淮阳迁到鲁山。当暑假过后开学时，学校规定，新生入学，不先正式上课，要经过训练。这中间给我们讲话的老师很多，但我至今一个也不记得，唯一记得的就是曾次亮老师。

1940年9月27日，德、意、日三国在柏林签订了同盟条约，企图扩大侵略战争，瓜分世界。这时正是我们新生训练时期。这个消息见报后，曾老师给我们上了一课，讲解德、意、日同盟的后果，他根据世界各国形势，精辟地分析了三国同盟的未来，时间约讲有两个钟头。最后他总结说：“德、意、日三国不亡，把我的眼剜了！”这是他给我们上的第一课，这句话也是我终生难忘的一句。

曾老师的专业是研究历史、地理，除了教我们史、地外，还教过我们一期文学。上课时，常常不带课本，只带几根粉笔，边讲边写，在下边你随着他的板书记录下来，就是一篇有条有理的材料。他对天文也很有研究。1942年，学校在西华时，一个夏天的夜里，他叫我们都站在院里，给我们讲天文星座，并指着天空中的五颗明星说：“这五颗明星，从

① 巩守志，临颍县人，临颍车站学校教师。

西到东，形成一条直线，距离也基本相等，这是天文中很少见的奇事，叫作‘五星联珠’。它们的名字，分别是水、金、火、木、土。同学们，我们不迷信，但我们可以利用这‘五星联珠’的天文征兆，放暑假后回去向民众宣传抗战必胜的未来。金星，代表美国、有钱。木星，代表中国，地大物博。水星，代表英国，英伦三岛。火星，代表苏联，赤化。土星，代表法国，丢失的土地最多。树立中、英、美、苏、法等同盟国必胜，德、意、日三国必败的信心。”

曾老师对历法也很有研究。他编写的新历，每月初一，为星期一。他说:“这多好记呢！一问几号，就知道是星期几。”我们问他:“您为什么不发表呢？”他说:“我等着谁提出改革历法时，我才说话。”另外，他还发明了知阴历求阳历、知阳历求阴历、求天干地支及星期几等。这些算法，他都教给我们了，可惜现在我已经忘了，不会计算。他教我们时，笑着说:“尧让舜那一天，是星期几？天干地支，是什么？”

曾老师对地理的研究，我们也曾偷试过他，不论你在中国地图上找一个怎样偏僻边远而不著名的县，去问他，他都能说出这个县的四邻、物产、风俗、人情，令人听了口服心服。

曾老师对旧社会极为不满，但他没有多说过，只给我们说过一句话:“什么五权宪法？要那么多的权干什么？只要给我们一个查账权就行！”

曾老师的为人，寡言、好静、少笑、嗜学。我在学校时，他已是五旬的人了。但早晚到他住室内去请教时，他总是在看书学习。他这种手不释卷，勤学好读的精神，全校师生无不敬佩。教我们数学的李云亮老师说:“有一天，曾老师拿了一道题，到我屋内，向桌上一放说:‘这道题怎样算？’我给他算了，他二话没说，拿起就走，我真想不到他在干什么，为什么会用着这样难算的题？”因为曾老师好学，没事了就看书。有人说曾老师是个书呆子。要说他是个书呆子，这确实也有点像，下面我说两件实事:

有一天夜里，他正在看书，一只老鼠在他的书桌上跑过，把灯给他撞倒，油流了出来。抗战时期，学校给老师和学生每人发给一个小香油灯，灯油由学校供给。他把灯扶起来，油也不擦，重新看书。油流到他的书本时，他把书挪一下仍看。专心致志，达到极点。

在抗日战争时期，教师工资待遇不高，曾老师家中除老伴外，还有学生上学，生活紧张。有一次家中没有面粉了，他的老伴对他说："没有面了，怎么办？"他回答说："没有面了，我管哩！"曾老师的办法是不吃饭了，不去学校上课，在家看书。这件事叫校长知道了，以后凡快到上课时，校长只要一看曾老师没有到校，就知道他家中断炊了，便立即派人到他家询问情况，给他买米面。忍饥读书，难能可贵！学而不厌，诲人不倦，曾老师是当之无愧的！

曾老师的衣着，真可谓简单朴素。冬天是长袍、夏天是长衫，从没见过他穿件新衣。最奇怪的是：我们曾见过他一只脚穿一只白色袜子，一只脚穿一只旧的略带绿色的袜子。使人见了，不禁发笑。这件事对曾老师来说，好像是漠不关心，他好像根本就不知道把袜子穿错了一样。

曾老师不赞成军事训练，同时也反对军事教官。学校在鲁山时，有一位同学被军事教官以共产党嫌疑犯的罪名送到洛阳劳动营改造。这大概就是曾老师反对教官的主要原因吧！曾老师对军事训练的不赞成，他的表现也是不言不语不理睬。如我们的同学在校外遇见他时，给他行个军礼，他总是连头也不点，也不看，好像是没看见我们一样。但同学们都知道他的心情，不加介意，反而对他更加敬仰。

选自 1990 年 12 月《漯河文史资料》第四辑

后 记

整理建市以来前三十年《漯河文史资料》是七届漯河市政协确定的一项重点文化工程。任务确立之后，聘请熟悉我市历史文化并热心文史资料工作的学者组建了专项工作小组。专项工作小组首先认真学习了中国文史出版社出版的《文史资料学概论》（卞晋平、方兆麟等著），对主席会议确定的“去伪存真、去粗取精，补充完善、按系分类”的原则进行了认真的讨论和领会，在此基础上着手开展工作。

纳入本次整理范围的是1986年至2016年市政协征编的《漯河文史资料》共24辑、813篇、351万字，经剔除不符合文史资料体例和不宜出版的内容之后，确定选入史料共计630篇，280万字。

整理工作确立了“遵循国家有关法律、法规，遵循文史资料工作统战性特点，尊重历史见证人对历史事件的表述，以服务大局、服务社会为宗旨，深入挖掘史料价值，全面提高政治、史实和文字水平，更好发挥‘存史、资政、团结、育人’作用”的指导思想。专项工作小组逐篇审读这些史料，建立每周工作例会汇总审读中发现的问题，提出了“校、勘、注、附、表、补、删、插”八字整理工作法，并依据内容将纳入整理范围的文稿划分为八个部分，采取集中研讨、分工负责的方法开展整理工作。整理过程中，经过多次研讨并听取中国文史出版社梁洁同志的建议，又调整了分卷方案，确定为目前的12分册，其中曹代颖、张艳负责《古韵新辉》《百业春秋》《桑梓情思》3册；刘西淼、陈思盈负责《抗战岁月》《解放战事》《河上风物》3册；马恒祥、蔡慧娟负责《沙澧英才》《杏坛双星》《生态今昔》3册；鲁锁印、夏跃进负责《民国往事》《校园漫忆》《沧桑巨变》3册。除了较为繁重的文字校勘之外，各组重新审读原文，进行充实梳理，在尊重撰稿人原稿的基础上，根据新发现对史料进行补充完善，对内容存疑或失实的进行更正。其间，收集并参阅大量的外来资料，不厌其烦地进行史料比对，可谓夙夜不息、历尽艰辛。

整理工作的全程中，吕岩同志两次主持主席会议进行专题研究，肯定了本次文史资料整理工作的意义，确立了文史资料整理工作的方案和原则，并多次听取汇报提出指导意见，使整理工作始终沿着正确的方向前行。分管副主席田冠亭、胡新峰同志在日常工作中高度关注，在关键节点协调帮助，为工作顺利推进提供了保障。安清跃、史凤民、刘颖峰为整理工作收集资料提供了有力支持。参加专项工作小组例会的牛青、李永杰、翟媛媛长期牺牲节假日休息时间，为专项工作小组精心服务，作出了应有的贡献。丛书送审稿校定后，秘书长袁国亮组织机关的黎联峰、杨为、李庆峰、蒋向军、刘勇、李聪燕、王玉、崔博、吕煜辉、王文君、赵彤、康家浩等参与审读并提出修改意见；出版社一校二校完成后，各专项小组进行了复审，最后由鲁锁印对复审发现的问题进行统筹，力求使各卷标准统一，格调一致。

丛书整理虽历时三年有余，仍觉时间紧促，加之庚子年疫情的影响，一些图文资料采集计划未能如期实施。参与整理的诸君虽倾心而为，亦力有未逮，实乃囿于学识。期待出版后读者斧正润色，为后继者立标杆，助漯河文史资料工作日益上台阶。

编　者

2021年12月30日